# 云南青铜艺术
## 审美志略

詹七一　田玉玲　邢毅 ◎ 著

中国社会科学出版社

图书在版编目（CIP）数据

云南青铜艺术审美志略 / 詹七一，田玉玲，邢毅著.
北京：中国社会科学出版社，2024.8. -- ISBN 978-7
-5227-4078-2

Ⅰ. K876.414
中国国家版本馆 CIP 数据核字第 2024C3E790 号

| 出 版 人 | 赵剑英 |
| --- | --- |
| 责任编辑 | 杨　康 |
| 责任校对 | 刘　娟 |
| 责任印制 | 戴　宽 |

| 出　　版 | 中国社会科学出版社 |
| --- | --- |
| 社　　址 | 北京鼓楼西大街甲 158 号 |
| 邮　　编 | 100720 |
| 网　　址 | http://www.csspw.cn |
| 发 行 部 | 010-84083685 |
| 门 市 部 | 010-84029450 |
| 经　　销 | 新华书店及其他书店 |

| 印　　刷 | 北京明恒达印务有限公司 |
| --- | --- |
| 装　　订 | 廊坊市广阳区广增装订厂 |
| 版　　次 | 2024 年 8 月第 1 版 |
| 印　　次 | 2024 年 8 月第 1 次印刷 |

| 开　　本 | 710×1000　1/16 |
| --- | --- |
| 印　　张 | 15 |
| 插　　页 | 2 |
| 字　　数 | 233 千字 |
| 定　　价 | 89.00 元 |

凡购买中国社会科学出版社图书，如有质量问题请与本社营销中心联系调换
电话：010-84083683
版权所有　侵权必究

# 目 录

序 …………………………………………………………………… (1)

**绪 论** ……………………………………………………………… (1)
 一 选题缘起 …………………………………………………… (2)
 二 云南青铜艺术审美研究的对象界定 ……………………… (7)
 三 云南青铜艺术审美研究的理论界定 ……………………… (23)

**第一章 云南青铜艺术发生论** …………………………………… (31)
 第一节 云南青铜器及其塑形审美意识的发生 ……………… (31)
 第二节 云南青铜艺术的缘起与流变 ………………………… (60)

**第二章 云南青铜艺术形态论** …………………………………… (89)
 第一节 云南青铜塑形审美意识的成熟 ……………………… (89)
 第二节 云南青铜器的主要类型及其审美文化价值 ………… (93)
 第三节 云南青铜器立像与纹饰的审美价值 ………………… (151)

**第三章 云南青铜工艺及其审美特征论** ………………………… (174)
 第一节 云南青铜器的铸造工艺 ……………………………… (174)
 第二节 云南青铜工艺的基本特点 …………………………… (182)
 第三节 云南青铜工艺的演变及其审美关系的确立 ………… (189)
 第四节 功能空间中的审美形制 ……………………………… (194)

**第四章　云南青铜艺术审美价值论** …………………………（201）
　第一节　云南青铜艺术的情感结构 …………………………（201）
　第二节　云南青铜艺术的审美特征 …………………………（209）
　第三节　云南青铜器的艺术史描述及其美学意义 …………（215）

**结　语** ……………………………………………………………（221）

**参考文献** …………………………………………………………（225）

**跋** …………………………………………………………………（230）

# 序

在我参加完昆明学院文艺学专业的首届硕士学位论文答辩之后，七一兄嘱我为他领衔的新著作序。我受宠若惊，又无法推辞。

"颂其诗，读其书，不知其人，可乎？"且容我追忆一下往事。

七一兄长我10岁，起初我称七一兄詹老师，受七一兄率真个性感染，不知哪天开始我改称七一兄。清晰记得22年前初见七一兄的场景。当时我研究生毕业，四处求职，简历投到昆明大学，接到面试通知，第一次见七一兄，一见如故。由于个人原因，最终没能成为七一兄同事。后因参加云南民族大学、云南大学硕士学位论文答辩，年年见面，越来越亲近。

按照辈分，七一兄应是我的师长，他与我在云南大学的几位老师是大学同学。后来，七一兄随赵仲牧先生读研究生，又成为我的同门师兄。见到七一兄之前，就听仲牧师说起他，也拜读过他用符号学分析西方抽象绘画的硕士学位论文，感觉七一兄思维严密，语言老到，非我辈能及。仲牧师对我治学做人影响至深，恩师仙逝后，每每和七一兄点燃香烟就一起回想曾经在烟云中丰神俊朗、从容运思的仲牧师。这时候，七一兄的眼睛会湿润起来。生前教诲，身后仿佛仍在，让弟子们围绕着他的思想相互贴近，这是仲牧师的人格魅力。仲牧师融通中西，自成高格，激励我们求真知、发灼见。虽不能至，心向往之。

秉承仲牧师四通八达的治学精神，七一兄从西方抽象绘画理论研究转入中国现代文学的知识社会学研究，获国家社科基金项目立项，结项后出版专著《知识社会学视野中的文学家——以中国现代文学为例》。再转入云南青铜艺术研究，又获国家社科基金项目立项，于是有我手边书稿《云南青铜艺术审美志略》。数日来，断断续续捧读书稿，细细体会作者如何透过青铜影像，走进古人生活与心灵世界。这一过程，伴随对此前所读文献的回忆、思考及联想。

陈寅恪先生《冯友兰〈中国哲学史〉审查报告》云："吾人今日可依据之材料，仅为当时所遗存最小之一部，欲藉此残余断片，以窥测其全部结构，必须备艺术家欣赏古代绘画雕刻之眼光及精神，然后古人立说之用意与对象，始可以真了解。所谓真了解者，必神游冥想，与立说之古人，处于同一境界。"面对无言的青铜世界与面对古人的文字世界，其理相通。只是，解读青铜器难度可能更大。不过，如果依据古今相通的思维逻辑寻绎恰当线索，就能尝试"与古人处于同一境界"，言之成理，有所创获。

中国古代金石学研究器物形制、钟鼎彝文，20世纪初西方考古学进入中国，促成王国维所谓地上、地下"二重证据法"。差不多同时，人类学原始文化研究与民俗学分别将无文字民族和民间社会纳入科学研究视野，并借以类比性地理解古人生活与思维，而深层心理学、发生认识论则辟出理解原始人类心理的可能维度。至20世纪80年代，中国学界接续、综合20世纪早期研究，再度兴起原始文化研究热潮，涌现出叶舒宪、萧兵、何新等重要学者。与此同时，以李泽厚、朱狄等学者为代表的美学研究充分吸纳原始文化研究成果。这些学者均关注青铜器等原始艺术遗存。稍后，云南学者也发表相关论著，张文勋主编、施惟达副主编的《滇文化与民族审美》、邓启耀《宗教美术意象》等是重要代表。青铜器研究在考古学界取得的新进展，成为民族文化研究者言说审美的新天地。冯汉骥、汪宁生、张增祺、李伟卿、易学钟等学者的云南青铜考古研究成果，被民族文化、文艺美学研究采纳为分析资料，李昆声的《云南艺术史》则尝试将艺术审美与历史考古打成一片。

七一兄的思想为上述脉络所滋养，也参与到这一脉络谱系的建构。于是前有《云南先民审美誌略》出版，后有《云南青铜艺术审美志略》即将付梓。前者最后专论青铜器，称其"独步天下"，激赏再三，意犹未尽。七一兄在《云南青铜艺术审美志略》再度与同道中人携书论剑，论述青铜的文字愈发成熟、闪亮，熠熠生辉。云南学术脉动贯通七一兄学术旨趣，可谓水到渠成、一脉相承。

套用陈寅恪先生之说，与青铜时代的云南古人处于同一境界，一是要专注于青铜器制作、刻画的细节，再就是透过这些细节体会古人所思所想。前者更多倚重考古发掘、历史考据，后者则需要多学科的理论支持与思辨。古今之人，同处世间，生活、心境自然相通。受制于天人之际，难免生老病死，本性趋利避害，个人如何处世；群己权界有分殊，人群如何组织。人同此心，心同此理，这是今人理解古人的可能性，也是以现存民族文化、民间民俗及儿童心理逻辑去揣度古人的合理性所在。在此前提下，还要说清楚古人与今人的同中之异，以及古人之间的同中之异。

在古人的精神世界，万物有灵，人与万物相连，"民神杂糅""家为巫史"，进而"绝地天通"，由神职人员垄断天地人神沟通之道。青铜器是这条道上的产物。灵魂不灭，生死相连，是以有无数随葬青铜器千年后重见天日。中原青铜文明繁荣于商周，出土器物以礼器、兵器居多，图案、纹饰相对恒定，动物纹饰反复出现，以兽面纹、双身龙纹、龙纹、鸟纹为主。这些纹饰经过片面化、几何化的抽象变形，铸造在厚重的青铜器上，威严可怖，充当上天赋予人间权力的象征。帝王、祭司因拥有礼器而神圣，礼器上的神物因附会传说而意味深长。中原青铜礼器多铭文，记载帝王、祭司问卜上天所得神谕。礼器神物是神谕的见证者。人间从青铜器上蒸发，世间万物抽象为人神交换隐秘权力、标识等级秩序的符号。青铜之美源于体制化、程式化的宗教政治，是一种礼教之美。

与古代中原相比，云南出土青铜器数量庞大，类型繁多，时间跨度大，有自己的审美特征。礼器没有从人间生活独立出来，自然之物也没有抽象为权力象征。比如铜鼓造型可能源于炊器釜，甚至鼓釜不分，兼具仪式道具与生活器具之功能，生活中自有神圣，正好用"民神杂糅""家为巫史"来形容。至于贮贝器等器具，其实用性、生活性特质自不待言。云南青铜器很少有托名上天的神谕铭文，而以图像直抒胸臆，遍说人间事。平面图像力求摹写、叙事完整，立像更是生动、写实，让观者一览无遗，直击现场。"现场"是一组组生活化的场景，与中原青铜器之"见天不见人"迥异。铜鼓或贮贝器塑造的祭祀场面，不仅可实景还原，甚或在今天某处民族聚居地仍有迹可循，仿佛昔日重现。云南青铜文明没有往"绝地天通"处发展，没有将图像转化为文字，得以有更加自然、活泼、开放的空间，供青铜艺术匠人自由发挥手艺。

　　行文至此，有些联想。德国艺术史学家威廉·沃林格于1908年出版《抽象与移情》，在希腊精神作为当时艺术评价主流的背景下努力为非主流艺术正名。在他看来，人类有抽象与移情两种艺术冲动，移情冲动造就古希腊艺术，抽象冲动则可解释诸如古代东方原始民族艺术那样的艺术为何存在。两种艺术冲动均有合理性，不应厚此薄彼。在我看来，商周青铜艺术是抽象的产物，而云南青铜艺术是移情的产物。二者各有千秋，可以沃林格理论验之。考古学家张光直，著有《中国青铜时代》《美术、神话与祭祀》，提出人类文明有连续性与破裂性两种形态，以中华文明为代表的前一形态为人类主流，而以西方文明为代表的后一形态属人类文明旁枝逸出。连续性文明视宇宙万物为互联为一的有机体，充满动态生命力。破裂性文明切断天地人神的连接，将人从自然中独立出来。就此而言，未经"绝地天通"的云南青铜艺术充分体现人类文明基底的连续性。最后想到《诗经》，中原青铜艺术可比作青铜世界的庙堂"雅颂"，云南青铜艺术则是十五"国风"。许多云南民族在历史上没有创制自己的文字，社会结构松散，生活习性浑然天成，喜怒哀乐溢于言表，历史记忆与未来期盼寄托在咏歌、舞蹈。这种情态似乎从青铜时代延续下来，殊为奇特，耐人寻味。

　　拜读书稿，有所感想，姑妄言之。读者诸君，真想获得新知，还是要进入《云南青铜艺术审美志略》中去。

李　立

2022年7月

# 绪　　论

在中国的观念体系中，能够引起精神愉悦的艺术审美介于"道"—"器"之间。《易传·系辞》有云："形而上者谓之道，形而下者谓之器。"国内迄今为止的艺术审美论著或史论，基本上是道、器分流的两种形态：一是审美理论或思想史论，注重形而上的理论探讨（美学或艺术史论）；二是审美器物考据或形态描述，注重形而下的实证描述（主要是考古学，对云南青铜艺术的研究描述尤其如此）。因此，在逻辑上，我们对云南青铜艺术审美的研究介于美学理论探究和审美器物史之间，其研究对象既包容二者，研究方法则要综合二者；既不是纯粹的思辨推理，也不是单纯的实证田野，乃是综合二者基础上的解释和描述。

艺术之审美研究只能是一个领域，而非一门学科。它跟美学、文艺学有关，确切来说，艺术审美似乎与文艺美学的关系更为密切一些，但其研究范围远超出文学艺术的审美经验，特别是研究艺术审美的早期形态，其混溶性的存在样态使其研究的理论与方法必须是多学科、多领域的。目前，该领域研究触及的学科主要有史学（特别是地方史）、民族学（尤其针对民族审美文化）、考古学、人类学（特别是其分支文化人类学）、社会学、哲学、心理学、伦理学、文学学、艺术学、美学等。另外，19世纪以来主要兴起于西方的各种人文学科领域的思潮也提供了该领域研究的诸多视野与方法。

艺术与哲学、社会科学一样，本质上都是一门历史科学，分析任何一个艺术审美现象都必须充分历史化，将其置于一定历史情境、历史关系中具体分析，否则任何非历史性的结论都将缺乏科学性的内在根据，"任何一门学科（或较大的学科群）都必须以学术要求与社会实践的某种特殊的、不断变化的融合为基础。"[①] 我们对云南青铜艺术的审美研究，正基于此。

## 一 选题缘起

本书脱胎于国家社科基金一般项目《云南青铜艺术审美专题研究》的结项报告，在此基础上多有增益。为便于同行讨论交流，就此说明。

### （一）研究现状述评

云南青铜器在中国范围内虽属后发，却以器型多样和分布广泛见著。其中晋宁石寨山、江川李家山出土的青铜器数量庞大、器型多样，尤其在"滇王金印"的印证下为云南青铜文化彰显了独立而清晰的身份。自20世纪50年代迄今，学界对云南青铜文化及其艺术的研究已有近70年时光，取得了丰硕的成果，相关研究主要在如下学科及领域展开。

1. 考古学研究

云南青铜器研究的主体在考古学领域，成果以考古报告为主。肖明华《云南剑川海门口青铜时代早期遗址》（1995）确定了云南青铜艺术最少可以上溯至殷周之际。早在20世纪50年代，在孙太初《云南晋宁石寨山古遗址及墓葬》（1956）与云南省博物馆编《云南晋宁石寨山古墓群发掘报告》（1959）即确认：石寨山古墓出土的系列青铜器是云南青铜艺术鼎盛时期的典型代表，乃战国末至西汉中晚期古滇国艺术的标志性作品之一。云南省文物工作队《云南祥云大波那木椁铜棺墓清理报告》（1964）指出：祥云大波那木椁铜棺上有非常复杂精美的动物纹饰，乃古代"昆明人"的视觉艺术遗存，亦是云南青铜艺术发展的早期代表作之一。云南省博物馆《云南江川李家山古墓群发掘报告》（1975）显示：江川李家山出土的青铜器与石寨山青铜器皆有极相似共型的器形、纹饰特征，呈现出从战国末至西汉中晚期乃至东汉初古滇国

---

① ［美］华勒斯坦等：《开放社会科学》，刘锋译，生活·读书·新知三联书店1997年版，第57页。

青铜艺术发展的清晰脉络。

总体上看，相关考古学研究致力于云南青铜艺术最真实自然的一面，其实证科学的基础性、系统性梳理及片段的艺术感悟，奠定了研究云南青铜器之形制、纹饰和雕像文化及审美特征的基础。

2. 工艺技术研究

作为具有自然属性的人工制品，对云南青铜器的研究不乏科学技术领域的探究。杨根《云南晋宁青铜器的化学成分分析》（1958）认定：云南早期青铜器的铸造技术已达相当高的水平；何卉等《中国云南古代早期青铜器冶铸技术初探》（1998）、朱龙等《云南艺术铸造的发展及其特点》（2002）和孙欣《试析滇青铜扣饰的装饰风格与工艺语言》（2003）等认为，云南古代青铜铸造工艺之"失蜡法"可能早于中原，"为研究云南早期青铜器的矿料来源、冶铸技术、声学原理和造型美学提供了重要线索和科学技术依据。"① 均明确肯定云南古代青铜铸造工艺奠定了其文化审美的技术基础。

3. 艺术理论探索

自20世纪后期始，一批考古学家专注于云南青铜器研究，成果丰富。其中，汪宁生《试论中国古代铜鼓》（1978）对铜鼓纹饰，葛季芳《云南出土铜葫芦笙探讨》（1987）对云南铜葫芦笙和图像，李昆声、黄德荣《论万家坝型铜鼓》（1990）对万家坝型铜鼓器型均有深入探讨，冯汉骥《云南晋宁石寨山出土铜器研究——若干主要人物活动图像试释》（1963）则通过细节分析辅以文献佐证，试图还原青铜器图像中古滇人真实生活的场景及社会形态；伍先华《云南晋宁石寨山滇人青铜艺术论略》（1988）可谓在艺术理论介入方面开启云南青铜艺术研究的启迪性尝试，管丽华《云南青铜贮贝器装饰艺术的文化读解》（2003）更具体地从装饰艺术的角度对云南青铜贮贝器进行文化读解，其以地域性云南青铜文化补整体性"中国"之失的理路及方向值得进一步推进。

4. 纹饰研究

樊海涛《云南青铜扣饰艺术初探》（2008）及《再论云南晋宁石寨

---

① 孙欣：《试析滇青铜扣饰的装饰风格与工艺语言》，《东南文化》2003年第12期。

山刻纹铜片上的图画文字》(2009)对晋宁石寨山出土刻纹铜片上的装饰性"图画文字"作了细致的考释,开启了拓宽思路,向文化纵深方向发展的路径。美国华裔学者杨晓能《另一种古史:青铜器纹饰、图形文字与图像铭文的解读》(2008)博采众说而不囿于权威,不受制于特定时代、地域、载体或器物的局限,其阐释学理的"三种视觉媒体"论对云南青铜器的艺术审美研究富有启示意义。朱和双《滇国青铜文化中被遮蔽的猛兽纹饰与符号——兼论昆明羊甫头"鹰爪形木祖"的定名问题》(2012)对"鹰爪形木祖"的探究具有良好的学术积淀,征引广泛且富有新见。肖明华《青铜时代滇人的青铜扣饰》(1999)及《论滇文化的青铜贮贝器》(2004)的研究有单类穷尽式的开辟之功,学术价值较高。学者们在云南青铜纹饰领域的发力,皆说明云南青铜器文化意蕴丰富,艺术价值高,研究空间大。

5. 艺术对象研究

结合云南青铜艺术的文物考古、释读、推介和一般人类学与社会学层面的研究及其艺术审美触及而言,汪宁生《云南考古》(1980)、《云南青铜器论丛》编辑组编《云南青铜器论丛》(1981)、云南省博物馆《云南青铜文化论集》(1991)即有开创与奠基之功。李昆声、陈果《中国云南与越南的青铜文明》(2013)多出于政治和国际关系考虑,艺术对象描述方面尚有间接价值。汪宁生《云南青铜器丛考》(1981)和张增祺《云南青铜文化》(1989)以考古学理念阐释艺术对象的文物为主;何建木《云南青铜文化区系类型的初步研究》(2003)划分了云南青铜文化区系及艺术类型;肖明华《滇青铜文化与汉文化在云南的传播》(2008)则经由古滇国青铜器论及观赏及装饰艺术;张贺等《古滇国青铜器的美学特征》(2012)以审美特征综括云南青铜器的艺术特点;殷之明《云南青铜器的艺术特点及其历史意义》(1991)试图通过云南青铜艺术的图像叙事及其写实特征归纳其实用与审美的双重特点。

总体上看,把云南青铜器作为艺术及审美对象的研究主要包含在以考古学为基的社会历史文化研究内,作为相对独立的领域及其展开内在学理之研究正逐步开启,然有待深入。

云南青铜艺术研究呈现以下的特点和不足:

一是重复出土材料的简单介绍,甚至只做图片重组,因此对云南青铜艺术进行艺术类型阐释，界定其审美价值十分必要；

二是细部和分类研究虽重要，但既有研究多囿于材料本身或极小的类同对象范围内；

三是相关成果以论文集成为主，多弱于全局视野和系统集成；

四是对云南青铜艺术系统性关注不够，专门作全面论述的迄今未见，与云南出土青铜器的数量、形制、特色不相称。

### (二) 目标与期望

作为一个颇具挑战性的选题，着眼于云南青铜艺术的文化与艺术解析，旨归于审美概括，探究其审美价值，我们希望由此达成以下目标与期望：

一是学科方面的建设。如前所述，有关云南青铜艺术的研究，特别是审美研究尚处于拓展研究领域及视野的学术成长期，运用艺术学与美学理论系统探究云南青铜艺术有较大的学术阐释空间。作为一个特定的研究领域，运用现有材料结合相关理论阐释云南青铜艺术主要领域或空间，将云南青铜艺术对象作全部或部分特征性的贯通探究与阐释，有助于中国审美文化的学科建构。同时，对云南青铜艺术研究成果进行整合与提升，亦有益于丰富地方、民族、传统三位一体的社会文化理论体系。

二是理论方面的研究。寄望其有益于促进云南青铜文化研究由表层的物质生产、社会生活向深层的审美意识拓展，深化对云南青铜艺术的理论解读。同时，通过梳理整合有关云南青铜艺术研究的成果，对云南青铜艺术进行分类与美学解读及其艺术类型阐释，界定其审美价值，同时提供研究范例，深化审美发生学、审美文化学的相关研究。

青铜文化是云南优秀传统文化的重要组成部分，青铜藏品是云南各地博物馆的重要珍藏，本书若能在某种程度上引起学界对云南青铜艺术的关注、引发各界同好参与到云南青铜艺术的探讨研究当中，或为云南青铜文化的书写详加注解，正是我们所期望的。

### (三) 思路与方法

本书以云南古代历史文化演变、发展的基本线索和规律为时序，阐释其中主要的塑形审美文化事象生成、演进的社会成因与内在机理，进而梳理云南青铜艺术的发展演变，对各历史时序中之青铜文化及其文化类型中的审美心理、审美意识和美学特征做出阐释，并对其演进轨迹与美学规律进行归纳和总结，揭示云南青铜艺术与云南的自然生态、文化生态之间的互渗与互动所建构的审美关系，概括其审美价值和美学意义。同时，在与中国其他区域乃至世界青铜艺术的参证中，考察其独特性，描述云南青铜艺术在中国艺术史上的地位。

鉴于云南青铜艺术研究尚存分散、单点或单线式特点，无法为深入、全面的艺术研究和审美研究提供相关材料的无断点连接和无障碍视域（无系统集成），本书主要从一个焦点、一条纵线和一条横线着手：

一个焦点为晋宁石寨山，以"滇王金印"为内核，其西汉前逾千年的史实验证为纵向艺术审美流变和横向艺术审美感知奠定了稳定轴心；

一条纵线指向云南青铜艺术审美史的梳理，由晋宁石寨山上溯祥云大波那、剑川海门口等，下及江川李家山、昆明羊甫头等，尽量包容现有材料；

一条横线指向石寨山青铜器完整形态的艺术及审美研究，同时傍及中原和其他地区（东南亚、南亚、西北亚）的青铜艺术，基本厘清云南青铜艺术的审美特征与文化蕴含。

描述云南青铜艺术事象，探究其内蕴的审美意识，研究方法上需要融历时性的纵向阐述与共时性的多学科横向阐释为一体。具体来说，文献考释与田野考察结合，文化人类学与社会学方法结合，适当运用比较法将云南青铜艺术与其他地域青铜艺术、其他艺术种类对比，并在美学视阈中进行综合分析。

### （四）主要观点与研究拓新

我们尝试提出几个基本观点，以抛砖引玉，求教方家。

1. 云南青铜艺术及其具有独特审美特征的塑形活动既是文化进化的必然（普遍性），又是云南特定自然与历史环境之使然（特殊性）。

尤其是这种特有的塑形活动和内化的审美意识，在中原文明强势浸入后，对云南各少数民族的塑形审美活动及艺术表现方式仍具有特征性的引导与方向性的开启意义。

2. 云南青铜器的突出特征是朴实与亲和，具有典型的写实性与叙事性，是实用性、宗教性和艺术性的结合，且有自己的演变规律、独特的地域和民族特征，是早期云南本土社会生活的形象呈现和审美观念的载体。

3. 云南青铜艺术与云南他类艺术相互影响，亦与世界各地青铜艺术互有关联，是中华民族青铜艺术的奇葩。探究其文化与审美成因、阐释其审美与艺术类型特征，有益于充实并建构中国审美文化及其美学。

总体而言，青铜时代乃人类文明共有之重要阶段。如前所述，目前对云南青铜文化的审美研究空间尚大，无论在内容范围、美学视阈，还是在多学科理论方面均无直接相关的系统研究成果，部分学术论文和学位论文限于篇幅，亦乏系统集成。故本书首先具有内容、视域及理论之开拓性和系统性；其次，本书有助于补益云南少数民族审美文化史及中国美学史等相关学科之视觉艺术史论；最后，在研究方法上也有益于处于建构阶段的审美文化学、艺术人类学等新兴学科的探索。

## 二　云南青铜艺术审美研究的对象界定

青铜时代（Bronze Age）一词最初由丹麦考古学家 C.J. 汤姆森（Thomsen）于1819年提出，以用于对博物馆藏品进行分类。到1836年汤氏在《北欧古物导论》一书中对石器、青铜器和铁器三个时代作了详述，阐明所谓"青铜时代"是"以红铜制成武器和切割器具的时代"。此一观点之后被许多欧洲考古学家认可。中国考古学家亦普遍强调青铜器在社会文化中的物质基础地位。如容庚、张维持所著《殷周青铜器通论》即引苏联学者科斯文的界定："青铜成为广泛传布的，制造工具、武器、器皿和装饰品的主要原料。历史上相当长久的一个时代——青铜时代开始了。"① 1986 年版的《中国大百科全书·考古学》明确指出青铜时代是"以青铜作为制造工具、用具和武器的重要原料的人类物质文化发展阶段"②。青铜器的创造与使用，在人类史进程中有十分重大的意义。它不仅标志着人类由原始蒙昧时期进入文明时代的门槛，也同时表明人类的物质和精神生活已趋于成熟并更加丰富。

我国范围内发现最早的青铜器，是1975年甘肃马家窑文化遗址出土用合范浇注的含锡青铜刀，其制造年代相当于中原仰韶文化晚期和龙山文化时期。③ 此后，河南、山东等地的龙山文化遗址亦出土过青铜制品，其中以河南登丰县王城岗铜鬶残片的出土尤为重要。商代早期，青铜器的使用已近普遍，河南二里头文化遗址出土了一大批小型青铜器具，如爵、锥、刀及不少武器。至商代中期以后则进入青铜文化的繁盛期。值得一提的是，在黄河流域，青铜较少被铸成工具、生活用具和装饰品，而是大量用于铸造礼器和武器。结合文献佐证，可知商周时已有严格的礼制等级，以确保贵族阶层对庶民的统治地位。它通过种种仪式化的礼仪规范加以实施，青铜器的铸造和使用成了主要满足这种仪式活动的象征性或实用性器物。诚如李泽厚先生所言："在上层建筑和意识形态领域，以'礼'为族号，以祖先祭祀为核心……原始的全民性的巫术礼仪变为部分奴隶主所垄断的社会统治的等级法规。"④ 因此，在阶级社会中，一部分青铜器被用于贵族统治者的礼仪活动，成为礼法之器。《左传·成公十三年》曰："国之大事，在祀与戎。"在国之大事的驱动下，青铜器的重要性并不主要表现在它对物质生活的改进上，而突出地表现在对社会生活秩序的象征领域，因而成为维持等级的工具和维护王权的象征。另一方面青铜器又被大量铸成武器，从而与实体化的国家与权力机器——军队密切相关。

---

① 容庚、张维持：《殷周青铜器通论》，《殷周青铜器通论》，文物出版社1984年版，第27页。
② 夏鼐主编：《中国大百科全书·考古学》，中国大百科全书出版社1986年版，第3页。
③ 王辉：《20世纪甘肃考古的回顾与展望》，《考古》2003年第6期。
④ 李泽厚：《美的历程》，中国社会科学出版社1984年版，第39页。

黄河流域等中原地区是我国上古文明发展最核心的地区，但青铜器的制造发明并没有导致农业生产工具的较大改进，且青铜器生产工具又主要用于手工制造业，作为农具的青铜器发现较少。反观云南，青铜农具和生活器具及乐器的出土却较多，加之其上铸造各动物、人物等表现相关生活场景的图像，地域特色鲜明，风格独异，在我国青铜发展史上可谓独步天下。

现有的考古发掘证实，上古云南最早的青铜器乃1957年于大理剑川海门口遗址出土，其C14测定为距今3115±90年。

图0-1 大理剑川海门口遗址出土的铜斧

在1000余件出土物中，除陶器、石器、骨器及角器，铜器仅有14件。原北京钢铁学院对出土的铜器进行了化学成分检测，其中5件鱼钩、铜夹含锡量仅有1%左右，为红铜器；9件铜斧、铜镰等含锡量达5%—10%，已属青铜器。该遗址与青铜器一同出土的还有一件铸铜石范，亦为迄今出土的早期石范之一。复在1978年的挖掘中，又出土铜器及青铜器12件。[1] 考古学证实多数器形为非锻打的范铸且含锡量较高（非铜锡共生），从这些特征看，考古学家推断海门口遗址出土的青铜器仍不是云南最早出土的青铜器，尚有年代更早之器物待发掘。[2] 这些证据表明，云南最晚在商代中后期即已进入青铜时代。近半个世纪的考古资料表明，洱海地区与滇池地区一道，构成云南最具规模及文化上

---

[1] 肖明华：《剑川海门口1978年发掘所获铜器及其有关问题》，载云南省博物馆编《云南青铜文化论集》，云南人民出版社1991年版。

[2] 张增祺：《滇国与滇文化》，云南美术出版社1997年版，第16页。

极具代表性的青铜文化区域。①

图 0-2　大理剑川海门口遗址出土的铜钺铸范

滇池地区青铜文化的分布则以滇池为中心，北至曲靖，西至禄丰，南达元江。在昆明、晋宁、安宁、呈贡、澄江、曲靖、陆良、新平、富民、禄丰、路南、通海、蒙自等 14 个县市 40 余个地点均有青铜器出土。其中最重要的当数晋宁石寨山和江川李家山古滇国墓葬群。其余较重要的还有呈贡天子庙古墓群，1974 年发掘 44 座，出土青铜器 300 余件；安宁太极山古墓群，1964 年发掘 17 座；曲靖珠街八塔台古墓群，1977—1982 年发掘 7 次，在属青铜器时代的 250 余座墓葬中出土包括青铜器在内的器物千余件。

滇西地区青铜文化分布以洱海为中心，北至剑川，南抵昌宁，东在楚雄一带与滇池地区交会，西界尚不清晰。② 在大理、剑川、永胜、宁蒗、巍山、弥渡、祥云、保山、姚安等地有相关类型青铜器出土。重要的有剑川海门口遗址（见前述）；祥云大波那木椁铜棺墓，其 1964 年出土重达 257 公斤的铜棺在我国青铜文化中罕见；剑川鳌凤山古墓群，1980 年发掘 342 座，出土青铜器在内的器物 572 件。

此外，1975 年 5、6 月间发掘的介于滇池与洱海地区之间的楚雄万

---

① 李昆声、闵锐:《云南早期青铜时代研究》,《思想战线》2011 年第 4 期。
② 李昆声:《云南艺术史》, 云南教育出版社 2001 年版, 第 57 页。

图 0-3　祥云大波那木椁铜棺

图 0-4　祥云大波那木椁铜棺顶侧纹饰图

家坝古墓葬群，共清理古墓 79 座，其中大墓 13 座。共有 54 座有随葬品，计 1245 件，其中铜器 1002 件。古墓葬群中部的几座大墓有重要青铜器出土，其中 M1 号墓腰坑内置一面铜鼓、一具铜釜，编钟一组 6 个。其余为生产工具。M23 有 4 个并列倒置的铜鼓，余为少量铜锄、铃及大量武器。66 座小墓器物较少且以兵器为主，间有少量装饰品。[1]

迄今的考古发掘显示，云南青铜时代出土器物广泛分布于云南省域内 70 余个市县，多达 200 余个地点，出土青铜器 10000 余件，[2] 其铸造

---

[1] 李朝真、段志刚：《彝州考古》，云南人民出版社 2000 年版，第 84—88 页。
[2] 文物编辑委员会编：《文物考古工作十年　1979—1989》，文物出版社 1991 年版，第 184 页。

年代自公元前 12 世纪前后至公元 1 世纪初，延续 1000 余年，① 实乃中华民族青铜文化的一个重要组成部分。

关于云南青铜器的分类，学界颇多不同。由于青铜器种类繁杂，器形多样，中外专家及其古今青铜图集皆有多种分类，通常以其功能用途来划分。我省学者中李昆声先生细分为 8 类，② 此处采用张增祺先生的划分，从功能视角大致划分为 5 类。③

（一）工具类（包括农业及手工工具）有锄、锛、镰、铲、斧、锯、凿、削、刀、针、锥、鱼钩、纺轮、钁、织布工具（经轴、布轴、打纬刀、布撑、分经杆等）及蛇头镂孔器，等等。

图 0-5 至图 0-7　青铜锸、漆木柲铜锸及青铜锄

---

① 张增祺：《滇国与滇文化》，云南美术出版社 1997 年版，第 19—21 页。
② 李昆声：《云南艺术史》，云南教育出版社 2001 年版，第 61—63 页。
③ 张增祺：《滇国与滇文化》，云南美术出版社 1997 年版，第 16 页。

图0-8 梯形回纹青铜锄

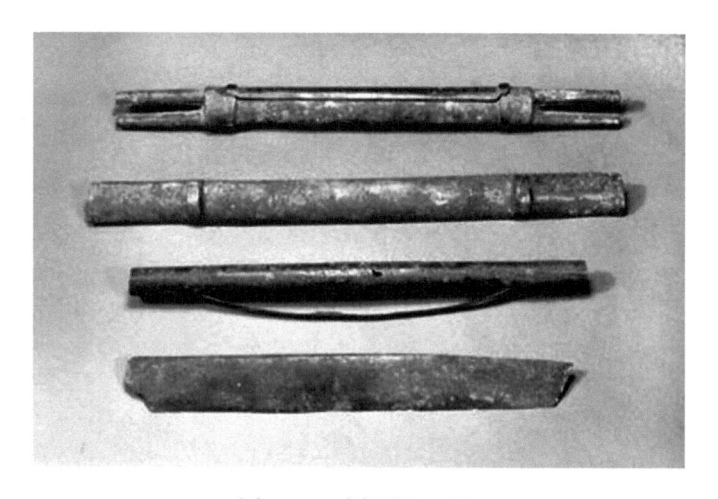

图0-9 青铜纺织工具

（二）用具类（用于日常生活）有壶、洗、罐、碗、盘、杯（耳杯及高足杯）、勺、炉、奁、案（如著名的李家山之牛虎案）、盒、尊、釜、甑、斗、盉（禾）、桶、针筒、线盒、绕线板、伞盖、执伞俑、灯、枕、镜、贮贝器、觚、带钩、印章、钱币及棺，等等。

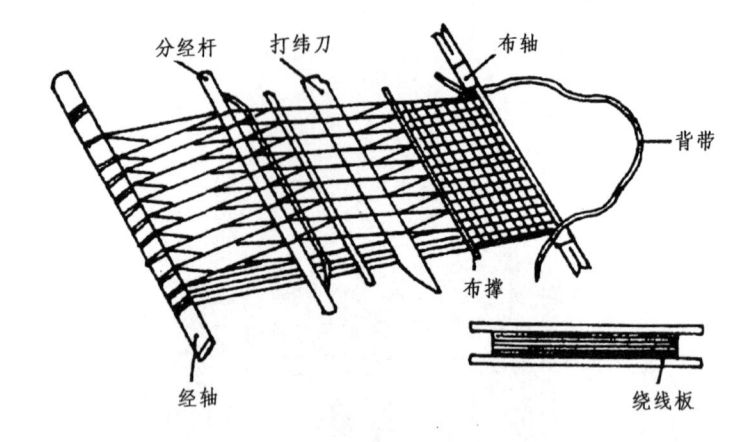

图 0-10　铜纺织工具复原图

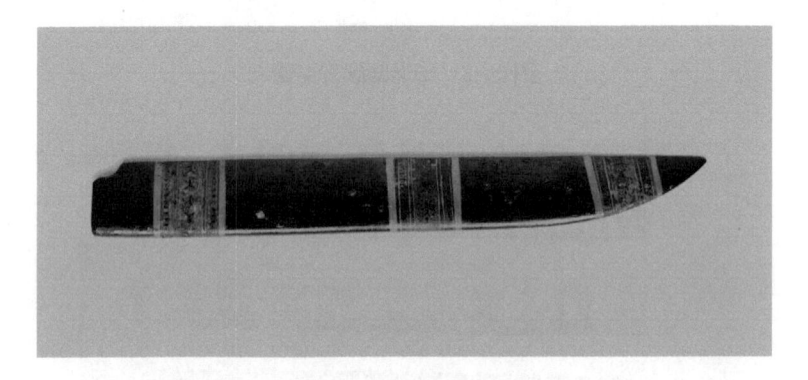

图 0-11　漆木打纬刀

图 0-12　铜分经杆

图 0-13 至图 0-15 铜壶、孔雀铜杯和立牛豆形铜盖尊

图 0-16 铜釜

图0-17至图0-18　立牛铜枕和立牛铜伞盖

图0-19　立鹿铜针筒及铜针

（三）装饰类有镯、簪、珠饰、孔雀、鸳鸯、鹿、马、杖头饰及各种圆形及长方形和不规则的浮雕扣饰与鎏金饰物，等等。

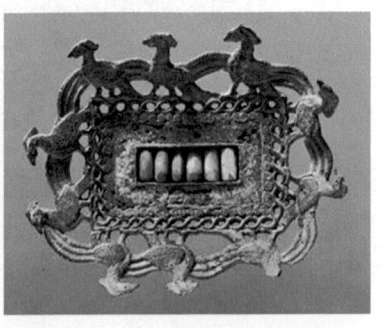

图0-20至图0-21　圆形扣饰和长方形稚鸡镶边铜扣饰

图 0-22 二虎噬猪扣饰

图 0-23 至图 0-24 立鸳鸯和立兔铜杖头

18 / 云南青铜艺术审美志略

图 0-25 大理祥云大波那遗址出土的鸡形铜杖头

（四）兵器类有剑、矛、钺、斧、戈、啄、戚、锤、叉、镞、镦、戟、狼牙棒、弩机、箭箙、剑鞘、头盔及各式甲胄（如臂甲），等等。

图 0-26 至图 0-27 立鹿和虎噬牛铜啄

图 0-28 至图 0-29　立犬铜狼牙棒和刻纹铜臂甲

图 0-30　刻纹铜臂甲纹饰线

（五）乐器类有鼓、锣、编钟、铃及直管与曲管葫芦笙，等等。

前三类划分仅从青铜器物的一般实用功能出发，而事实上除了物质化生存的功能意义外，尚有不少器物具有明确的精神价值并用于信仰崇拜活动和装饰行为。而贮贝器和一些兵器上立雕的图像和铸刻的纹图则呈现出社会生存的精神化内容及其观念意蕴，审美价值较高。后两类肯定以审美功能为重，但无论其观赏性的审美价值还是听觉化的愉悦功能

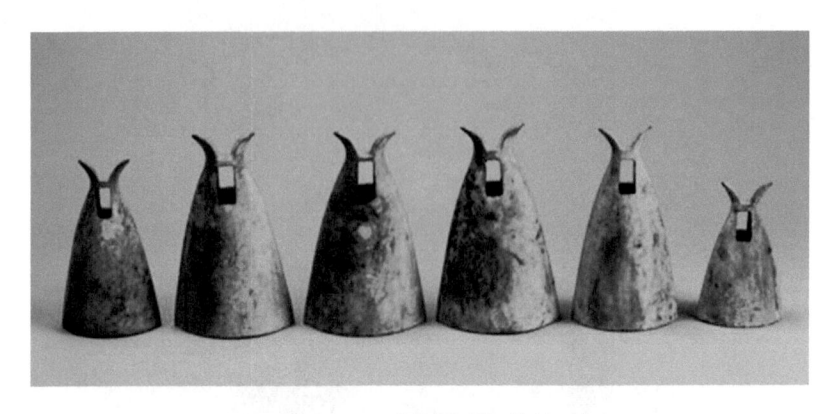

图 0-31　青铜羊角钮编钟

都还混融着许多非审美的宗教、政治的象征意义，编钟、铜鼓等就是其中较为显要的种类。

整个云南范围内的青铜器物以其丰富的文化内蕴、繁复的外观造型、精湛的制作工艺和独具的民族风格在国内外享有盛誉。古代云南何以产生如此璀璨的青铜文化，学界普遍认为有以下几个原因：[1]

首先是铜、锡资源丰富。此为物质基础，青铜主要是铜、锡合金，云南自古就是我国铜、锡矿的主要产区，早在商周时代即已开采。《汉书·地理志》载："俞元……怀山出铜、来唯……出铜。"（笔者注：俞元即汉设益州郡属县，即今澄江、江川等地，来唯即今南涧县一带）"律高西石空山出锡，东南监町山出银、铅。"（笔者注：律高即今通海县）"贲古北采山出锡，西羊山出银铅，南乌山出锡。"（笔者注：贲古即今个旧、蒙自一带，为益州郡南端）又《华阳国志·南中志》记："堂螂，出银、铅、白铜。"（笔者注：堂螂即今东川、会泽一带）"朱提，出银、铜。"（笔者注：朱提即今昭通、鲁甸等地）以上出产铜、锡、银、铅等矿产的地区大多在古滇国范围内。据当代用铅同位素测定比值方法对晋宁石寨山铜鼓、贮贝器和文山广南铜鼓测定，其铸造原料均产自云南本地。[2] 现

---

[1] 参见李昆声《云南艺术史》，云南教育出版社 2001 年版，第 64 页；张增祺《滇国与滇文化》，云南美术出版社 1997 年版，第 23—24 页。

[2] 李晓岑、李志超、张秉伦等：《云南早期铜鼓矿料来源的铅同位素考证》，《考古》1992 年第 5 期。

代地质学亦显示，黄河中下游地区无锡矿资源，而河南安阳距今3200年前后的商代大墓——妇好墓中出土的91件青铜器，铅同位素比值测定其矿料来自云南永善县金沙厂。① 这说明中原高度发达的殷商青铜文化也曾经有来自云南的贡献。

厚实的物质基础催生着相应的冶铸技术及铸刻工艺的成熟。据云南考古学者的研究，青铜器的冶铸主要有冶矿、制范和熔铸三大工序，亦如《荀子·强国篇》云："刑范正，金锡美，工冶巧，火齐得。"目前冶铸遗址已不可考，而铸铜的范模则有铸造斧、钺、锄的石范出土。而大量使用的应为泥范，因其加工不甚困难且耐高温。张增祺先生考释后认为，以铜鼓为例，除器形整体外，鼓面及腰、胴间多有繁缛精美的纹图，要铸造此类大型铸件，需有制范、浇铸、修饰、安装附件等流程，尤其是李家山M24号墓出土的"牛虎铜案"，表面光滑平整，看不出任何因分型而造成的范畴缝和支钉修理的痕迹，显示了滇国工匠高超的技艺水平。② 值得一提的是"蚀蜡铸造法"（又称失蜡法，即范模内模为蜡制），考古显示此法始于我国（亦说始于云南）③。滇国青铜器中有许多结构复杂的模型和铸有众多人、物场景的贮贝器盖及装饰品，它们大多表面光洁、人和动物高不过几厘米，均比例匀称、神态各异，甚至须眉、鼻翼、眼窝都栩栩如生。尤其房屋模型长宽不过10厘米左右，都廊柱林立，翘檐高耸，室内外还有各司其事的人物及几案、火塘、炊具和牛、马、猪、羊、犬等，如此精微复杂的场面说明滇国工匠对蚀蜡铸造法的掌握纯熟。④此外，尚有一些已臻成熟的加工技术及工艺，如锻打、模压、鎏金、镀锡、金银错、镶嵌、彩绘、线刻等。

其次是汉文化深入较晚且少受中原传统礼教束缚。秦汉时期，中原

---

① 李晓岑：《商周中原青铜器矿料来源的再研究》，《自然科学史研究》1993年第3期。
② 张增祺：《滇国与滇文化》，云南美术出版社1997年版，第82—87页。
③ 张增祺认为其始于云南，见《滇国与滇文化》，云南美术出版社1997年版，第81—82页；李昆声则认为始于中原，考古证据是河南淅川下寺春秋墓内出土的铜禁，见《云南艺术史》，第66页。
④ 张增祺：《滇国与滇文化》，云南美术出版社1997年版，第82—87页。

王朝虽北击匈奴，南平百越，并不断向边远区域扩张，然地处西南一隅的滇国及周边部落族群，却相对处于繁荣稳定之中。虽公元 109 年汉武帝灭滇并设益州郡，滇王却仍能"复长其民"。而同一时期与滇国毗邻的巴蜀文化、夜郎文化和越文化则在汉文化的冲击下相继式微。对此，大史家司马迁曾作了天命论的解释，其《史记·西南夷列传》曰："楚之先岂有天禄哉？在周为文王师，封楚。及周之衰，地称五千里。秦灭诸侯，唯楚苗裔尚有滇王。汉诛西南夷，国多灭矣，唯滇复为宠王。"似乎因滇王与楚王属同一祖先故有天灵护佑。事实上，云南高峻的山川、谷河以及多元化的族群文化应是其土著文化得以较完整地保留其原生风貌，并一直发展延续至东汉初年的历史原因。

在较少受到外来冲击和束缚的环境中，滇国的青铜工匠可以较自由、灵活地通过日臻完善的技术和工艺，复制其生存中的种种图景，乃至通过娴熟的技艺寄寓理想、传递感情。在满足功能需要的同时，青铜器的造型也更加开放和富于创造性，不受或少受中原模式的影响。滇国青铜器种类繁多，无论是生产工具、生活用具还是兵器、乐器和装饰品，都用青铜器铸造，而不同于中原以礼器和兵器为主；如铜伞、铜枕和成套的纺织工具，以及房屋模型等在中原地区是绝不会用青铜铸造的，尤其是青铜器上的装饰纹图，更能体现云南青铜工匠的聪明才智；在其装饰工艺上，取材自由，表现手法不拘，大多指向大自然中的动、植物及人们日常生活与信仰活动中的典型情节，较如实地模拟而非神秘地渲染、抽象化为狞厉威严的权力象征符号。云南青铜器没有完全成为早期奴隶社会统治者的威严、意志和力量的象征，因而更多适应着云南古代民族不乏原始、天真的质朴情感和全民性的信仰观念，美学风格亦未脱史前活泼自由的格调而走向中原般沉重神秘的境界。

再次是多元文化的吸收与融合。由于特殊的地理位置和特定的历史条件使然，云南自远古就是多族群及多种文化的汇集地域。反映在青铜器类型及形制上，就是周边地区的独特器物及造型因素多为云南青铜工匠吸收，且用之于自己的青铜器铸造之中。如滇国的铜桶、靴形铜斧等有东南亚青铜文化的影子；动物纹饰及成套的马饰，与斯基泰文化及北方草原文化有密切关系；兵器中的铜戈、矛、钺等则大多仿制中原地区的形制；铜铠甲、有翼虎带钩等亦有中亚及西亚地区色彩；铜饰物上的琉璃珠和石髓珠等很可能来自南亚地区。① 广取博采，兼容并蓄，也是云南青铜文化发达的一个次生原因。

## 三 云南青铜艺术审美研究的理论界定

少数民族审美文化研究是中国少数民族美学思想乃至中国美学研究不可或缺的部分。从发生学角度来看，自然生态环境、生产生活方式、求美冲动等是少数民族审美文化滥觞的基础因素。由是，云南青铜艺术的形成是一个从萌芽、发展到成熟的漫长而复杂的建构过程，同时也是其塑形审美意识逐渐从宗教的、伦理的、实用的、认知的等观念中逐渐离析的过程，有其审美意识建构和完善的发生学流程。

现有的考古材料充分证实，在世界范围内，史前艺术及其审美的起源，大体在旧石器时代中、晚期至新石器时代初期。在这个极其漫长的进化过程中，史前人类在基本完成了身体机能进化的同时，也萌生出相应的艺术起源必需的审美要素。有充足的材料说明，人类早期审美和艺术的起源和进化，正是在缓慢而持续成熟的物质文化和对应的精神文化支撑的条件下获得的；只有在这种物质与精神文化的条件下，史前人类饱含着审美要素的准艺术样态才能从史前人类活动所改造的客体中呈现出来。正因为如此，文明时代的艺术与史前艺术始终保持着或隐或显的发生学意义上的血缘关系。

对云南青铜器进行审美探究，首先需要明确的是，在云南先民早期的意识领域中，是在什么条件下产生了最早的塑形意识？以进化论为理论基础中的人类实证发生研究表明，人类祖先在生存压力下必须做且能够做到的，就是把制作并使用工具的活动作为获取生存资料的基础性行为模式。正是在制作并使用工具的过程中，人类祖先的身体机能发生了重大的改变。考古学和人类学家一致认为，人类的直系祖先——"南方古猿"跨过了以指关节拄地行走的进化阶梯，证明某种特异环境导

---

① 张增祺：《云南滇池区域青铜文化内涵分析》，《南方民族考古》1987年第1辑。

致了南方古猿手、脚功能的分化。摆脱了挂地行走功能的前肢进化为手，其功能的独立使得制作并使用工具成为可能。手功能的专门化，亦逐渐使复杂动作的实现具备了机体条件。尤为关键的是，类人祖先一步步在这种制作与使用工具的活动中习得并渐次产生崭新的、复杂的动作和制作模式。人类从制作到使用工具的过程，正是人类摆脱动物的行为模式而过渡为人类生存活动的进化过程，全新的人类行为模式的形成正是人猿揖别的基本标志，其中的关键环节正是手脚的分工所导致的工具的制作与使用。可以看到，人类精神活动也随着这个基本的行为模式的进化而发生。19世纪至20世纪之交的生理心理学研究已经证实，手功能的独立及其进化对人类脑功能及其构造均有明显改变，同时对人类的心理功能的完善也起到了决定性作用，也进一步证实了进化论始创者、英国人类学家达尔文指出的，"身体某一部分的进化总要引起其他部分相应地改变"之"生辰相关律"。① 法国人类学家列维－布留尔（Lucien Lévy-Bruhl）亦认为，在人类诞生的早期，手在某种意义上具备了思维的功能："在那时，手与脑是这样密切联系着，以至手实际上构成了脑的一部分。文明的进步是由脑对于手以及反过来手对于脑的相互影响而引起的。"② 在手功能分化的基础上，大脑机能的最终进化随即奠定了人类审美意识起源的生物学基础。

瑞士心理学家、发生学家让·皮亚杰（Jean Piaget）则创造性地通过实证研究儿童心理后，推断认为，动作是人类产生自我意识的基础性成因，"形成中的人"并非先有工具意识再去使用并制作工具，而是在逐渐从选择自然工具到学会创造工具的过程中萌生出工具意识，在这个过程中，大脑神经模式与动作同步建立；人类特有的自我意识正是以这种新的行为模式与脑功能相互作用为生物学前提的。③ 自我意识的产生使类人祖先转变为具备主动创造能力的人，是人类从自然生存向文化生存转变的关键。主体与客体的分化正是因为自我意识的产生才开始形成的。这

---

① ［美］R. F. 汤普森主编：《生理心理学》，孙晔等编译，科学出版社1981年版，第14—15页。
② ［法］列维－布留尔：《原始思维》，丁由译，商务印书馆1981年版，第154页。
③ ［瑞士］皮亚杰：《发生认识论原理》，王宪钿等译，胡世襄等校，商务印书馆1981年版，第71—72页。

种建立在实证基础上的研究进一步表明,以生存为核心的劳动实践是沟通人类主体与自然客体最根本的方式和途径,其中最为关键的活动环节正是创造并使用工具;在早期人类创造的工具中,集中物化了他们的原始情感和生存意志,同时亦是其最早的精神活动产品,具有明显的符号象征及表现意义,这种基于生存实践的符号意义确立了人类其他精神活动的基础和根基。因此,早期人类制作的工具并非单纯的机体活动的物化结果,而是人类物质与精神活动混融一体的产品。基于这种认识可以认为,云南先民的塑形审美意识,正是从为了生存的工具制作过程中的生物机能因素逐渐转化出来的心理尺度。

具体来说,工具塑形过程中的秩序、平衡、光洁、和谐等审美因素源自于早期人类机体的各个组织结构与神经间在劳动实践中的协调活动;这些视觉形式因素在头脑中稳定下来成为一种经验行为和主动意识,并通过工具的制作呈现出来。毫无疑问,生产及生存工具上凝固着早期人类对视觉审美形式的最初认识与认定,随着实践的深化,慢慢转化为特定的心理价值和审美尺度,又反过来指导着新的工具的制作行为,以此往复。逐渐成熟起来的视觉审美意识和塑形创造无非是这一审美价值尺度的进一步拓展。

图 0-32 江川甘棠箐遗址出土石器

世界范围内的考古学证据显示，从类人猿对天然工具的选择和使用，到早期智人根据头脑中内化了的生存需要制作劳动工具，历经了千万年以上，而以石器、青铜器和铁器为代表的工具制作史也有三百万年左右。在这个主要以感性需求为特征的时空中，石器到金属器的创造历程向我们展示了一个清晰的线索：人类的工具制作逐渐由自然法则转向人为法则，由实用价值及其物理经验主导转化为心理意识及其观念形态主导。正是在这个漫长的历时性进化中，人类审美意识在孕育、发生并趋于成熟。

前面提及的生理心理学和发生认识论研究已经充分表明，人猿揖别的根本标志就是类人猿脑机能向人类大脑机能的重构。生理心理学发现人类大脑左右半球机能在不断分化，右半球具备视觉优势，导致人类对形状、空间等能够产生特定的把握，再加之大脑二级皮质的容量增加，同时产生逐渐增强的感觉迁移功能，人类因此具有了把功能空间融合在整体形制中的工具制作潜能。当然，早期人类大脑左半球进化及分化缓慢，脑额叶中的分析系统尚未完全成熟，系统性与理性观念形成的生理基础还没有进化完善，导致早期的人类思维多半停留在感知空间物理运动的动作思维当中。换言之，引导人类行为的意识还来自动作的知觉及其相关经验。早期智人在最初的工具制作活动中产生了初级经验。虽然新的经验模式促使新经验不断产生，但在旧石器时代，动作思维所带来的脑机能活动结构仍然处在尚未完全摆脱动作图式的初级阶段，导致如"元谋人"那样的早期人类对石块表面的打制尚无确定形状，因为工具制作的人为法则仍处于具有盲目性和随意性的原始阶段。

我们在云南范围内考据为旧石器时代出土的石器中看到，在石块表面自然形态被改变后呈现出来的刃部和光滑感，这证实着云南原始先民对人工制作形态而非自然形态的某种视觉偏好。这种视觉偏好不仅显现出云南先民为了生存的价值意识，而且显现出能够把客体自然属性转化为人工形态的能力，从而体现在与他们的知觉记忆及其与经验模式相吻合而制作出的人工形式上。我们认为，这大体上是云南先民塑形审美意识发生时的基本面貌。这就是人们普遍把旧石器当作早期人类审美意识起源时的准视觉艺术品的基本原因。当然,在云南范围内,在石质工具制造中,从萌生到确立起明确的塑形意识的进程是十分漫长的;从"元谋人"到"昆明人"百万年间的进化,对应着云南原始先民身体机能到脑功能的进化,在实践方式的不断积累和增长中,塑形审美意识起源并不断向较高形态缓慢演进。

图0-33 保山塘子沟遗址出土石器

在距今约10万年的智人时期,人类的审美意识在逐步进化的身体机能、大脑功能和更加复杂化与多样化的实践活动中,基本上确立了工具的人工形式法则,同时伴随着制作行为的普遍观念化,劳动工具开始呈现普遍性审美化安排的取向,其中,视觉形象的起源尤为其标志。在新石器时代,工具中审美性安排的主要内容首先来自先民对自然物基本属性的充分认识。在功能性空间中,对称、平滑、光润、规整、色彩等成为工具制作的基本定性。相较于旧石器,我们在云南的新石器中看到了类型分化规制基础上的规范化趋势。这个时期,随着磨制技术的发展,石制工具基本上脱离了接近自然形态的直线和矩形造型,为劳动提供舒适化服务。与此同时,具备视觉愉悦要素的人工形式法则取代了单纯的自然形式因素。由此,云南先民的工具制作行为开始向观念化演进;以往仅仅服务于实用目的的塑形行为开始转变为同时满足视觉愉悦的形式制作。

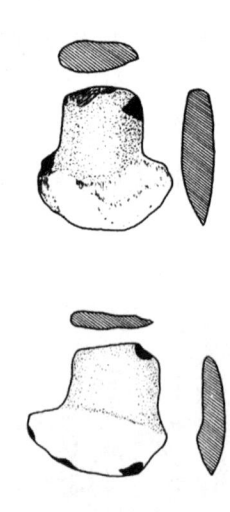

图0-34　宾川白羊村遗址出土石斧　　图0-35　麻栗坡小河洞出土双肩锛
　　　　　　　　　　　　　　　　　　　　　　（上）和靴形锛线（下）

　　这种转变，在云南域内发现的新石器上已普遍存在，不仅石器原料的选择更加多样，石器制作技术也有巨大进步，裁断、打琢、磨光、钻孔等制作工艺走向规制化并趋向完善。云南考古学家普遍发现，在洱海、滇池等青铜文化区域出土的有肩石斧、有段石锛、有肩有段石锛的整体形制多呈矩形或梯形，四缘线条分布除刃口一面稍显曲线外，均由直线构成，表面磨制精细，段之弧线圆滑和谐，弧刃或直刃尖锐锋利，且多数为偏刃，从实用及观赏角度看，无疑是一件件完善的石制工具。在该区域江川头咀山出土的一件有肩有段石锛，选取灰绿色砂石制成，磨制精细，器身剖面偏平，正面平直偏刃；背面上段呈长方形，中部右边还模制有一道可用于装柄系绳的线沟，并往下微微隆起，两侧肩部凸出，刃部呈弧形。① 该件石器已充分具备了塑形审美的基本要素：造型对称、段及刃口弧线圆润和谐、器身规整，肩部造型在装柄系绳从而更加适手和方便的适用性改进的同时，兼顾了肩的内弧线圆润及两侧凸起部大小对称等视觉上的协调。灰绿色砂石的选用是否存在着主动性色彩

---

①　葛季芳：《云南发现的有段石磋》，《考古》1979年第1期。

感的喜好尚不能确知，但对后人而言，明确增益着该石器的视觉愉悦感。另外，磨制精细的表面亦表明与实用性关系不大的对触感质地的选择和要求，客观上与触觉快感有关。

可以理解，对石器使用的功能有效性而言，对称，特别是严格对称并非必需。如果新石器的制作者追求超功利的绝对对称，证实其另有非功利的需求动机在支配着他的行为。考古学家绘制的上述石器的正视、侧视乃至顶视投影，无不显示着制作者追求对称和规整。此有肩有段石锛首先是收割工具，作为劳动工具，无论直刃和弧刃在功能效果上并无本质差异，如果制作者执意追求平直的刃口或者曲线圆润流畅的弧刃线条，我们就有理由相信制作者有着非功利的精神追求。在石制工具的结构上，钝厚部分要便于握持，锋刃要利于切割，中间部分则没有明确的实用意义。该石器的加工制作不仅安排两端的功能性需求，同时又顾及中间非功能部分和两端实用性部分在造型上的关联，从而对石器进行整体加工，进一步确证了制作者是有意识地按照塑形审美的特有规律制作工具的。

考古发现，云南金沙江中游区域的新石器类型更加丰富，有斧、锛、刀、凿、镞、印模、纺轮、环、镯、弹丸和石球等，不仅形制多样且体量大小悬殊，可以满足从狩猎、耕种、纺织到装饰等的日常生活的方方面面需求。其大多磨制光滑，整体塑形多为曲线。其中有磨制极精致的"半月形石刀"，考古学家普遍推断为是对缺蚀月亮形象的模仿。该种石刀器身极扁平且厚薄均匀，刃口两端十分对称，整体曲线圆润和谐，尤其是刀背部平直边缘钻有两个大小均等对称的圆孔。从钻孔的位置看，非常适于系上绳子绑在手腕用于收割植物，由于两端距离大体对等，视觉上的装饰作用明显。

仔细考察可以发现，在以上新石器的制作中，从选取石料、修制石核到选择打击点，都是在塑形观念的支撑与支配下进行的。这些石器大多经过二次及二次以上的加工并磨制成形，成形后的整体大多平整光润，特定的功能形制中呈现圆润的弧线和平直有力的直线。可以明确看出，这些新石器的造型在制作前已观念性地存在于制作者的意识中了。而且，石器形制的多样化和制作工艺的成熟已然令相当部分实用工具上的视觉形式超越功能性的需求，显现出视觉审美的基本要求，如刃口及段线的安排、磨制表面的平滑光润及至整体色彩呈现等非功能性视觉形

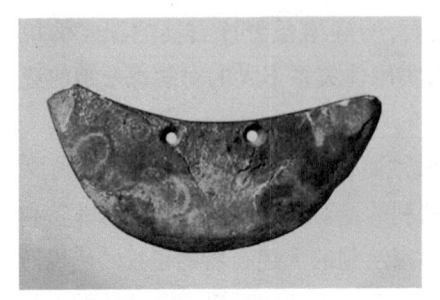

图 0-36　宾川白羊村遗址出土的
　　　　　穿孔半月形石刀

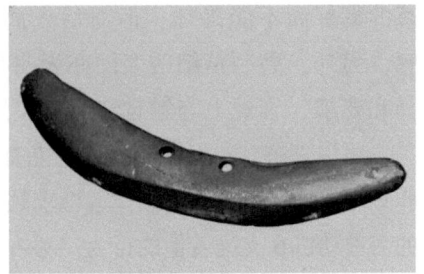

图 0-37　剑川海门口遗址出土的
　　　　　穿孔半月形石刀

式要素。可以看出，这时期云南石器工匠头脑中的思维活动已经可以离开具体对象而在观念层次上进行，知觉表象的心理运演和动作图式开始能够区分出对象和对象的属性，视觉思维已差不多剪去了动作的脐带，其中萌生的塑形审美意识开始不再时时陷于对象的功能属性与实用形制中。这时，观念形态的塑形意识已普遍能够从工具制造的实践中提取出秩序、对称、均衡、光洁等物质对象的抽象性质；物质对象的自然结构、形状特征以及各种人工形式法则方能从对象中分离出来，内化为心理意识中的构形活动，进而对云南石器工匠的制作实践具有指导作用。

可以认为，与类人猿意识滞后于动作之后的思维特征不可同日而语，云南新石器时代工匠的观念活动在动作和行为之前，某种程度上已预先在其头脑中存在着了，只有这样，方能使萌生的审美意识有可能偏离单纯的生存需求，而成为相对独立的心理活动形式。换言之，早期人类从祖先那里继承下来的对形式的生理快感，通过长期制造工具的实践而朝着指向心理快感的方向大步迈进，虽然距离纯粹形式美感的诞生尚有距离。在这个进程中，审美意识萌生中的生物机体因素逐渐失去了独断地位，逐步渗进了越来越多的经由生存的实践行为提炼出来的视觉审美心理能力，譬如模仿等最早发生的审美意识能力也在时间的磨砺中发展，模仿带来的动作丰富也得到进一步的完善。可以说，对工具的赋形已不再是人类祖先涂抹及敲打行为中的生理快感，而是先民刚刚获得的带着自由意志的审美愉悦。

# 第一章 云南青铜艺术发生论

## 第一节 云南青铜器及其塑形审美意识的发生

### 一 云南青铜艺术生成的自然与文化生态

一方水土养一方人,云南的水土养育了古老绵长、复杂多元、独立和合、稚拙无拘而质朴生动的不老人群、立体人群。适宜的自然条件,使得云南成为人类诞生的摇篮之一,且人类在此生存的印记连绵不绝。横断山的阻绝,云贵高原的托举与沉陷既带来了纵深的安全,引来四方人群汇聚,又造成了纵横四方乃至立体的分隔,聚合离分,纷繁多样。由于适合生存的地域分割零星,没有养育大群体的大空间,或者宜于拓展的广大空间,人群小,冲突小,毁灭更少;而且不同来源的人们交错共存,既碰撞,又相互妥协、尊重以至融合。

就自然环境对审美旨趣的影响而言,高原与横断山带来的小族群自足感和安全感使得这里的人们能够长久地葆有一种相对单一的生活方式和单纯心态,也就造就了他们的审美心态。同时,山河纵横雄峙,人们身处其间,既有压迫渺小之感,又受自然无拘之态的熏陶;云贵高原卓然"方外",坝子、湖泊星罗棋布,身处其间的人们亦受如此纯净、明丽的天然气质影响,造就了其稚拙、质朴,无拘、生动的审美心态。

"夏无酷暑,冬无严寒",四季如春的代表性气候造就了云南民族温和,还有无时不在、无处不在的天然生气;"一山分四季,十里不同天""山高一丈,大不一样"的典型立体气候造就了云南民族促狭却易于融合的淳厚性情。自然格局基础,加以多样民族而形成"大杂居,小聚居"的布局,民风民俗得以完好,群根群源得以完好,保留下诸多的本真天趣，稚拙、质朴频频出现在石器、陶器、岩画、青铜器中。小格局也会挤压人们的时空感，极易因时间迟滞而慵懒，但挤压也能刺激人们以心灵突破促狭时空，并且以无染的姿态展示活力，展演生生不息。

中华大群体的文化根脉、文化绵延和文化熔铸必然促成云南小群体的自新和跟进。这也是云南民族审美风格无拘、生动的重要成因。诚如中华民族注重美善统一、情理统一、认知与直觉统一、人与自然的统一，富于古代人道主义精神、以审美境界为人生最高境界的共性，[1] 这在云南各族群先民的审美起源及演进中亦是贯穿始终的主线。

（一）自然环境及其孕育的文化生态

云南属山地高原地形，山地面积33.11万平方千米，占全省总面积的84%；高原面积3.9万平方千米，占全省总面积的10%；盆地面积2.4万平方千米，占全省总面积的6.0%。地形以元江谷地和云岭山脉南段的宽谷为界，分为东西两大地形区。东部为滇东、滇中高原，是云贵高原的组成部分，平均海拔2000米左右，表现为起伏和缓的低山和浑圆丘陵，发育着各种类型的岩溶（喀斯特）地貌；西部高山峡谷相间，地势险峻，山岭和峡谷相对高差超过1000米。[2] 从纬度情况看，北回归线与北纬30°线是热带和温带的交叉地带，但是在云贵高原和横断山的云南部分却成就了绝大多数的气候带复杂的河谷山地，巨大的垂直高差造就了云南这方神奇土地以及如银河般繁星点缀，小群独立却又相互吸引、大群和合的人们。

从云南所处的地理区位看，北依广袤的亚洲大陆，南伴辽阔的太平洋与印度洋之间的东南亚半岛，常年受东南季风和西南季风控制，西北亦邻全球最大、最高之青藏高原，造就了极其多样而复杂的地理环境。转动地球仪即不难看出，同纬度地区，云南的地形地貌最复杂。如果拿同经度的四川简单比较，云南地形地貌的复杂更为突出。四川域内有完整自足的盆地，盆地内主要是平原和丘陵，河流纵横、

---

[1] 李泽厚、刘纲纪：《中国美学史（先秦两汉编）》，安徽文艺出版社1999年版，第20—33页。

[2] 云南省人民政府门户网站（yn.gov.cn），http://www.yn.gov.cn/yngk/201904/t20190403-96255.html。

物产丰饶，四围高山屏蔽，安全有保障，内则交通便利，非常适合形成大群体共同的生活方式和文化传承，形成统一稳定的政权组织，并且能够对外产生积极主动的影响。所以，从古蜀人到现代四川人，个性与族性都有不同于从古昆明人、滇人到现在云南人的突出与稳定。四川人曾戏言川人"狂、怪、偏"，有自揭长短的意思，以上自然地理环境或能够帮助说明部分原因。地理优越，大群自负，易于狂；生活易给，闲思无度，易于怪；蜀道多艰，交流不畅，易于偏。如果转而寻求早期蜀人基于自然与人文共性的审美特性，三星堆出土的青铜器最具代表性。但是，用同样方式试图凝练出云南人基于自然与人文共性的审美特质却非常不容易，因为云南有很多坝子（类似于盆地），却小而零星；有很多自足而有安全保障的群体，却难以形成对外产生积极主动大影响的统一格局。一定要作简单类比，也说说自己的长短，云南先民似乎有小（促狭）、拗（执拗）、憨（憨厚）之特点。"小"包含稚拙与生动，"拗"包含执着与冲动，"憨"包含质朴与天趣，在云南早期青铜器中主要表现为无成规模的重器，精致程度尚低，抽象纹样及装饰亦少见。

今天所测云南与邻国的边界线总长为4060公里，古代就已成为中国连接东南亚的陆路通道。从考古及历史学资料看，复杂的民族交错现象亦由来已久，目前尚有15个民族与国外同一民族在国境线两侧交错居住。地形地貌的复杂，加之域内文化多元，域外文化相交错综，这里的人们自然在文化的各个方面，也包括审美领域，都呈现出复杂与多样的面貌。

1. 地势复杂多样与文化复杂多样

云南地处青藏高原西南延展带，大多属高原山区地形。按地理学研究划分，以现元江谷地和云岭山脉南段的宽谷为界，大体上划分为东西两大地形区；西部为横断山脉绵延而来的纵谷区，其中高山深谷相间，相对高差极大且地势险峻。其南部海拔一般在1500米至2200米，北部则达3000米至4000米。仅在其西南部地区，地势趋于和缓且河谷开阔，一般海拔在800米至1000米，个别地方降至500米以下，为云南主要的热带、亚热带地区；东部是滇中与滇东高原，为云贵高原的组成部分，地形呈波状起伏，平均海拔2000米左右，表面多起伏和缓的低山和浑圆的丘陵，其间孕育着各种类型的熔岩地貌。作为青藏高原西南延展带，云南整体地势从西北向东南倾斜，江河顺地势呈扇形分布，各向东、东南、南倾斜而下。故此，云南海拔高差甚大。最高者为滇藏交界的现德钦县境内梅里雪山主峰——海拔6740米的卡瓦格博峰，最低者在与越南交界的现河口县境内南溪河与元江交汇处，海拔仅76.4米，两地直线距离仅900公里，高低落差竟达6000多米。复杂的山地河谷加上巨大的垂直落差造就了这块自然神奇之地，也奠定了云南先民独特审美文化的自然基础。

总体上看，云南多山，且盆地、河谷、丘陵，高、中、低山与高原相间分布，各地貌之间差异巨大，类型多而复杂。关键是复杂的地貌把这块土地上生存的族群分割成极小的生存群体，仅有不多的几个大坝子及紧密相连的坝子群有较大人群聚居，产生较大的影响，总体上形成了云南先民原生、天趣，自足、自娱的审美特质。

2. 气候复杂多样与文化复杂多样

云南总体上属于亚热带高原季风型气候，立体气候特点显著，类型众多，年温差小、日温差大，干湿季节分明，气温随地势高低垂直变化异常明显。滇西北属寒带型气候，长冬无夏，春秋较短；滇东、滇中属温带型气候，四季如春，遇雨成冬；滇南、滇西南属低热河谷区，有一部分在北回归线以南，进入热带范围，长夏无冬，一雨成秋。在一个省区内，同时具有寒、温、热（包括亚热带）三带气候，一般海拔高度每上升100米，温度平均递减0.6℃—0.7℃，有"一山分四季，十里不同天"之说，景象别具特色。全省平均气温，最热（7月）月均气温在19℃—22℃之间，最冷（1月）月均气温在6℃—8℃之间，年温差一般只有10℃—12℃。同日早晚较凉，中午较热，尤其是冬、春两季，日温差可达12℃—20℃。全省降水在季节上和地域上的分配极不均匀。干湿季节分明，湿季（雨季）为5—10月，集中了85%的降雨量；干季（旱季）为11月至次年4月，降水量只占全年的15%。全省降水的地域分布差异大，最多的地方年降水量可达2200—2700毫米，最少的仅有584毫米，大部分地区年降水量在1000毫米以上。全省无霜期长，南部边境全年无霜，偏南地区无霜期为300—330天，中部地区约为250天，比较寒冷的滇西北和滇东北地区长达210—220天。①

3. 水系湖泊纵横棋布与文化特质的纵横离阖

在世界范围内，河流水系多是人类文明的发祥地。云南域内河流纵横，水系多样，共有大小河流600余条，其中较大者180条，大多为入海之上游水系，地理学划分其为六大水系：金沙江—长江水系、南盘江—珠江水系、元江—红河水系、澜沧江—湄公河水系、怒江—萨尔温江水系、独龙江与大盈江及瑞丽江—伊洛瓦底江水系。六水系分别注入三湾和三海：北部湾、莫塔马湾及孟加拉湾；东海、南海和安达曼海，最终均归于两大洋：太平洋和印度洋。六大水系中，仅南盘江—珠江，元江—红河的源头始于云南境内，为国内河流；其余四系独龙江、大盈江、瑞丽江—伊洛瓦底江和怒江、澜沧江、元江是跨境国际河流，分别流经老挝、缅甸、泰国、柬埔寨及越南等国入海，为跨境国际河流。如此复杂的水系组合在今中国范围内少有。② 六大水系是云南各族群先民生存的依靠，是云南先民由生存生活进而孕育审美的依托，水系的复杂，预示着云南先民文化基质和审美演进的多元，一般审美理论在面对如此隔绝而又纵横不拘的对象时，往往无从规律、难以条理，然这恰恰是云南的魅力所在。

具体来说，金沙江—长江水系发源于青藏高原唐古拉山中段，经德钦县进入云南，流于横断山区，进入滇中高原、滇东北与四川西南山地之间，后从水富市流入四川境内。其在云南境内绵延1560公里，流域面积10.9万平方公里，占云南总面积的28.6%，是云南境内流域面积最大的河流。最遥远的元谋文化、最震撼的古滇文化均发生和辉煌于其流域内。

南盘江—珠江水系上游称南盘江和北盘江。南盘江源出曲靖马雄山南麓海拔2433米的山顶，流经曲靖、玉溪、红河、文山4地市，在罗平县的三江口出省，如今是黔、桂两省区的界河，后与北盘江汇合后最后注入南海。流域内亦有大王岩画、铜棺及铜鼓出土。

---

① 云南省人民政府门户网站（yn.gov.cn），http://www.yn.gov.cn/yngk/201904/t20190403-96255.html。
② 曹津永、陈文博：《珍视山水之美建设"世界花园"彩云南》，http://www.yn.gov.cn/yngk/201904/t20190403-96255.html，发布时间：2022年3月9日。

元江—红河水系发源于滇中高原西部，元江和李仙江为其在云南境内两大支流。元江的东西两个源头分别发源于现祥云、巍山两地，两源汇合后称礼社江，流入现元江境内后始称元江。流域多红色砂页岩地层，水呈红色，故称红河。该水系在六大水系中对云南地理条件影响最大。它是滇东和滇西两大地理单元的分界线，其两侧地貌形态、气候类型、生物分布均有明显差异。独龙江、大盈江、瑞丽江—伊洛瓦底江水系中伊洛瓦底江是纵贯缅甸南北的著名大河，流经云南的主要是该水系的3条支流：独龙江、大盈江及瑞丽江。此两大水系流域是云南先民中的原生民族世居之地，其文化审美无不具有原生意义。

澜沧江—湄公河水系发端于青藏高原唐古拉山北麓，流经西藏昌都之后称澜沧江，从德钦县入云南，经迪庆、怒江、大理、保山、临沧、思茅、西双版纳等地，从勐腊县出境，境外改称湄公河，又经老挝、缅甸、泰国、柬埔寨和越南等国，最后注入太平洋，素有"东方多瑙河"之称。这里孕育了代表性的大理洱海文化圈，云南青铜文化最早的发祥地——剑川海门口遗址就在其域内。

怒江—萨尔温江水系发源于青藏高原唐古拉山南麓，流经西藏嘉玉桥后称怒江。经由现贡山县进入云南，流经怒江、保山、临沧、德宏等四地，从潞西出境，入缅甸后称萨尔温江，由莫塔马湾归入印度洋。区域内诞生了沧源岩画，并与金沙江、澜沧江一道形成三江并流及横断山脉奇观，造就了独特的横断山审美文化。

与河流水系关联密切的是湖泊。在云南，高原湖泊众多，至今仍是我国湖泊最多的省份之一。云南域内西部的湖泊主要有洱海、程海、泸沽湖、剑湖、茈碧湖、纳帕海、碧塔海等；东部主要有滇池、抚仙湖、阳宗海、杞麓湖及星云湖等；南部主要有异龙湖、长桥海、大屯海等。这些湖泊多位于崇山峻岭抑或高山之巅，是云南壮丽景观的重要组成部分，最著名的是滇池、洱海、抚仙湖、泸沽湖等。其中，滇池、抚仙湖孕育了古滇文化中独特而辉煌的青铜文化；洱海则孕育了从石器时代、青铜时代到南诏的另一脉文化。

（二）人文环境及其孕育的审美特征

云南最为特殊的自然环境是横断山和"坝子"。造就横断山的伟力同样造就了横断山里的人们，他们如横断山一般年轻，多彩多姿，生机勃勃；

"坝子"及其湖泊的恩赐是富足,是安全,是云贵高原上难得的自信。

1. 横断山里的神话世界

神秘而雄伟的横断山造就了云南先民审美文化中充满神话色彩的部分,立体多样的自然环境造就了云南先民稚拙与无拘的审美基质。年轻的山脉与不老的民族,奔涌的山川与不拘的民族,多彩的自然与生机勃勃的民族,这是横断山脉为人类护佑了千百年的童话世界。这里有各族群先民神话、各种石器及成群的岩(崖)画;在香格里拉、玉龙雪山和虎跳峡的背景里,在多民族独立而又相容的氛围里,神话延续至今。

横断山脉位于青藏高原东南部,纵跨四川、云南两省西部和西藏自治区东部南部,其在世界范围内属最年轻山系之一,亦是中国境内最长、最宽和最典型的南北向山系,更是唯一兼有流往太平洋和印度洋河流水系的区域。史载清末江西贡生黄懋材受四川总督锡良派遣从四川经云南到印度考察"黑水"源流,因澜沧江、怒江间的山脉并行而南,阻断去路,故特给此山取了形象化的"横断山"之名。其域内山川南北纵贯,东西并列;自东而西有邛崃山、大渡河、大雪山、雅砻江、沙鲁里山、金沙江、芒康山(又称宁静山)和同为南北走向的澜沧江、怒山、怒江和高黎贡山等;其雄踞东亚、南亚和青藏高原三大地理区域交接处,区域内汇集了高山峡谷、雪峰冰川、高原湿地、森林草甸、湖泊瀑布、地热温泉等,是世界上罕见的奇异景观最多样、最丰富的山系之一。其域内金沙江、澜沧江、怒江携手并行奔腾于云南北部到西部,相依相傍不足一百公里,由此形成全球独有的"三江并流"自然景观。同样奇特的是,奔流在四川、云南间之金沙江段,经石鼓阻流,流向由原来的东南突兀急转东北,形成奇特的"U"形大弯道,促成长江流向的首个急剧转折,俗称"万里长江第一弯"。正是这一弯使横断山的影响力伸长至云南北部乃至东北部,而此地域考古发掘之禄丰古猿和元谋猿人化石,证明其域内乃是人类发源地之一。由于横断山脉的交通阻隔,云南相邻多地甚少受外域文化影响,客观上保存了云南古代民族的独特文化和原生态的自然景观,形成了多种族、多文化、多宗教信仰与风俗习惯多元并存的格局。年轻的横断山养育并护佑了稚拙、质朴又无拘、生动的不老人群。

横断山脉的土壤及其植被更依气候、地势而变，其从东南到西北可划分为：边缘热带季雨林红壤带；亚热带常绿阔叶林红黄壤带；暖温带及温带针阔叶林褐色土棕壤带；寒温带亚高山森林草甸即暗棕壤和亚高山草甸土带。又如贡嘎山东坡有山地亚热带常绿阔叶林即黄红壤与黄棕壤带（海拔1000—2400米）；山地暖温带针阔叶混交林即棕壤带（2400—2800米）；山地温带、寒温带暗针叶林即暗棕壤、漂灰土带（2800—3500米）；亚高山亚寒带灌丛草甸即亚高山草甸土、高山草甸土带（3500—4400米）；高山寒带流石滩植被即寒漠土带（4400—4900米）；极高山永久冰雪带（4900米以上）等。横断山脉上受高空西风环流、印度洋与太平洋季风环流的共同影响，冬干夏雨，干湿季分明，通常5月至10月为湿季，降水量占全年85%以上甚至超过90%，且集中于6—8月；从10月中旬至翌年5月中旬为干季，降雨少，日照长，蒸发量大、空气干燥，气候有明显的垂直变化；高原年均气温15℃左右，最冷月6℃—9℃，谷地年均则有20℃以上，南北走向的山体屏障了西部海湾水汽的进入，如高黎贡山东坡保山市年降水量900毫米左右，年均相对湿度70%，西坡龙陵则有近2600毫米和83%的年均相对湿度。红壤、黄壤、褐色土、棕壤……加之诸多植物和各类动物的多种颜色，如此丰富的色彩带给云南先民怎样的视觉与心灵冲击。我们都知道，童话世界的色彩最自然、最无拘。综合前述，似乎就有了云南氏族的孩童性格、童话气息。

2. 坝子明珠（湖泊）的史诗气魄

自然生成的高原围坝与湖泊相对封闭而安逸的生存空间，造就了云南先民质朴与执拗的文化心理特质。云贵高原长期卓然"方外"，坝子、湖泊星罗棋布，身处其间的人们亦因如此纯净、明丽的天然气质而熏陶心灵的稚拙、质朴，无拘、生动。因为云南有很多坝子小而零星，有很多自足而有安全保障的群体，却难以形成对外产生积极主动大影响的统一格局。但是，由于坝上地势平坦，气候温和，土壤肥沃，灌溉便利，是云贵高原上最适合人类生存发展之地，一些相对大一些或最大的几个坝子及其湖泊曾经对云南乃至全国产生过较大的影响，昆明坝子及滇池让"汉习楼船，唐标铁柱，宋挥玉斧，元跨革囊"，"伟烈丰功费尽移山心力"，大理坝子和苍山洱海鼓荡着南诏余韵。

"昆明坝子"在云南中部偏东,为滇东高原上最大的山间盆地,西至西山,北至长虫山,东南至梁王山,大致呈半圆形,总面积1000余平方公里,其中平坝超过三分之一。除西面外均由湖积或冲积平原环绕,海拔约1900米左右,外围到山地间插有台地、丘岗分布。周围山地海拔在2200米至2500米,坝子东南梁王山最高海拔2820米。盆地东南侧山地为金沙江水系和南盘江水系的分水岭,河流从北、东、南侧汇入盆地后一并注入滇池,其中盘龙江、宝象河两侧有狭长的小型河谷平地延伸入外围山丘,盘龙江下游冲积平原呈鸟足状三角洲。昆明坝子气候四季如春,干、湿季分明,年平均气温14.5℃,平均年降水量1035.3毫米,是云南区域内开发较早的农业区之一。

"大理坝子"北起现洱源县下山口,南抵现凤仪镇,东抱洱海,西靠苍山,由西北至东南走向。大理坝子负山面水,气候平和,素有"夏不甚暑,冬不甚寒,四时略等"的称誉。因其气候、温度及土壤很适合人类生存,由此成为洱海地区乃至云南域内较早聚集并发展起来的区域之一。

"景洪坝子"是现西双版纳境内山间河谷盆地之第二大平坝,东有澜沧江奔流,西有流沙河横贯,南部有南阿河及其支流北流,水资源丰富。景洪坝子海拔低,气温高,雨量充沛且地势平坦,土壤肥沃,适于人居,战国后主要为白越系民族世居之地,间有氐羌系与百濮系民族聚居,文化多元。

3. 东西南北多元文化的交融往复

如前所述,小阻隔、大交融的自然格局造就了云南先民自足与冲动的文化心理特质。考古证据显示,早在新石器时代,云南与周边及中原就有绵绵不断的联系。从云南域内出土的大量新石器看,与中原地区的新石器在形制与功能分类上有诸多共性。如云南元谋大墩子及宾川白羊村出土的扁平梯形斧、圆角长条石斧、石锛和半月形石刀,无论形制和功能都与西安半坡出土的新石器类似;滇池地区出土的部分石斧、石锛,也明显有东南沿海地区新石器的塑形特征。其他如云南出土的新石器时代陶器、房屋遗址、墓葬亦与中原有诸多共性,这些共性显示,在新石器时代,云南先民与周边及中原似已有基于生存的广泛联系,且此种联系体现出云南先民独特的交通方式。不论游牧或是农耕、采集抑或狩猎，云南较为丰足的生存资源满足了小群体的日用需求，但要满足了小群体的发展需求和交流欲望，需克服高山大川的阻绝、毒蛇猛兽的袭扰。经由相互交流和对外交流的小地域互动到冲破自然的桎梏，打通以南方丝绸之路（茶马古道）为标志的、通达天下的水陆通道。元谋人到早期氐羌、百濮、百越系族群对云南交错而又相对独立的开发，再到后来26个民族的和睦共处，主线清晰连绵，分支个性突出；小族小群自足自在，大族大群奔流交融。所以说，小阻隔、大交融的自然格局造就了云南先民自足与冲动的文化心理特质，并据以构建其审美心理。以下从陆路和水道两方面略加说明。

秦汉前后漫长的历史时期，云南先民普遍过着游牧生活，在广袤的山林里东奔西走。秦国所开之"五尺道"，始于四川宜宾，经高县、筠连，奔西南方向入云南昭通，终至曲靖。汉又开"蜀道"，从四川成都穿越云南入缅甸远至古印度，后人称为南方陆上丝绸之路或西南丝绸之路。

这条古道线路分为灵关道、朱提道、博南道（或永昌道），贯穿云南东北、西南及西部，生活在古道沿线的彝族、白族、傣族、景颇族、佤族、阿昌族、独龙族、傈僳族等各民族的先民，乃是跋涉探寻、辟野开疆的先行者。《后汉书·南蛮西南夷列传·哀牢》曰："永平十二年……通博南山，度兰沧水，行人苦之，歌曰：'汉德广，开不宾。度博南，越兰津。度兰沧，为他人'。"古歌道出了当时各族先民筑路的艰辛。是时博南山一带荆棘丛生，瘴雨连绵，其开路工具和筑路方法，已不可考，肯定付出了巨大代价，且限于当时的修筑条件，山路俨然十分难行。《蛮书校注》记载："《后汉书》……永平十二年得哀牢地，始通博南山，度兰仓水，行者苦之……"《华阳国志·南中志》记载："自僰道至朱提有水、步道。水道有黑水及羊官水，至险，难行。步道度三津，亦艰阻。故行人为语曰：'犹溪、赤木，盘蛇七曲；盘羊、乌栊，气与天通。看都濩泚，住柱呼伊。庲降贾子，左儋七里。'又有牛叩头、马搏颊阪，其险如此。"[1] 僰道即宜

---

[1]（晋）常璩著，任乃强校注：《华阳国志校补图注卷四》，上海古籍出版社1987年版，第279页。

宾西南安边场一带，朱提即云南昭通，三津是筠连河、横江及洒鱼河。从这些文献记载看，在此段九曲三弯，坡高势陡之路，赶路行者好似腾云驾雾，直累得汗如雨下，时时需停杖相呼，就是牛马都不免头触地，颊贴崖。生活在万山群道之中云南各族先民，常年翻山越岭，涉涧过箐，开辟出一条条路来。对此，唐樊绰《云南志》多有记载：寻传蛮"跣足可以践履榛棘"；罗苴子"跣足，历险如飞"；望苴子蛮"跣足……驰突如飞，其妇人亦若此"。

背驮负重是云南少数民族的一大特点。早在晋宁石寨山出土的青铜贮贝器上的众多人物图像中即有头顶或背筐而行的人物立像。冯汉骥：其中一人"背负一筐而以带承于额，筐内另贮箱"；另一人"背负筐而以带承于额，筐为小底大口，筐中带猪腿一只"。报告称上述图像为"赶集场面"，考古学家冯汉骥认为"当系滇王统率下的各种不同的民族（或部落）来向滇王进贡或献纳的图景"[1]。无论是"赶集"还是"进贡"，前额顶戴而背负筐篓，都以人力负重，这种方式迄今在云南各族仍在沿用。

今独龙族居住的高黎贡山处处皆悬崖峭壁，通行极其艰难。有记载如下："森林蔽天，路极陡隘，傈子行时，削竹竿成矛，以其尖戳地杖而行之。其右手则持刀，为剁砍蔽路之树干。"[2] 除竹矛戳地而外，独龙族还发明了一种"天梯"，专用于悬崖绝壁处。做法是：找出独木一根，在其上砍多处刀痕，以作为石缝的支点挤靠在崖壁上，如此便可往上艰难攀登；另则用两根木头捆成一级梯子，制两个木梯交替使用，缓慢地拾梯而上；还有用两根粗藤自崖顶垂直挂下，中间扎几根木棍做横档之法等，均可证其行之艰难。

同样从晋宁石寨山出土青铜器看，迟至西汉，古滇人已将马驯化作为运输工具了。如骑马狩猎立雕类铜扣饰，普遍呈现滇人骑马狩猎的情景，逼真再现全副武装的男子策马前进，或正在马上投掷长矛的生动画面。从文献记载看，三国两汉时期云南已普遍使用牛马作为运输工具：

---

[1] 冯汉骥：《云南晋宁石寨山出土铜器研究——若干主要人物活动图像试释》，《考古》1963年第6期。

[2] 詹七一、杨勇：《云南先民审美誌略》，云南出版集团公司云南人民出版社2013年版，第11—12页。

图 1-1 鎏金骑士猎鹿铜扣饰

"长老传言,池中有神马,或交焉,即生骏驹,俗称之曰'滇池驹',日行五百里。"① 诸葛亮平定南中后,古滇人除了向蜀汉政权进贡金银、丹、漆、耕牛外,还要进献战马用于军旅。

以马帮驮运货物,曾是云南彝族、白族、纳西族、藏族等民族先民基本的交通方式。马帮的规模大小不等,或几十匹或数百匹,无论短途长途,至 20 世纪上半期一直穿行在云南的高山峻岭中,往来于崎岖逶迤的山道里,乍一听铃响,便知马帮来。马帮对于沟通云南域内外经济文化往来所承担的重要作用,无可估量。

人背马驮是远古云南先民的运输方式,云南马帮何时形成,尚无确切资料;云南的对外通道何时出现,亦仅有一些考古资料的片段记载。云南剑川的考古中发现海贝,即说明早在公元前 6 世纪至公元前 4 世纪之间,四川、云南地域的各族先民就通过"西南丝绸之路",获得商人们经云南、印度、缅甸等地从南亚国家带来的海贝。

民俗调查表明,云南的马帮在行路方面克服障碍的能力,一般人无法想象。在无路之处踏出一条路来,在无桥之处可以让马从溜索(溜

---

① 詹七一、杨勇:《云南先民审美誌略》,云南出版集团公司云南人民出版社 2013 年版,第 11—12 页。

筒）上跨越怒江、澜沧江这样的大河。云南的马驮和人背历来结合在一起，凡是马过不去的悬崖峭壁，货物转由人背。特殊的马帮运输对古代云南交通的发展，乃至对近现代云南交通的发展均发挥了无可替代的作用。云南古代各少数民族就是用这种人背马驮的办法，在崇山峻岭之中走出了一条条通道。

**图1-2 鎏金二骑士猎鹿铜扣饰**

考古发掘普遍证实，云南先民早就掌握了造船和水上航行技术，水上交通亦缘于域内江湖纵横。江川李家山M24号墓出土的一面战国晚期铜鼓，其侧面图像中刻有一船，船上有作持桨划水状羽饰人4个，船尾还刻有一只船锚，由一根长柄连接船体，说明在2000多年前，滇人已制造并使用有船锚的航船。另在晋宁石寨山出土铜鼓的腰部，大多有行船纹饰。从纹饰中人像活动看，可辨认为乘坐、捕鱼和竞渡等。船纹刻像多为船身扁平，首尾相翘，一人或多人坐船身中持桨划船；晋宁石寨山出土的一块铜鼓残片上，则刻有船身狭长而轻便的大船，其中划水者多达15人，且每2人并坐，船头立1人为指挥竞渡者。滇人竞渡表明，捕鱼、摆渡、运输等水上交通已具有较大规模。

如前所述，云南域内群山屹立，江河纵横，且多呈山高水深、坡陡

图 1-3　广南羽人船纹铜鼓拓片

图 1-4　展厅中的复原场景

流急之态。为交通往来，先民不得不逢山开路，遇水架桥，由此建造了大量很有地域特色的桥梁，从文献记载看，有藤桥、竹木桥、竹桥、溜索桥、石桥和铁索桥等。藤索桥和竹索桥直到新中国成立前在云南少数民族聚居地区仍属常见，其中傈僳族、独龙族常在水流湍急的沟溪上架设竹桥，他们将两根长竹并排固定架于两岸，竹间用藤条缠网以为扶手，外地人首次行走过桥，无不头晕目眩，他们却如履平地；独龙族架设藤桥则先将数根藤索拉紧牢固定在两岸的树桩或大石上，再分别从两岸铺设竹片或木板于藤条直至汇拢，继而用竹篾或藤索扎紧在藤索上合

图 1-5　铜鼓上的滇人乐舞与船纹纹饰线

龙形成桥面，两根藤索还绑有绳索作扶手用，藤桥中段横绑上若干竹竿成方形以令桥面平稳。因桥身狭长，初上桥行走者多有晃动，恍若腾空过涧。云南腾冲境内的龙川江上流经龙川、甸尾、曲石三地尚存三座古藤桥，其状与文献记载无异；镇南州（今楚雄州南华县）团山厂桥，据县志记载，清朝改藤桥为木桥；清朝雍正年间，今昭通市镇雄城北有"网袋桥"，等等。

云南域内誉为世界第二大峡谷的怒江峡谷几竟垂直而下，山顶与谷底海拔差高达 3000 余米，江流湍急处，激流咆哮且礁石嶙峋，既不能涉水过江亦无法行船，生活在这里的独龙族、傈僳族和怒族先民，艰难中创造了一种过江方式——溜索。制作方法是取竹或藤皮拧为粗索，然后系于河两岸的树干或木桩，再用溜板把人、牲畜或其他货物捆绑其上，在两岸间来回溜（通）行，溜渡者双手紧握溜梆，仰面朝天，脚蹬溜柱纵身一跃，宛如燕子般滑过水面。茶马古道沿线之澜沧江和溜筒江无不水流湍急，船筏不行，渡江人只能身缚索上，在两岸溜行。因竹或木质索梆易磨损，两岸溜行甚是危险。据民俗学田野资料，来往溜索最多的通道一是岩瓦，二是溜筒江。新中国成立前，进出川藏的马帮众多，单日溜进溜出的骡马可达 300 余匹，其中不乏人马落江，葬身鱼腹的事故发生。

在古中国范围内，云南的铁链桥数量与规模皆为称著。最早的铁链桥为东汉明帝时（58—75）在景东县城100余公里外修建的横跨澜沧江之兰津桥。另外，在西南丝绸之路的永昌道上，即今保山市和大理州永平县交界的澜沧江上有一条号称"西南第一桥"的明代铁索桥——霁虹桥，"铁索横牵两岸，下无所凭，上无所倚，飘然悬空"，该桥用18根铁索固定于两岸悬崖，其中两根在扶栏外用于承重，桥面用铁链连接并铺设木板。清朝康熙皇帝手书金匾——"飞虹彼岸"迄今还悬于东岸的御书楼，徐霞客谓其"迤西咽喉，千百载不能改也"。

在云南域内，比霁虹桥更早建成的铁索桥至少还有两条，但其面貌早已无存。其中有唐代修建于金沙江和漾濞江上的铁索桥；漾濞江铁索桥和丽江塔城铁索桥均为吐蕃、越析、施浪、邓赕等诏的乌蛮、白蛮人民，即藏族、彝族、白族的先民所建。

由上可见，在云南域内西部或西北部的崇山峻岭里，云南先民始终不畏艰险，因地制宜地开拓着沟通、族群与族群、域内与域外的交往通道。冲动与渴求创生着其文化及审美意识，哪怕付出生命的代价，也前赴后继，决不退缩。

## 二 云南青铜艺术的发生学论证

探寻云南青铜艺术的古老的塑形审美意识，让我们一开始就处于人类关于审美意识及艺术起源的各种理论包围之中。人类对这一难题的理论探索和实证分析，迄今已有了2000多年的历史，无论是源于西方古希腊哲学至20世纪欧洲理性主义的体系化理论推导，还是散见于中国古代典籍中的片段言论，尤其是19世纪以来西方不少人类学家、民族学家和心理学家建立在考古材料和民族学、文化人类学调查基础上的实证论证，加之20世纪英美经验主义、科学主义的语言及逻辑实证分析，以及发生认识论对儿童意识成长的科学实证，无不呈现了基于不同的学科、视野和方法论的富有启发又不能相互取代或独断的精彩见解。

通观诸说可发现，审美和艺术起源的研究史大致有两种路径：一是从各学说中选取一种被认为是合理或认可度高者，进一步搜罗并组织材料，重新进行证实或证伪的工作；二是对以往诸说皆持否定态度，试图另辟蹊径去构想和论述新说。我们看到，国内30余年来对审美意识和艺术起源的研究，多在中西方研究的基础上选取合理要素进行综合论证，或干脆持多元发生的理性主义态度，但亟待实证科学的学理与方法论支持。国内学者中对原始文化及其相关理论颇多涉猎的中国社科院哲学所朱狄研究员在80年代初即说："所有这些多元论的倾向，并不就是对在艺术起源问题上众说纷纭的一种无可奈何的调和折衷，而在于在艺术的最初阶段上，可能就是由多种多样的因素所促成的，因此推动它得以产生的原因不能不带有多元论的倾向。"[①]

因此，当我们从发生学的角度对云南先民的塑形审美意识进行追溯及学理描述时，既不可能也无必要套用或偏向某一或某些为人所知的审美意识和艺术起源理论，抑或重新搜罗云南域内早期审美文化材料进行硬性实证。我们需要做的，是依据相关现有的考古学、民族学及文化人类学材料，在云南先民心理研究图景的基础上构拟出其发生学意义上的有机逻辑体系，捋清相关因素的实际功能，并解析出它们在一个有机结构中如何一同促成了云南先民塑形审美意识及其具体艺术形态的生成。实际上，恰恰是根植在早期云南尚未脱离史前生存境况及其活动图景基础上的原始意识及思维的混融性特征，导致我们在探讨云南民族塑形审美意识及其艺术起源时，必须坚持综合性多元解释的学理态度。

参考俞建章、叶舒宪二位教授对艺术"起源"一词的语义分解，审美意识及艺术的发生至少包括三个层面的问题：一是审美及艺术起源的年代学问题；二是审美及艺术起源的形态学问题；三是审美及艺术起源的动力学问题。[②] 审美活动及其艺术品起源的确切年代（时间）与具体艺术形态的首发相关，只有在考定审美的具体形态发生时，审美及艺术起源的年代学问题才具有实际意义；而审美及艺术起源的形态学问题则不可能仅仅靠实证材料来证明，还需要较全面地追溯审美及艺术起源

---

[①] 朱狄：《艺术的起源》，中国社会科学出版社1982年版，第171页。
[②] 俞建章、叶舒宪：《符号：语言与艺术》，上海人民出版社1988年版，第34页。

时主体的审美心理发生机制，亦即审美及艺术起源的动力学因素层面。

从发生学的意义上看，"起源"显现为一个进化过程，事物只有演化、积累到某个点方可发生突变，且并非线性发展。发生认识论创始人、瑞士心理学家皮亚杰认为："从研究起源引出来的重要教训是，从来就没有什么绝对的开端。……起源是无限地往回延伸的，因为一些最原始的阶段本身也总是以多少属于机体发生的一些阶段为其先导的。"① 因此，由于年代久远，有关审美及艺术起源的研究仅仅停留在年代学问题上，肯定要受到考古实证材料的局限。探究审美及艺术起源所面临的棘手问题是，因为人类审美及艺术的起源经历了十分漫长的过程，且由于这个过程中存在的某种非演化性质让某些史前审美文化形态仍具有发生学上的意义（在云南各民族传承至今的文化活动中乃是一个较普遍的现象），某些文化性活动事象及其审美性要素仍保留着原生形态。这就使研究者面对着两类蕴藏人类审美起源奥秘的对象——尚不充分的考古学实证材料和不易精确考定或测定其源头的民族学素材。

德国哲学家黑格尔在19世纪上半叶即指出："不能将现实的整体视作某种孤立的结果，必须将结果联系其产生过程来看待……离开了发生发展过程的赤裸裸的结果无异于一具僵尸……因而不能把真实可见的东西视为一种静止不动的、僵死肯定的东西。"② 按照黑格尔启示的注重事物前后联系的辩证方法，我们有必要在总览现有考古学、民族学、人类学等实证材料的基础上，把云南先民文化性活动的精神图景、审美发生的逻辑意义和人类演化的历史线索结合起来，同时将它们置于云南史前时代物质与精神文化语境中，描述其塑形审美意识的实践发生和心理发生的大致图景。

（一）云南青铜塑形意识和艺术的实践发生

前面曾述及，之所以把劳动工具的制作及其塑形创造作为人类诞生与审美及艺术起源的最初标记，是因为人类为了生存而进行的实践活动

---

① ［瑞士］皮亚杰：《发生认识论原理》，王宪钿等译，胡世森等校，商务印书馆1981年版，第17页。

② ［德］黑格尔：《精神现象学》，贺麟、王玖兴译，商务印书馆1979年版，第2—30页。

本身就是一种主客体之间的交互活动。因此，人类的审美意识及其艺术创作既不完全源于客体，也不纯粹源于主体，而是产生于连接主客体的中介形式——制造生存工具的实践活动。只有在人类实践的意义上，才能把最早的工具制作活动看作最原始的审美活动，把最初制造的劳动工具当作最原始的艺术品。

从类人猿使用天然工具开始，直至早期智人制作劳动工具，大约经历了1000万年以上；以石器和青铜器为标志的工具制作和使用也历经300多万年。相较人类最多6000余年的文明史或史后史，这的确是一个漫长的过程。制造并使用工具为核心的实践活动，不断把逐渐分化出来的自然对象纳入主体意识领域，促进着以脑功能分化为核心的人类机体进化。具体来说，以动作思维为内容的制作行为逐渐经由知觉表象向制作行为前的观念预设及逻辑思维缓慢进化。

在旧石器时代后期至新石器时代早期，史前人类审美意识和艺术的起源即与上述机能的进化同步发生。在云南范围内，这一进化线索发生在旧石器时代，元谋人按照生存的实用需求有目的地选择天然石材和对石材进行一次性加工，到昆明人预设性的石器制作及其二次加工中对对称形式的追求，至新石器时代以降，滇池东南、金沙江中游和元江等地原始先民对石器的精细磨制，尤其是先秦到汉代遍及云南全境的青铜器塑形与功能关系之完善化及多样化的制作工艺。这一进化过程及其审美发生呈现得非常清晰。当然，需要指出的是，无论这些石器与青铜器的造型多么完善，它们首先不是当作审美性的艺术品来制作的，其视觉造型的审美性要素还与实用性功能紧密地结合着，从而成为工具中不可或缺的因素。必须说明的是，即便如氐羌系原始先民制作的那把薄而均匀、器身及两端对称、刃口曲线圆润、刀背边缘两个大小均等对称、富有装饰意味的小孔的半月形石刀，其诸种造型要素并没有偏离系上绳子绑在手上收割农作物的功能需求；同样，石寨山出土的青铜贮贝器盖上，刻画生动的人物、动物立相及其活动场景，以及遍及铜鼓、青铜兵器乃至农具上的繁复纹饰等极具视觉观赏意味的审美要素，并未完全脱离巫术祭祀或社会礼法的功能意指。这充分说明，具有审美塑形因素的工具形式，虽然与生产劳动及受社会规约的功利性主体有了一定程度的分离，然作为特定生产劳动、观念性含义与社会地位的某种象征而有其非审美的确定目的。

图1-6 杀人祭柱场面贮贝器

图1-7 杀人祭柱场面贮贝器盖面局部

在各种艺术形态渐次发生的新石器时代，人类审美意识与实用功利意识的混融和未分化乃是世界范围内的一个普遍现象。无论是雕刻和绘画，还是文身和装饰，以及巫术仪式中的乐舞和诵唱，乃至即兴的狂欢等，都是原始先民的物质生存与种种非审美的精神需求的直接形式，而其中偏离生存功利的审美性成分间接地呈现在先民的幻想领域，作为一种非恒定的内在精神状态不时显现。可以看到，云南沧源的狩猎部族出征前模仿动物的舞蹈与其他活动仪式都有特定的巫术实用目的，这在岩画中有形象的记载；云南农耕部族的"剽牛祭天"及摆放并敲击铜鼓、铜制乐器的种种祈福禳灾之祭祀礼仪活动则交融着神话与史诗诵唱、乐舞交欢等形态，种种形态中似可分离出来的审美要素实际上不可能从巫术礼仪即实用指向的功能需求中完全剥离出来。我们还可以推断，生存活动中普遍存在的朦胧的美感心理和艺术因素向先民的其他本能活动，如游戏冲动、情绪的宣泄与平衡、性取向的选择等拓展，通过随机的即兴狂欢和打闹渗透在日常行为中。当然，纯粹的审美表现形式并不是独立存在的，而是始终依附于生存活动的。

**图1-8 贮贝器盖面人物线**

审美及艺术的发生学可能说明的是，在生存活动和其他社会性活动中，是哪些要素和机制促成了人类起源与进化的同时对客体世界和自身精神世界的审美安排及形式表达；在人类制造工具并用于生产活动的过程中，促成审美意识发生的关键环节又是什么。质言之，审美元素如何渗透在制作工具的实践活动及其行为方式和观念预设中，并在一定程度上离析出相应的形式要素，而且还有利于满足人类的生存需要。在一般逻辑和经验意义上看，可以说人类制造出第一件工具的时候，第一件艺术品就诞生了；在旧石器时代，原始先民用一根树枝做成木棍、拾起一个石块稍作打磨做成砍砸器，虽极简陋，却可能是造型艺术的开端，既是人类对器物形式的最初感受，也隐含了审美意识的最早萌芽。然而，为避免主观幻想和臆断，审美意识及艺术起源的探讨，必须建立在对具有考古实证的实践过程进行还原的基础上。

就工具（或准视觉艺术品）制作而言，物质材料是基础，诸如石头、树枝和兽骨等已经由自然界准备好了。当170万年前的元谋人甚至更早的腊玛古猿一次次拾起它们准备使用时，渐渐有了初级的选择意向，开始从适手、适用的角度对它们的形状、硬度、重量等进行比较后方确定选择某一树枝或某一石块。这种选择必须进行粗略的观察、推理、判断等初级自觉的思维活动；既要考虑木棍的长短、粗细和把石块敲成什么形状，又要从适于手持或把握的角度考虑尺寸与截断、敲打的步骤和方法等，把满足生存实用需求的"内在尺度"付诸材料加工之中。对物质材料特性的有意观察和基于内在尺度的谋划与制作，无疑是以人类的"自我意识"逐步形成的漫长实践为基础的。自我意识的形成不仅是人类进化的关键环节，也是审美及艺术起源的关键环节。在人类开始按头脑中从生存实践中产生的需要和观念进行改变自然形态的创造活动之前，自然对象与原始活动主体只能是一种自在的存在。

大约300万年前，物质对象与人的不同及联系开始被意识到了，尽管直至文明时代早期，这些意识中还有歪曲和片面的成分（如巫术观念），但意识结构的相对独立性使得人把自身和自然界区分开来。自然物作为人的生活资料、加工对象和劳动工具，变成了人的"无机身体"，成为人类生存不得不加以改变和使用的必要因素。同时，人类在实践中对物质对象的选择、改造和创造的活动中，通过种种幻化的观念，把自然界想象为自身"精神的无机自然界"，即不仅能够按照物种的尺度和人内在需要的尺度来创造性劳动，而且产生出对这一过程进行干预和解释的欲望和行为，正如我们在诸如神话创作及唱诵、原始宗教活动及巫术仪式的安排中看到的。

可以设想，如果没有生产劳动发挥的主导作用，人类的所有实践活动就难以进化为有意识的行动，人的求生行为将永远停留于动物的生物本能，也不会有审美及艺术活动的发生。如果我们把原始先民模仿动物行为的冲动、生存过程中短暂的过剩精力发泄等生理心理机能视为与审美意识有直接或间接关联的心理动力，那么，只有在生存的劳动实践中才不仅仅是有机生命的原始冲动，也形成审美心理活动的有机内容。由此开始，生存实践的多样化、复杂化演变和因此带来的行为多样化及其动作丰富性一步步丰富了模仿的能力。生产效率的提高导致过剩精力增加和由此衍生的游戏行为也令生产劳动的过程变得更加富有想象力和创造性。我们在云南沧源看到，其崖（岩）画中的视觉图像已不仅仅包含着云南先民涂抹行为中的生理快感，同时也是包含着某种自由感的审美愉悦。可见，以工具制造为发端的生存实践及其行为的逐步观念化促进了人类审美意识的发生并持续演进。

为了生存的实践活动促使人类的审美意识形成和艺术起源，特别体现在作为实践主体的人的感官审美化上面。具体来说，体现在人的视觉和听觉，触觉及运动平衡感等感官方面。生理心理学和实验心理学研究表明，在人类的感知系统中，来自视觉的信息占主导地位，种种实证材料也说明，人类先民主要依赖于视觉信息的获取，在警戒、寻找、捕获和挖掘乃至迁徙中适应和征服自然界；生存活动首先需要他们能够在自己的视域内分辨出物体的层次变化、形式结构和色彩属性等，同时在劳动的视域里进行各种视觉元素组合的制作活动。只有在这种视觉领域内的感受中，劳动工具与劳动需求相适应的视觉尺度才能产生，也才能够让各种物质对象适于劳动需要的形状、材质、属性的选择成为可能。而在此过程中，同时萌生着视觉感官的审美化，即对普遍存在于自然界中的对称形状的感知和劳动的实用需要同时强化着工具对称性的要求，从而促动着意识中对称感的形成，并在此基础上，不断萌生出如比例感和

图1-9 沧源佤族先民岩画

秩序感等高一级的视觉感，能够进一步把工具中杂乱无序的自然元素导向适合主体生理节律和心理快感的制作行为及创作物中。可以看到，3000多年前佤族先民创作的沧源崖（岩）画中的整体构图与个体形象之间的组合关系呈现出一种变动中的韵律感与和谐感，体现了绘画者事先的谋划与布局；在早期文明时代，云南各地青铜器的多样化与普遍装饰化，进一步显现了云南各民族先民进化并不断完善化的视觉审美形式感的清晰样态。

早在云南新石器时代的石制工具中，即有触觉感官审美化的充分展示。人手的触摸能力不断发展和完善，是基于长期的劳动和制作行为。手从单纯抓握器官转变成为一种精细的复合分析器官，由此能够对对象的质地有着明确的体验与选择；人类对平滑、光洁、润泽等的喜好不仅是生理性舒适感的心理基础，也是触觉审美化的主要标志。事实上，这种喜好在视觉的审美化中进一步得到强化，导致平滑、光洁、润泽等作为一种审美要素而被固定下来。在触觉感官审美化领域被确定下来的还包括对材料性能的感受力，在工具制造过程中，制作者对材料的判断决定着创造的心理走向，制作者通常会根据这种感受来判断并实施具体的制作行为，最后才能把适用于物质生产的工具材料转化为造型。在云南民族先民丰富多样的青铜器铸造及其装饰活动中,完美展现了人类视觉感官审美化的生动实例。毋庸置疑,这种始于原始先民协调劳动动作、符合其身体运动节律及心理活动节律的感知能力,把杂乱无序的自然形象导向于适合主体心理节律和视觉愉悦的生存实践中,从而传情达意、交流信息。

(二) 云南青铜塑形意识和艺术的心理发生

按照现代生理心理学理念,视觉审美化的发生主要体现在两个层面,一是视觉感知层面,二是心理表现层面。审美及艺术起源的发生学探究最终还是要归结到审美意识即主体的审美心理建构问题上。从实证层面看,审美意识的发生要晚于史前人类的动作和行为结构,即以制作和使用工具为核心的实践方式在时间上领先于各种心理感知形式和审美意识。但从逻辑层面看,审美意识作为心理与符号传达模式,则是支配工具制造和许多实践活动方式的心理观念和具体尺度,只有其成熟才是审美主体形成的确切标志。随着实践活动的多样化、复杂化并不断内化为大脑机能,审美意识中的心理运演才能从感觉引向知觉,再从知觉活动演进到表象的分解与组合,最后在各种抽象化、模式化了的观念活动中形成一定的审美心理图式。审美意识作为心理活动的这种发生演化过程,在种种具有审美特征的工具史见证下,显示了人类特有的既不脱离感性特征,又从被动感知走向主动创造的历史图景。

现代神经心理学的研究结果表明,人类日益复杂化的实践行为之所以能够逐步展开,得益于脑容量的扩大,这意味着保证大脑运行的神经元数量的增加,尤其是主管语言能力和抽象智力的左半脑及其神经荟萃的皮质层被唤醒,并逐步增加与优势化,这是决定类人猿到智人脑进化的重要标志。如果仅仅停留在主管运动及对象特征的右半脑优势化的心理机能上,那么人对客体的认知尚停留在具体对象的感觉特征上,只是一种没有抽象智力参与的纯感性心理活动。[1] 这样,审美意识的发生便无从谈起。可以说,与前表象阶段的心理运演相适应的是人类祖先的心理活动机能,导致其对工具的制作活动只能是初级的。在云南域内,元

---

[1] [苏] P. K. 巴兰金:《时间·地球·大脑》,延军译,科学出版社1983年版,第99页;潘菽主编:《人类的智能》,上海科学技术出版社1985年版,第63页。

谋人对天然石块的打制活动只有稚拙和无规律的几十个动作，而且石器本身也无定型且不甚规则。但是，这类人工形式的初始生成，虽然以笨拙的超自然形式呈现在我们眼前，却实实在在地从感知的基础上开始了人类审美心理机制的建构。

现在，我们已无法通过观察与实验去证实最早而初级的人工刺激以怎样的方式输送到大脑皮质层。然而，20 世纪对儿童心理的研究揭示了一个具有参证意义的心理学事实：儿童具备了接受外界信息并与世界保持联系，以保持自身生理—心理功能协调的三级系统：感受系统、知觉系统和制作系统。心理学家们认定，这三个系统在人类生物机体出生时便独立存在着，差不多和人类同样古老。其表现为，幼儿总是花费大量的时间和精力，通过手这一分析器向大脑皮质层输送刺激，以及在自身游戏制作中的有趣场景。诸如此类与基本生存无关的欲望完整地展现了一种人类最早的制作欲及其游戏行为。心理学家们认为，这些事实可以被认为是审美心理建构的最初内容。同时进一步认为，在幼儿的游戏和制作活动中，一种随着成长发育起来的知觉能力——"完形"知觉可能对人类审美心理的发生有着更关键的意义，因为幼儿经常能在各式各样的对象中识别出的本体、样式就成为一种完形意义上的整体。幼儿对整体的抽取及其对完形的把握能够说明早期人类在运动感知思维的初级阶段，审美意识的发生可能已经有抽象智力（即初级逻辑思维）的参与了。[1]

即便在旧石器时代，砍砸器的棱和刃等功能性部分已经开始萌芽着人工干预表现出的动作规则性，其中很可能就包含着行动的抽象智力活动。按照瑞士心理学家皮亚杰的说法："实际上，我们能够重复进行某一个动作，并把它扩展到一个新的领域中去，那么这个动作就可以被视为一种具有感知运动性质的概念。"[2] 虽然早期人类工具制作活动对整体造型和具体形式的初步把握，很可能就是一种概念的原始方式，但皮亚杰认为，这还不是真正意义上的抽象概念，"因为它们还不能在思维

---

[1] [美] H. 加登纳：《艺术与人的发展》，兰金仁译，光明日报出版社 1988 年版，第 263—265 页。

[2] [瑞士] 让·皮亚杰：《儿童的心理发展》，傅统先译，山东教育出版 1982 年版，第 30 页。

中被运用，它们的作用仅限于实践上的和实物上的应用"①。必须随着生存实践活动方式及其工具制造行为的进一步复杂进化，早期人类的心理运演才能够经由感知运动的低级阶段，向较高级而完整的心理表象阶段演进。表象是具象和抽象的统一体，只有具备具象和抽象统一的心理表象活动才能表明人类思维已经由动作思维转向心理思维；以心理表象为核心的心理思维既不脱离具体对象的特征，又能将对象的一般性质进行综合，使心理表象有可能先于生存行为和制作活动而具有预设性。心理表象虽然不具备完整的观念形态，却是支配着早期人类实践活动向合乎人的目的性方向迈进的内在原因；正是表象的心理运演，使得早期人类通过对形式规律的把握，把大自然中散乱的感性形式加以综合，步步实现的合目的性的生存并提升活动效率。

与实践方式的日益复杂化相适应，当实践方式中的各种感觉因素被知觉转化为表象时，视觉对象的一般性质如光洁、对称、平衡、节奏等被把握并综合，标志着对象的抽象性质已经从动作思维中引申出来并得到强化。审美意识正是在这个早期人类的精神领域中确定下来的，愈发成为先民活动中一种主动性的心理活动方式。审美意识在心理表象的推动下已然成为主动的心理活动，随着实践活动的逐步发展及其方式、领域的多样化与深入，尤其是口语交际的出现及口语概念上升为心理活动的主要方式，这使得人类活动进一步完善化和观念化，审美意识的生发更获得了丰富的心理符号体系的支撑，能够相对独立地进行一系列感知和意识活动。

到晚期智人时期，经由漫长的以工具制造为核心的实践活动积累，人类终于完善了自身思维的物质—心理基础——大脑结构和功能。以口语概念为运演形式的抽象逻辑思维和以知觉表象为活动方式的形象思维拥有了各自的神经生理基础；具象与抽象、感性与理性、形象特征和概念推演等经验与观念形式能够互相综合和迁移，而不局限于一方思维模式之中，从而诞生了人类从未有过的各种先验性观念和心理图式，广泛参与各种生存实践活动中，这对审美意识和艺术的

---

① [瑞士]皮亚杰：《发生认识论原理》，王宪钿等译，胡世森等校，商务印书馆1981年版，第27页。

起源具有重大意义。

　　来自世界各地的考古学材料普遍证实，完整意义上的人类史前各类艺术的起源，大多集中于智人，尤其是晚期智人时期，即旧石器时代和新石器时代交替的时期。云南民族先民始创的各类艺术作品，亦大体产生于这个时期。在这个艺术最早的繁荣时代，虽初生而又生机勃勃的景象既是人类实践发展的必然结果，更是其审美心理发生的直接成果。

　　随着晚期智人机体的进化和实践活动的深化，在理性意识的作用及引导下，早就存在的模仿、游戏乃至性冲动等生理机能转化为先民的创造动力而进入审美创造领域，成为审美意识中肯定性的内容和在审美愉悦的生理基础上的、直接的形象呈现方式。人类情感在日趋复杂化的实践活动和越来越完善的心理机能的作用下，在发展着的言语交往和文化背景中，逐渐超越出了个体的范围，演化出普遍化的社会情感，并催生出群体性、社会性的表现方式。考古学和人类学研究显示，世界范围内的原始宗教及巫术礼仪活动也普遍产生在这一时期。[①] 原始宗教或巫术作为早期人类理解世界、操作生存的原始宇宙观和综合性的观念系统，集中反映了晚期智人时期人类精神活动的基本特征，它对包括审美意识在内的各类精神生产产生了巨大的影响，也是审美活动的社会动因。史前人类一旦形成对世界的基本认识并进行自以为是的解释之后，必然强化并在某种程度上固化以往的各种精神活动形式。

　　在这个时期，尼安德特人对墓葬进行了精心安排，中国的山顶洞人会在死者身边撒赤铁矿粉末，这些行为无不表明早期人类无关经济的思想活动也愈加发展并复杂化和仪式化了。不仅如此，除葬俗仪式建立在灵魂崇拜的观念基础上外，早期人类还有建立在自然崇拜、动植物崇拜和祖先崇拜等观念基础上的一系列活动，共同构成了盛极一时的原始宗教观，并与先期出现的法术、巫术等原始宗教活动一道，共同构成早期人类的意识形态及其社会运作方式。从发生学的意义上看，原始宗教及其巫术仪式包括了早期人类心理活动的很多方面，如感知、表象、情感、想象和意志等，它们通常在原始宗教活动及其巫术仪式中与观念意象和意愿行为混融一体，同时注入了强烈而神圣的情感体验。云南各族

---

① ［法］列维–布留尔：《原始思维》，丁由译，商务印书馆1981年版，第122页。

群先民至今遗存的具有原始宗教意味的民俗事象，为我们提供了这类活动的丰富实证，① 其中融汇了先民有关历史、哲学、伦理、文学、乐舞、绘画、雕塑乃至前科学等领域童蒙阶段的混沌智知。《吕氏春秋》载："昔葛天氏之乐，三人操牛尾，投足以歌八阕"，这既是宗教祭祀，又是乐舞表演。这种情形，在沧源岩画中也有极形象化的再现。在云南，神话学者搜集记录的与祭祀礼仪密不可分且传之久远的各民族创世、迁徙等神话亦为之提供了丰富的文字实证。围绕在云南青铜器出土区域的民俗学实证资料亦充分表明，哪怕在早期文明时代，铜鼓、贮贝器以及雕饰兵器的敲击、置放和各类展示活动仍然与延续的原始崇拜及巫术仪式，以及渗透着原始宗教意味的礼法活动有密切关系。在祭祀语境中，它们本身就是仪式活动的直接形式。

按照 20 世纪对原始思维的研究结果描述，在原始宇宙观念的视域内，史前人类对自身的认识是一元的，肉体死去并不意味着灵魂消亡。从先民主体的心理意识来看，灵魂崇拜无疑是这一认知的必然结果，祖先崇拜正是在此基础上发展起来的灵魂不死说的又一认知形态，加之早已根植在原始人心灵中对大自然神秘力量的敬畏意识，令先民仅仅把自然事物的客观属性看作神秘力量的标志和符号。② 因此，为了获得冥冥中神秘力量的护佑和恩赐，先民在崇拜仪式中通过激烈的身体动作并伴之以强烈的情感体验，试图从日常经验逃遁到超自然世界。这就是企图以巫力的作用来达到对自然及自身控制的早期祭仪活动的普遍境况。超现实的心灵体验一旦开始，就对先民的心理意识和创造行为产生明确的指向性影响。原始宗教和巫术的操作活动通常把头脑中源自超现实领域的心理感受转换为可视或可运作的行为，即以渗透着审美意识的具象或抽象的物象制作、诵唱、乐舞等行为呈现出来，这些浸润着审美意识的想象及其形象创造活动发生的动因，正是原始宗教或巫术的精神内力。

发生学已经构拟出原始宗教与巫术仪式的普遍生发和人类各种形象创造活动兴起之间的事实与逻辑关联，二者在历时性中的同源及共时性

---

① 杨学政：《原始宗教论》，云南人民出版社 1991 年版，第 145 页；刘稚、秦榕：《宗教与民俗》，云南人民出版社 1991 年版，第 76 页。

② ［法］列维－布留尔：《原始思维》，丁由译，商务印书馆 1981 年版，第 122 页。

上的同构，共同催生出早期人类的精神图景。原始宗教观念及其巫术操作仪式作为人类审美意识起源的内在动力和外化形式，建立在大脑机能的进化与完善，以及原始思维的表象化和初始概念化运作基础上。原始宗教意识的萌芽释放出人类解释世界和创造世界的冲动，恰逢其时地促成了审美意识的发生及其艺术创作行为的完善。

与世界范围内的人类文化进化相似，在云南域内，大约170万年前，一个元谋人拾起石块进行了简单的敲打；约在一万年前，氐羌系民族祖先经过层层工序磨制出半月形石刀。在旧石器时代这个漫长的工具起源时期，以工具制作和使用为核心的生存活动乃是促使云南原始先民审美意识发生的基本动力；而至新石器时代，氐族先民的原始宇宙观开始形成，使得原始宗教和巫术成为审美意识和艺术起源的一个更大的社会与心理动力，这两种动力犹如在云南先民的身体上插入了双翅，使得其多样态的艺术创造以沉重迟缓却充满原始活力和热情的速度，持续而坚定地飞向了文明的大门。云南先民在塑形审美和视觉艺术领域，已然在先秦两汉时期云南形制丰富的青铜器铸造与塑形活动中得到清晰、完整的印证。

## 第二节　云南青铜艺术的缘起与流变

一个社会的文化模式开始形成的时候，就同时诞生着它相应的审美模式。然而，从社会学的角度看，劳动工具上的形式安排，首先是先民集体意识和无意识中的种种原始意象及其载体的形式，不同的口语语言—思维系统建构着经济生产及生活方式、社群组织架构、婚丧习俗、信仰指向与价值体系等。当社会文化模式中的各种精神要素需要外化并显现的时候，审美的形式感才能露出端倪，而形之于某种带有审美意味的表达形式之中。反过来说，审美活动的实质就是以确定的外观形式，表达一种文化模式的内在意义。所以，文化意义的形式化既有传承与规范社会行为的功能，同时也或明或暗地包含着非功利的愉悦体验，从而具有审美效用。因此，审美及艺术的社会功能就是通过对文化意涵形式的愉悦体验，来增益氐族先民对其文化意义的认同感与归属感。

我们在云南的多民族文化中能够找到多维文化如何催生其青铜塑形

艺术生成的丰富图景。

## 一 云南青铜艺术的缘起：族群多源及其文化多元

著名考古学家贾兰坡认为，云南也是古人类的发祥地之一。从南方古猿、腊玛古猿等类人猿，直至云南域内的西畴人、丽江人、昆明人等早期智人构成了一条人类进化的链条。距今170万年前的元谋人是目前学界公认的中国范围内最早的原始人类之一，通过已发现的许多旧石器时代到新石器时代的文化遗址出土物可以断定，自远古时代起，云南域内已成为人类生息繁衍之地，同时又是原始族群先民迁徙和文化交流融合的大舞台。[1] 甚至有考古学家通过对旧石器时代人类化石及文化遗址分布的位置定位作出推测后认为，中国境内的早期人类是由西南向北而扩散至全国的，[2] 而其中的元谋人有可能就是亚洲人类的共祖。[3] 虽然学术界对这一结论尚有争议，认为还需进一步的考古及多学科互证。然而，早在旧石器时代，云南域内已经有不同的原始族群居住并相互交流、演化发展是不争的事实，他们不仅是云南现有少数民族的先祖，亦可能是中华民族祖先中的一部分。从云南各地旧石器形制、功能跨区域的共性，甚至与中原互有的某些共同因素即可看到这种交融的痕迹。

民族史家尤中先生认为，新石器时代以降，中国境内除东北及北部广大边缘地区外，出现并演化着四大原始族群：一是氐羌系统的原始部落群体，主要分布于从中原到西北和西南的大部地区；二是百越系统的原始部落群体，主要分布于长江以南的东南沿海地区和广东、广西及西南及南部地区；三是百濮系统的原始部落群体，自远古以来就是西南地区的土著居民；四是三苗系统的原始部落群体，主要分布于长江中下游以南地区。而至新石器时代晚期到春秋战国之前，分布

---

[1] 参见贾兰坡《中国大陆上的远古居民》，天津人民出版社1978年版，第112—113页。
[2] 张之恒、吴健民：《中国旧石器时代文化》，南京大学出版社1991年版，第140—141页。
[3] 刘尧汉：《中国文化源头新探——道家与彝族虎宇宙观道》，云南人民出版社1985年版，第4页。

在云南境内的原始族群,大体上属于氐羌系、百越系、百濮系三个族统。氐羌系原始族群由西北南迁而进入云南,与当地土著融合形成汉藏语系藏缅语族的藏族、彝族、白族、纳西族、傈僳族、哈尼族、景颇族、拉祜族、阿昌族、基诺族、怒族、普米族、独龙族等民族,居住于云南东北、北及中西部广大地区。百越系原始族群则经分化、融合后形成汉藏语系壮侗语族的傣、壮、水、布依等民族,居住于云南南部及西南、东南广大地区。百濮系原始族群亦逐步分化、演化为南亚语系孟高棉语族的佤族、德昂族、布朗族等民族及克木人等,在云南南部和西南地区与百越系原始族群互相杂居。同一时期,三苗系原始族群还没有进入云南,他们是云南域内苗族、瑶族的祖先。①

由此可见,到新石器时代晚期,云南已经是一个多民族共生共存的地方。在这一时期,各族群部落尚在不断流动和迁徙,导致各个系族群先民的居住分布渐渐出现相互交错的现象,至今云南各民族分布"大杂居,小聚居"的格局由此而来。由此看来,云南自新石器时代以来就是我国原始先民迁徙、交流与融合的重要地区与主要通道之一。历经与西北、东南等区域原始族群的交融,到新石器时代晚期即已奠定了云南多民族社会生存的基本格局。云南的考古发掘已基本证实了在170万年前元谋人时期之后,云南各个史前文化发展阶段及其相对应的审美与艺术的清晰线索与连续性。

譬如,石林彝族自治县板桥河岸发现的旧石器显示,当地的原始居民已会选取燧石或者砾石并敲打为有刃口的石片或石核作为砍砸器使用,其形制、功能与我国各地旧石器中的同类工具高度相似,即以石片石器为主体,这似乎暗示了原始种族曾有的迁徙所造成的最早的文化影响;现维西县戈登村发现的新石器时代早期遗物证实,当时居住在金沙江和澜沧江之间的原始先民虽然居住于天然岩穴之中,但已懂得制造并使用磨光的石斧、石刀和石镞进行狩猎,捕获的兽肉供食用,兽皮则用石针缝制衣服以遮体;同一遗址中的夹砂陶网坠则用于捕鱼;而在滇池周边的新石器时代遗址中,可发现用谷壳或稻草包裹起来烧制红色或灰色陶器的明显痕迹,不仅有一定观赏价值,亦证明

---

① 尤中:《云南民族史》,云南大学出版社1994年版,第5—11页。

原始稻作已经出现,而遗址中出土的陶纺轮则印证了纺织工艺的出现;在苍山山麓的新石器时代遗址中,出土了诸多双孔或多孔的半月形石刀和石锛,加上周围缓坡上的梯台,进一步反映了原始农业的全面样貌。而当地先民的陶纺轮已趋于精致,考古学工作者在临近山麓上挖出的诸多圆坑和方坑,以及壁边上的柱子残段,更证实了半穴居及定居生活已经出现。

民族史家尤中先生亦采信规模较大的云南剑川海门口遗址,考古测定为距今 3150±90 年左右,[1] 认为其出土的新石器磨制精细、形制多样且数量众多,其中以斧、锛、刀、凿、箭镞为多,还有石纺轮;青铜器则有斧、锛、刀、凿、鱼钩等;同时出土大量的兽骨和陶网坠;尤其是遗址中的大块麦、稻、稗等农作物碳化物说明此地当时已有成规模的渔猎和农耕活动;出土的陶器显示出有手制和轮制的绳纹、篮纹、方格纹、旋纹、划纹等,还有磨光的夹砂红陶、泥质黑陶,以及木勺、骨针、穿孔兽牙及其他石质和铜质装饰品等,无不说明其手工技艺的趋于成熟。考古证据显示,当地居先民已学会用砍伐下来的木材在河畔栽桩铺板,从而建造出最早的干栏式房屋用于居住。

从已经发现的云南域内众多的新石器时代遗址中均可以看出其文化进化的连续性,同时也可见出其区域性的不同特征。20 世纪 30 年代末期,考古学家曾在大理点苍山山麓发现新石器时代的"断线压陶纹,在华北少见,今日所知者,只甘肃、热河有之,而苍洱境则极为发达"[2]。其后,又在同一地区马龙遗址发现陶鼎残足。令考古学家惊异的是,鼎是中原特有的器物,而该遗址出土的陶器形制与装饰与甘青高原和中原地区有密切关系,而这些区域正是氐羌系原始族群频繁迁徙、流动和生存的区域。人们发现,同一地区出土的半月形石刀在中原亦有见,进一步印证了这种交流的存在。前面曾经论及的滇池区域出土的有肩石斧,在云南南部及西双版纳都有发现,此种形制的石斧在中国东南和两广地区古已常见,亦佐证了百越系原始族群的迁徙路径。

---

[1] 尤中:《云南民族史》,云南大学出版社 1994 年版,第 14 页。
[2] 吴金鼎、曾昭燏:《云南沧洱考古报告》,转自尤中《云南民族史》,云南大学出版社 1994 年版,第 3 页。

**图 1-10　大理剑川海门口遗址出土铜鱼钩**

战国以前，在以生存活动为中心的物质文化层面，即已见出云南先民制造工具及其塑形意识的多元文化特征，加之族群来源的多源化，使得云南区域内的审美文化与艺术创造格局在史前时代即已呈现出多元与多源的风貌。从地理位置看，云南地处中国西南边陲，又居亚洲中南半岛的北端，似乎是典型的边缘文化区域。固然，在人类社会发展早期，这种文化的边缘性特征并不明显甚至并不存在，而所谓中心的地位与文化统摄性及辐射影响力在那时并不明显，而中心的确立尤其需要漫长的交流、碰撞与认同的过程，此为后话。如前所述，加上云南地域范围内的地貌使然，江河纵流，作为天然的交通孔道，江河众多也成就了云南作为自古以来诸多民族先民交往互动的历史地位。三大原始族群在这里与其或迁徙流动或定居农事的地理环境渐相适应，最终形成氐羌系文化源于甘青、成于云贵的游牧—游耕文化特征及其凝重、沉着的审美风貌；百越系文化则源于长江以南，迁入云南即与南部的亚热带、热带地域融汇而形成稻作、干栏式建筑、文身等文化特征及其轻盈、灵动、纯善的审美风尚；百濮系文化作为云南本土世居先民的古老文化，自古形成以"采猎为务"的狩猎文化特征及其剽牛、猎头、山居、涂绘、木棉纺织等粗犷、稚拙、冲动的审美意趣。当然，这种描述并非决然的审美文化类型划分及风格显现,三大原始族群形成、演化及其在云南地区的迁徙、流动和定居甚至定居后的交融,势必形成不同文化因素及其审美意识在不同族群文化中的相互交叉和融合,加之居住地域上的"大杂居,小聚居"格局,加之域外文化的影响,必然形成文化结构及其审美、艺术外化形式的多元境况。

如前所述,迁徙之所以成为云南先民的一种生存方式,虽有其特定的历史原因,但云南早期文化及其审美文化与艺术表现方式的多元态势,最终仍是由生存环境决定的。在整个石器时代,云南先民以采集、狩猎和捕捞为生。云南虽然被证实为新石器晚期稻作农业的发源地之一,但当时仍滞留于粗鄙的原始农业阶段,山地之民则是以刀耕火种为营。只能不断开荒辟地、寻找人和牲畜的食物来源从而迁徙、流动,《史记》所谓"随畜迁徙"已然成为必需的生活方式。

在各民族先民的口头传承神话中,迁徙构成族群起源及其文化生成的主要内容,从中即可窥见其文化创造及审美表达的多元共生性。纳西族流传至今的《崇般图》(亦称《人类迁徙记》)提到,天地混沌动荡,声息变化生神,众神开天,英雄忍利恩躲过洪水泛滥后孤身一人。后来找到仙女衬红裹白并随她上天,经过天神的种种考验,终于娶衬红裹白为妻,然后克服天神设下的路障,迁徙人间,繁衍人类并生三子,即藏族、纳西族、白族先祖。神话中迁徙的隐义就是寻找并再创人类,迁徙的作用与不同民族之诞生赫然并列。佤族神话《司岗里》中,迁徙的历程贯穿着文化创造以及种族再生。说从前天地相连,没有人类及万物,路安神和利吉神开天辟地,同时创造了动植物和人,并把人类放入石洞。后来木依吉神命小米雀啄开石洞让人出来,才有了佤、汉、拉祜、傣族等。他们出来时与动物无别,居无定所。佤族在迁徙中学会了说话,见岩蜂做巢、盖房子,向大神本依吉讨来谷种才定居下来……对民族先民而言,即便进入原始农耕阶段,也只能通过抛荒轮歇才能恢复地力,久居一地则可能颗粒无收,随着家庭人口的增长,只好不断地迁徙流动,寻找适种之地。傣族创世神话史诗《巴塔麻嘎捧尚罗》即以神的口吻说出迁徙的重要性:"神住在天上,时时对人说,若要活下去,若要生儿育女,就别太呆滞,老住在旧地。海求宽,地求阔,出走呀,别处有山,别处有水,聚居一处,只会饿死人。……别犹豫了,快些走呀，天下都这样：你去它就来，它来你就走，世道才会更新。"于是，"食尽迁徙"就成为族群先民代代相传的集体意识和生存行为模式，形成其文化内蕴，规定着审美表达的内容及其外化方式的创造。我们还在不同民族的迁徙神话中看到一个共同的叙述结构，即往往要详尽叙述本民族祖先迁徙的路线以让子孙后代牢记；在族人葬礼上，巫师一定会逐一念诵迁徙神话中祖先曾经走过的地方，直到把灵魂送回到始祖的发源地。除直接与神话相关的原始宗教祭祀及巫术礼仪外，在其他文化事象如古老的节日祭祀、民间信仰和口头传承文化形式（如史诗、歌谣等）中，甚至器物工具、婚姻制度、居室、饮食和服饰等，都有不同族群在历时性迁徙过程中通过不可避免的碰撞、交流与融汇而形成的文化模式。

在共时性意义上，云南先民包含审美特征的精神文化的多样性，亦源于其中不同的文化渊薮。伴随三大原始族群频繁迁徙，上古中原文化乃至吐蕃文化等也开始进入云南。譬如，神话学者提到的葫芦生人神话在古代中原汉族和云南氐羌系族群中普遍承传，其源头即可追溯到氐羌系文化。迄今流传于彝族、白族等氐羌系族群，傣族、壮族等百越系族群中的九隆神话亦来自氐羌系文化，在《华阳国志·南中志》《后汉书·南蛮西南夷传》等文献中都有记载，故有学者认为："九隆神话，本西北羌族神话，传于哀牢夷。而最初之哀牢夷本与羌族接近。及哀牢夷，迁入永昌，其神话亦流入永昌（即今保山——笔者注）。"① 由此说明，在上古云南，原始族群的迁徙及不同族群文化的碰撞、交流与融合造成的涵化现象比比皆是，这也为战国、秦汉时期的中原汉儒文化、印度佛教文化及藏传佛教文化、东南亚文化等文化更大规模的传入创造了社会条件并开启了通道。

当然，自然环境对文化建构的影响和交流的阻隔，亦塑造着云南古代文化的特质。由于山高水险、峡谷纵横等地理羁绊与阻滞，云南域内各原始族群及其民族先民在其生存区域内较少发生重大的文化变革，更少出现文化断层，形成了相对封闭隔绝的原生性经济—文化模式。可以看到，汉代以前，云南的原始文化生态系统没有受到外来文

---

① 徐嘉瑞：《大理古代文化史稿》，中华书局1978年版，第29页。

化的强力冲撞和明显破坏，导致文化的变迁与进化在总体上以涵化而非同化的方式进行。有学者考察了云南文化的进化与发展方式及其生成的特质，并在与中原等文化比较的基础上认为："它不是一种单一型的文化整体，而是由许多具有不同文化特质的大小民族文化区域融汇而成的，它不是多元一体，而是多元并存。在滇文化的特质中，具有文化融汇的鲜明色彩。"① 云南传统文化的这种既开放吸纳，又封闭隔绝的机制，实际上强化了文化的多元并存与多样化特征，文化模式中的审美及艺术的多源构成也导致其表现方式的多样性，加上漫长的演化历程与缓慢的进化速度，一直具有原生性与原始性的浓郁色彩。因此，可以把早期云南审美文化及艺术的特征描述为：多源构成，多元并存，淳厚古朴。

所谓多源构成，即云南民族审美文化及艺术的源头是多维多向的，某一族群的审美文化和艺术形式不仅有其所属族群的文化因子，还具有其他族群文化模式中的审美元素；所谓多元并存，不仅是云南民族审美文化是多元发生的，而且是多元共生的。原始族群的迁徙既使得不同地域审美文化及其艺术表现方式的相互融合，更缘于不同族群在生存地域上的接近和相互依存，导致对他人文化因子及其审美因素的吸纳和整合；所谓淳厚古朴，即各原始族群具有原生性与原始性内蕴的文化、审美模式即源头上的文化古制一脉相承，导致其艺术传达具有明显的混融性特征，审美文化尚未从总体上的原始社会结构中分化出来，艺术活动交融在生产劳动、原始宗教与巫术祭祀、生死礼仪乃至人际交往、情爱宣泄等活动中，根本上服务于民族先民的生存活动及其观念意识的实用性表达要求，与他们关于自然的、伦理的、宗教的、世界的观念交融一体。其艺术作品，同时是劳动工具、宗教祭品、生活用品，乃至法器、礼器等，具有明确的实用性和群体组织化特征，传达的是云南先民作为某种民族文化共同体的审美取向和志趣。即便在先秦至汉代的早期文明时代，我们也可以从云南青铜艺术事象及其文化性内涵中，领略到这些特征。

---

① 张胜冰：《滇文化与民族区域文化》，载张文勋主编《民族文化学论集》，云南大学出版社1993年版，第193页。

## 二 云南青铜艺术的流变：不同审美文化类型的交融

根据《史记·西南夷列传》记载，公元前4世纪中叶前后，云南滇池周边地区已开垦出"平地肥饶数千里"的耕地，从事着较高形态的农业生产。民族史家尤中先生推断当时所使用的工具，已经不再是石器或纯铜器，而是比较坚硬的青铜器。① 如前所述，考古资料也证实，云南开始使用青铜器的时期远早于此，测定为公元前12世纪末的剑川海门口遗址已有青铜工具的出土。总之，生产工具的进步及生产力的提升，给对外交流提供了物质条件。战国时期，楚威王令庄蹻率军入滇，即沿着便于交往的通商路线进入。公元前4世纪末，秦国灭楚之后，庄蹻只得率部与滇国境内的僰族融合，由此开启了云南域内以族群为基础的氏族部落社会解体的序幕，同时也带来了更为先进的生产技术与异质文化要素。

同期，云南域内青铜器出土数量最多、器型最为丰富的古"滇"国就分布于以滇池区域为中心的中部地区。考古资料证实，滇国出现的时期最早不迟于战国初期，战国末期至西汉初年为其全盛期，西汉中期开始逐渐衰落，至西汉末东汉初始遂被中原王朝郡县制取代。有关滇国的记载，最早见于《史记·西南夷列传》："西南夷君长以什数，夜郎最大；其西靡之属以什数，滇最大；自滇以北君长以什数，邛都最大：此皆椎结，耕田，有邑聚。其外西自桐师以东，北至叶榆，名为嶲、昆明，皆编发，随畜迁徙，毋常处，毋君长，地方可数千里。"② 滇国东部为夜郎国，北部有邛都国，西部是以洱海为中心的昆明国。"滇"和"昆明"是战国到秦汉时代云南地区的主要族群部落，然其文化面貌文献记载少见。新中国成立以来，有关滇国文化的考古发掘自1955年后始有明显突破。

云南省博物馆于1955—1960年对晋宁石寨山古滇国墓葬群进行过4次发掘，清理墓葬50余座，出土文物4800余件，绝大部分即为青铜器。其中M6号墓发现蛇钮并刻标准汉篆金印一方，上书"滇王之印"，

---

① 参见尤中《云南民族史》，云南大学出版社1994年版，第15页。
② （汉）司马迁：《史记》卷116，中华书局2011年版，第2601页。

图1-11 滇王金印

印证了《史记·西南夷列传》中汉灭滇国、滇王降汉后汉武帝赐金印令其"复长其民"的史实。另外出土有亚洲大陆中部（西域）人种特征的"双人盘舞"等青铜俑多件。云南省博物馆又于1972年开始发掘江川李家山古滇国墓葬群，共清理墓地27座，出土文物1700余件。1991年年底至1992年春，云南文物考古研究所又对李家山进行二次发掘，清理墓葬58座，出土文物2000余件。两座墓葬群遗址仅相距50余公里，且墓葬结构及葬品基本相同，均有明确的滇文化特征。此外，考古发掘文物时代及相似葬品的墓地遗址，有北至东川、南至个旧、西至元江、东至曲靖的十余个地点，其中共出土青铜器1000余件。[①] 遗址地理范围与古滇国地域大致相当。[②]民族史家尤中认为，滇国的主体民族——"僰族"，是从氐羌系原始族群中分化出来的。[③]《史记·司马相如列传·集解》有"僰，羌之别种也"的记载。《分篇水经·江水》引《地理风俗记》曰：僰人乃"夷中最仁，有人道，故字从人"。这说明其经济发展及文明开化程度在云南各族群先民群体中处于领先地位，因而在中原文献中罕见地名之"从人"。而至秦汉之际，在滇国范围内的"西南夷"中的大多数族群部落仍被称为"蛮夷"。"蛮"字从虫，意为采食之人；"夷"字从弓，指原始的狩猎部落。

滇国西部今楚雄一带则是僰族与昆明人杂居的区域，1975年5—6

---

① 张增祺：《滇国与滇文化》，云南美术出版社1997年版，第3—8页。
② 张增祺：《滇国与滇文化》，云南美术出版社1997年版，第10—12页。
③ 尤中：《云南民族史》，云南大学出版社1994年版，第19—20页。

月云南省博物馆在此发掘了万家坝古墓遗址群,经测定最早者(M23)距今 2640±90 年,相当于春秋中叶。另一大墓(M1)出土青铜器 110 件,其中生产工具即有 83 件,其形制与滇池地区近似。大理祥云大波那发掘出测定为战国前期的铜棺墓,随葬的青铜剑、釜、锄、鼓等形制又与楚雄万家坝出土青铜器相近,[①] 还出土有其他区域少见的青铜铸"六畜"模型。考古学和民族史都表明,春秋战国时滇国僰人及云南西部的昆明人,或全部或部分已经生活在定居农耕的经济社会形态中,而畜牧业也随之发展起来。

图 1-12 祥云大波那青铜六畜模型

---

① 尤中:《云南民族史》,云南大学出版社 1994 年版,第 22 页。

《华阳国志·南中志》载，公元前109年汉武帝发兵"王滇"时，尚可以掳获"牛马羊属三十万"，足见滇国经济的发展程度。同时，滇国青铜铸造工艺的发达亦可从这些墓葬发掘中尽见其貌。这一时期，云南生产的发展提供了与周边及中原交往的物质条件。《史记·西南夷列传》记载，秦时巴蜀商人已取滇国牲畜与僰僮（奴隶）从事交易，秦朝则遣常頞开"五尺道"直达滇中，汉代交往则更频而至公元前109年在滇国设益州郡。滇国在名义上虽亡，但经济的发展及文明的开化，促动其以更加高级的形态与中原及周边文化持续交流，共同铸就了以青铜器铸造为核心的文化特色，将商代晚期剑川海门口青铜器铸造开启的云南青铜文化推至高峰。

现在来看，云南青铜器以其特有的蛮荒气息和质朴形制而异于中原。除却形制及功能多于中原的种类繁复的生产工具、兵器、生活用具外，更可从特有的铜鼓、锣、铃、葫芦笙、编钟等乐器及贮贝器、扣饰等特殊器具上窥见云南先民社会生活的生动形貌，也仿佛能看到其悠远炽烈的纵歌乐舞，更能从中透视出其娱神与自娱中的审美意趣，尤其值得发掘与玩味的是，仔细观察云南青铜器上的二维装饰和三维立像，映入眼帘且颇具审美观赏价值的就是云南先民混融着原始宗教意味及巫术礼仪形式的乐舞活动，其中提供了多种文化和审美元素的丰富信息。其中显要者阐述如下（尤为显要的尚有铜鼓乐舞、葫芦笙舞等，将在下文青铜祭器与乐器部分论及）。

（一）羽人舞

考定为3000年前的沧源岩画上即绘有羽人舞图像，云南青铜器尤其是晋宁石寨山青铜乐器上常见羽人舞饰图。"羽人"即以羽毛作装饰的人物，"羽人舞"即人着羽饰而舞。晋宁石寨山 M12：1 号铜鼓上刻有一圈23人舞人图，其中一人为领舞者，身着对襟式长外衣，腰佩长剑，其余22人则赤裸上身，露腿跣足，前短后长的布带系于腰部，均头戴长而张开的羽冠，其中左手持羽14人，右手持羽8人。

《周礼·春官·乐师》郑注："羽舞者折羽。"考古学家李昆声由此认为该舞为中原先秦时宗庙祭祀之"翌祭"在西汉时滇国的遗风。[1]

---

[1] 李昆声：《云南艺术史》，云南教育出版社2001年版，第120—122页。

图 1-13　青铜器上的羽人划船纹饰拓片

《诗经·陈风·宛丘》亦有："坎其击鼓，宛丘之下，无冬无夏，值其鹭羽。"之云，即女巫手持鹭羽以祭祀四方神灵而舞。《尚书·大禹谟》亦曰："舞干羽于两阶"。《礼记·乐记》则曰："钟、磬、竽、瑟以和之，干、戚、旄、狄（翟）以舞之。"这些记载说明，晋宁石寨山青铜器上的羽翎舞饰及其形态，很可能受中原羽翟舞的影响。另外，晋宁石寨山M14:1号铜鼓上刻有8组羽人，服饰及舞姿形似扮鸟而舞。江川李家山M26:36号铜鼓上则有6组羽人，均身饰羽毛，头戴羽冠，手持盾牌而舞，与沧源岩画同类图像极似。凡持乐器、兵器乃至徒手舞人像，在滇国青铜器上无不饰有羽饰羽冠，文山开化出土的铜鼓上也多有羽人舞出现。羽饰在滇人日常生活中并不常见，滇国主体民族的发式是"椎髻"，或辫发、结髻、螺髻。[①]从文献和青铜器图像看，羽毛成为云南先民各类活动中的通用饰物，但仅在重大活动中才在头上或身上装饰羽毛。

在民俗学视野中，云南各少数民族大多有羽舞遗存。在我国南方及东南亚、南洋群岛和拉丁美洲密林中，迄今可见头戴羽毛跳遗存古老的羽舞。从各种材料看，世界各地的羽舞可能源自上古的太阳崇拜，先民认为鸟长羽毛，而太阳即一只发光的神鸟。云南域内景颇族的目瑙纵歌即起源于鸟舞，其传说这样描述：很早以前，一次太阳公公过生日，邀

---

① 汪宁生：《晋宁石寨山青铜器图象所见古代民族考》，《考古学报》1979年第4期。

请地上万物去参加天上的目瑙盛会。盛会后,地上派去的鸟儿在返途中落在一棵大树上休息,这棵树上结满了金黄色的果子,于是就推举孔雀做领舞者(瑙双),鸟儿们跳起了欢乐的目瑙。此时,一个叫古东堵卡的景颇人路过这里,便模仿鸟儿们的舞蹈跳起来,还把舞姿刻在一块木板上,于是就把这种舞蹈传到了人间。如今景颇族的目瑙纵歌会的核心程序就是将画有舞蹈行进路线的目瑙使栋木牌栽在舞场中央供人们围圆而舞,领舞者头插象征吉祥的孔雀羽毛,男女老少跟随其后,多则成百上千,人们像百鸟一样翩翩起舞。在纳西族的甲胄舞中,插雉尾两人为领舞者,他们背插两面三角旗,头戴羊角帽,一位女子扮演干木女神,头戴羽冠,其余扮演十二属相者则各戴面具并分插各色羽毛而舞。彝族的德培好(祭大龙)活动,要跳将军舞及神王舞,舞姿刚劲有力,形似武术。舞者均头插雉鸡尾翎,打绑腿、拿刀叉,动作似模仿狩猎活动,亦与沧源岩画同类图像近似。在云南,迄今仍有许多少数民族乐舞活动时要身缀羽毛、头饰羽翎。还有的少数民族则在其心爱的乐器上装饰羽毛。傣族习惯于象脚鼓上插入孔雀尾翎,身背象脚鼓跳舞时羽翎翻飞,宛如鸟儿翻飞、如雀在跃;彝族也于花鼓上插入雉翎,打起花鼓,亦如雀鸟欢跳;拉祜族则在葫芦笙上装饰雉翎,当跳起葫芦舞,羽翎伴舞者环旋翻飞,美不胜收。

图 1-14 铜鼓上的羽人舞纹饰拓片

在晋宁石寨山出土的青铜鼓身铸刻的多种纹饰中，鸟纹是显要的类型之一。其描述对象为何，不少考古学者认为是云南域内水网地带常见之"翔鹭"，即飞翔的鹭鸶。① 另外，铜鼓上还同时出现了装扮成翔鹭的舞人起舞图像，一般为单人或2—3人一组，头插数根蓑毛羽饰，赤裸上身，腰系前短后长及地的舞衣，跳舞时伸展双手，拇指与四指分开向上。江川李家山M24：42B号铜鼓腰部亦刻有类似图像，头饰蓑毛、羽翼的舞人，腰系长及地的鹭鸶尾衣，舞时双臂屈伸，手掌呈人字形，仿佛模拟翔鹭嬉戏和群鹭飞翔。《诗·鲁颂·有駜》有云："振振鹭，鹭于下，鼓咽咽，醉言舞，于胥乐兮。……振振鹭，鹭于飞，鼓咽咽，醉言归，于胥乐兮。"说明上古时代，我国东部即有将翔鹭与鼓互动而舞的做法，于是有"鹭为鼓精"之说。上述青铜鼓之上的此类纹饰亦明确地反映了这种乐舞活动在云南的具体状貌。

在云南不少民族中，迄今仍盛行扮鸟类而舞。居住于云南西北部的藏族亦视孔雀为吉祥之鸟。然与傣族不同，藏族的孔雀舞没有装饰性的孔雀羽衣，而是通过男女组合模仿孔雀群舞飞翔、梳羽及戏水等姿态。云南同一地区的古氐羌系民族——纳西族则有更为系统、规范的孔雀舞舞谱记载，作为范本以供后人习舞。云南哀牢山区的哈尼族流行模仿小鸟飞翔、跳跃、啄食等动作的木雀舞，舞姿古朴优美。哈尼族传说鸟雀曾救过其祖先，故以舞祭之。而同样作为氐羌系的哈尼族舞蹈中的最爱是因模仿白鹇的形姿、动作而得名的白鹇舞。根据相关传说，哈尼祖先南迁途中因遭强人追赶而陷入困境，痛苦不堪，中途在一林中看见一群白鹇在水中追逐嬉戏、怡然自得，于是先民停下脚步看得入迷，忘记了害怕和烦恼，随之模仿而舞；另一传说则称白鹇救过哈尼老人的命，故模拟白鹇起舞以寄感谢。民俗学视野中描述的哈尼族白鹇舞如是：伴随着铓鼓声轻柔的节奏，双手持扇象征羽翅的跳舞者做出白鹇或林中矗立、或漫步寻食、或溪边饮水、或亮翅嬉戏、或展翅飞翔的动作，风格娴静优雅又妙趣横生。亦为氐羌系的白族则盛行由一人扮凤凰，众人扮百鸟的百鸟朝凤舞。领舞者头戴银质凤饰及缀满各种银花的"凤冠"，身着婚礼盛装，"百鸟"们则头戴同样为银质的龙、狮、佛饰，白衣红

---

① 李昆声：《云南艺术史》，云南教育出版社2001年版，第90—91、125页。

袿。众舞者双手执扇做昂首、亮翅、飞翔、沐浴、受礼等姿势，风格舒缓柔和，同样妙趣横生。不同的是，随着工艺发展，作为道具的羽饰演变为银质的花鸟冠饰，扇子则象征羽翅。傈僳族则有山鸡扒食舞、鸽子吃水舞、彩娘（鸟名）吃樱桃舞及念姆（鸟名）唱跳舞等，均为扮鸟而舞。拉祜族的一系列鸟禽舞亦为模仿不同鸟类习性、动作的舞蹈，等等。该类鸟舞当源自于早期原始动物崇拜及巫术活动，后则更多趋向于自娱表演的审美性质。

（二）干戚舞

干戚舞即舞者手中持器而舞，所持器具常见为兵器。此类舞蹈图像在云南崖（岩）画中早有涂绘。云南青铜器纹饰中亦刻有干戚舞图像，舞者所持之器有干（即盾）、戚、矛、戈、弓矢、钺、刀等。晋宁石寨山M14∶15A号铜鼓刻有4幅乐舞图像，舞者皆腰着前短后长衣饰，头插羽毛；其中一幅有一人持干、钺，另一人似鹭鸟旁立，微张两翅，昂首相望。其他各幅中，舞者或两手各持干、戚，或持干、钺，或持干、矛而舞。同墓M14∶1号铜鼓鼓身第5晕亦刻有6组，每组1人至2人，皆一手持干或双手各持干、戚的羽饰舞者。江川李家山M26∶36号铜鼓上刻有头插两排长羽翎，且所持之干顶部亦有弯曲的长羽，状似鸟头画有鸟眼，其盾牌亦似鸟状，舞人皆跪坐双手持干的舞人图像。据元代李京《云南志略》记载，金齿百夷"杂霸无统纪，略有仇隙，互有戕贼。遇破敌，遇斩首置于楼下，军校毕集，结束甚武，髻插雉尾，手持兵戈，绕俘馘而舞……"[①] 持兵戈并羽饰者乃为部族征战庆祝获胜而舞，但从上述青铜器干戚舞图像看，几无战斗气息，舞人皆插羽饰且舞姿柔和，其旨在于祭祀活动兼有一定的娱乐表演性质，可以明显看出与早期沧源岩画中手持盾、矛、弩等复演出猎或战争的战士舞图有区别，其审美的形式感已较凸显。

从文献记载可知，中原先秦时期的祭祀乐舞即分文、武舞两类。羽饰象征和平，故文舞者饰羽，干戚等是兵器，故武舞者持干、戚或干、钺或干、矛等；而文、武之舞融合则称万舞。中原武舞又称兵舞，实际用于宗庙、山川等祭祀。兵舞亦称干舞，中原干舞中不可缺少的羽饰在云南青铜器中干舞者身上亦如，且持干上多有羽毛。《诗·秦风·小戎》

---

[①] 云南省民族研究所编，王叔武校注：《大理行记校注　云南志略辑校》，云南民族出版社1986年版，第92页。

图1-15　铜鼓鼓身持械狩猎纹饰线

有云:"蒙伐有苑"。《毛传》则曰:"蒙,讨羽也;伐,中干也;苑,文貌。"《正义》解之:"以蒙为讨羽,谓画杂鸟之羽以为盾饰也。"表明干舞图像中有的羽饰并非真有,可能是画上去的,其装饰意味明确。

　　在云南青铜器上还有持其他类兵器而舞者,如弓矢舞、戈舞、刀舞等。文山出土的开化铜鼓刻有两组各4个舞人图像,皆插长翎或戴羽冠,赤裸上身,腰系前短后长衣饰;其中一人捧曲柄葫芦笙,余者均作张弓搭箭状,动作整齐划一,在铜鼓、铜锣的伴奏下起舞。中原先秦即有习射与礼乐相结合的射礼制度,且凡射礼必有弓矢舞。上述开化铜鼓之在铜鼓、铜锣及铜葫芦笙伴奏下的弓矢舞,其表现场景应是"以乐节射"。另外还有历史悠久之戈舞。《尚书·牧誓》曰:"逖矣,西土之人……称尔戈,比尔干,立尔矛,予其誓。"描述武王伐纣时,参与讨伐的西南诸夷高举其戈,排列盾牌,竖立起矛而载歌载舞参加誓师大会的情形。亦如《华阳国志·巴志》所云:"周武王伐纣,实得巴蜀之师,著乎《尚书》。巴师勇锐,歌舞以凌殷人,殷人倒戈,故世称之曰,'武王伐纣,前戈后武'也。"① 可见与云南近邻的巴蜀之地部族舞风亦有相类似,皆以习用兵器兼狩猎或生产工具等作为乐舞道具,非战争时期则用于巫术祭祀之乐舞活动。

　　还有所谓刀舞。江川李家山土出两支青铜短剑,柄部均阴刻形象、服饰奇异鲜明,双腿下蹲作舞蹈状之人,其一手持刀,一手提人头,亦可名之刀舞。云南各族群先民均有漫长的采集、狩猎和刀耕火种的历史,与这

---

① (晋)常璩著,任乃强校注:《华阳国志校补图注》卷1,上海古籍出版社1987年版,第4页。

片山谷幽深、林木蔽天、鸟兽繁多的自然地域特征有密切关系，久居于此的先民几近无刀（乃至其他锐器）便无法生存的地步，刀亦由此成为乐舞活动，尤其是兵舞的必要道具。迄今一些少数民族男子还有佩刀的习俗。因此，持刀（或其他兵戈器）而舞在云南众多少数民族中盛行。

景颇族即有古老的狩猎或战争出征时与胜利后而舞的"以弯弯"舞，舞者在象脚鼓、铜铓锣和铜钹的伴奏下，右手持刀冲杀，舞步似跑，左手执野猪皮制成的盾后退护身；又或单人劈砍，抑或成双格斗。舞至高潮，所有舞者双膝半蹲并拢，跺脚横跨，全身抖动，亦唱亦喊，舞风刚劲有力；景颇族盛大的目瑙纵歌仪式中必有剽悍的景颇男子高举心爱的平头长刀而舞的环节。阿昌族则善于打制长刀，舞者皆盛装持刀，众舞人或成一排或围成一圈，在象脚鼓和铜锣的伴奏下举刀而舞，风格亦刚健有力。布依族也有称"把式舞"的古老刀舞，舞者手持长柄关刀，用黑布缠头，着黑衣黑裤，腰系红带，舞中时蹲时跃，作出各种劈、砍、刺的姿势，并在铜鼓、铜锣敲奏的激越声中边吼边舞，甚为刚劲。独龙族在其传之古老的"卡雀哇"节中亦跳刀舞，舞时小伙与姑娘交错对舞片刻后即拔出长刀，做出敬刀、磨刀、试刀、劈砍、对刺等动作，其舞步有平步、踢步交错、顿跳、磨步扭跳等，活泼而有力。藏族男子古有挎短刀的习俗，其跳刀舞时着盛装，头戴圆盘红丝帽，腰挎长刀，舞时或做跳跃状并抽刀砍、刺、削、急速转身等；或模拟制、试、用刀的全过程，两者交替，或急或缓，节奏鲜明，英武剽悍。哈尼族的刀舞则与其曾有的长途迁徙史相关，常在丧葬祭祀时出演。在铜铓锣或疾或徐的伴奏下，男舞者或旋转翻飞、刀影频闪，或躬身慢步、徐徐而动，伴随"摩匹"（巫师）给死者念"指路经"的同时，舞者持刀披荆斩棘以为死者开路，魂归故里，颇具观赏性和故事性。

（三）祭祀巫舞

晋宁石寨山出土的 M13∶64 号四人鎏金铜扣饰，可见 4 个舞俑头戴后垂长带的高筒帽，无裤跣足，右手持法铃，左手按胸。根据近代巫师在作法事时用的法器中常有铃，考古学家李昆声先生考据为祭祀巫舞中的巫师。其手中所持之长柄铃在云南出土铜铃中极罕见。[①] 相似的图像亦见江川李家山 M69∶162 号四人乐舞铜鼓型贮贝器，4 个乐舞俑围

---

① 李昆声：《云南艺术史》，云南教育出版社 2001 年版，第 127 页。

圆向外站立，其中2人皆戴飘带垂至臀部的筒状尖帽，颈系项链佩耳环，手戴宽边玉镯，着对襟短袖长衫，腰带上有圆形扣饰，背上还有垂至足后的披巾且跣足，双手伸展；另2人皆高髻系飘带，着短袖长衫，外加短披巾及垂地长披风，系带尾兽皮，亦跣足，皆右手持铃，左手握棒，双手张开正欲以棒击铃。李昆声认为，棒敲或摇铜铃而舞为云南先民在原始祭祀活动或进行巫术操纵时必备的乐舞行为。在民俗学视野中，生活于云南域内红河南岸的部分瑶族迄今还在行男子成年礼，其"度戒"时必须跳铜铃舞。舞者一手持法铃，一手持法尺，在铜鼓、铜锣的敲击声中一边摇铃一边跳动作缓慢的神舞蹈。

云南青铜器上铸刻的其他祭祀乐舞场面亦为多见，同时有大量民俗学材料佐证。文山广南出土的一部铜鼓腰部刻有两组以一根羽饰长竿（"羽葆幢"）为中心的人物图像。所谓羽葆幢乃祭舞的重要道具，类似图像早在沧源岩画上即可见。铜鼓图像中幢上拴一牛，牛头前站立戴羽冠并双手上举之人，牛尾另一戴羽冠者则双手持钺正往牛身砍去。余者每2人一组，围绕羽葆幢作蛙式掌（拇指向下，四指并拢）、颤步状徒手而舞。此应该是云南古代白蒲系族群先民剽牛习俗的形象再现，佤族、独龙族遗存的剽牛祭祀中的乐舞场景与此图像高度类似。前述独龙族的"卡雀哇"节中即必备剽牛祭天，仪式开始时由族长在广场中央的木桩拴上一头牛，然后年轻妇女在牛背披麻布毯，挂珠链于牛角，最后挑选一父母健在且身强力壮的青年男子用竹矛剽牛（杀牛）。在此过程中，男人们敲锣亮刀，女人围牛成圈，弑牛者背负牛头与众人边歌边舞，通宵达旦。佤族拉木鼓剽牛祭祀时，巫师"魔巴"要讲诵祈祷丰产、和平的意义，剽牛时长老敲击木鼓，伴之一组组铜铓的敲击声及铜葫芦笙吹奏，人们围圆跺脚缓行，通宵达旦。其舞质朴奔放，气氛浓烈。

针对石寨山铜鼓上这类祭祀巫舞图像的意义，已故考古学家冯汉骥先生考释说："在初级农业民族中，'祈年'是一种普遍而必要的典礼。特别是用人作牺牲，在古代民族中，非系有关他们生活的最主要的部分外，是不轻易举用的。再者，在许多民族的信仰中，只有用人的血才能恢复地力，使农作物得到丰收，所以不惜用各种方法去找寻祭祀的人牲。"[①] 以

---

① 冯汉骥：《云南晋宁石寨山出土铜器研究——若干主要人物活动图像试释》，《考古》1963年第6期。

图 1-16　铜鼓上的剽牛纹饰

畜牲、人牲之血祭地力之神以求丰产的做法在世界范围内之上古社会中并不鲜见。云南的青铜器上还有血祭、人头祭并伴以乐舞祭祀的图像。晋宁石寨山著名的 M12：26 号诅盟场面贮贝器上，一根立柱上即绑着作为人牲的辫发昆明人，铜柱的外围置放着多达 16 面的铜鼓，场面极为庄严凝重，铜鼓的出现，预示着杀人祭祀中一定有乐舞活动。乐舞作为古代祭祀活动的普遍程序，诚如《史记·乐书》曰："大乐与天地同和，大礼与天地同节。和，故百物不失；节，故祀天祭地。明则有礼乐，幽则有鬼神，如此则四海之内合敬同爱矣。"[1] 举凡古时在祭天地、鬼神以及祖先的仪式中，大多伴有礼乐以敬和。上述诅盟场面贮贝器盖面上，有众多参与祭祀人物立像中间还悬有木架，上挂錞于和铜鼓以供敲击的细节。又如晋宁石寨山 M3 号、M6 号、M13 号墓各出土一件铜铸屋宇模型，其中 M3：64 号干栏式建筑上层铸有一小龛，内有一具椎髻的滇人人头，[2] 人头龛外围舞者 4 人，其中 1 人敲击铜鼓，1 人吹葫

---

[1] （汉）司马迁：《史记》卷 24，中华书局 2011 年版，第 1121 页。
[2] 关于龛中人头的性别，学界多说为妇女，但张增祺根据滇人风俗判断为男子。见其《滇国与滇文化》，云南美术出版社 1997 年版，第 213 页。

芦笙；M6∶22号和M13∶239号铜铸屋宇模型上层房屋中龛内均有椎髻的滇人人头，旁边亦有伴铜鼓和葫芦笙节奏起舞者，其他人则在一旁饮酒进食。考古学家汪宁生先生认为此类屋内祭祀图像为古滇人进行乐舞祭祖的场面。① 在中原古代的祭祀礼仪中，早有"祭于内者为祖，祭于外者为社"的惯例。与中原相同，云南域内先民凡祭天、祭山水、祭农神大多在室外专设的祭坛上进行，祭祖则多在室内。

图1-17 诅盟场面青铜贮贝器

考古学家普遍认为，古滇人此类乐舞与佤族、独龙族等猎人头祭祀及其所跳猎头舞不同。作为滇国的主导民族，滇人皆挽髻，且滇国社会是有君长、有明确邑聚的"民族"，而编（辫）发的昆明人等则是无君长的游牧部族，在常年征战中多为滇人俘获并成为奴隶。在民俗学视野中，直至20世纪50年代还在云南沧源及西盟县中遗存着沧源岩画中涂

---

① 汪宁生：《"滇"人的经济生活和社会生活——晋宁石寨山文物研究之一》，载《云南青铜器论丛》编辑组编《云南青铜器论丛》，文物出版社1981年版，第47页。

绘的猎人头禳灾祈丰舞。佤族认为供过人头谷子才长得好，所以沧源佤族每年春播前均要派青壮年到村寨外猎杀一个陌生人并砍下其人头；猎头者先把人头供在自己家中，然后轮流供到寨中其他人家，最后供到寨中共有的木鼓房和人头桩上；全村民众边走边跳，以盛大的乐舞行为伴随在整个运送猎获人头的路途中，巫师居间唱诵一组"猎头歌"，出行前高亢热烈，猎获后委婉低沉，他用沉痛的调子唱道："人头啊，莫要埋怨，砍你为的是得丰收，得丰收。"① 这种人牲行为通过渗透着原始思维的巫术力量，仪式化为一种古老的祭典，血腥的屠场仿佛成了神圣的祭坛；憨直的山林佤族以为个人之死，能换取群体之生；他们一边叨诵着惋惜和同情的话语，一边则因人头落地而欢歌载舞。而在西盟，如猎获人头即鸣枪报喜，由长老捧水酒跳庄严的"迎头舞"盛装迎接，其间在木鼓、象脚鼓和铜铓锣的伴奏下，先由砍头者跳粗犷有力的"砍头刀舞"，接下来男女老幼手拉手围成圆圈，绕祭有人头的木鼓房跳"供头舞"，最后把供过的人头送往村外的人头桩上，全村人齐集人头桩空场地上跳"送头舞"达三天之久。

图 1-18 诅盟场面贮贝器盖面人物线一

---

① 周凯模：《祭舞神乐——民族宗教乐舞论》，云南人民出版社1992年版，第75页。

图 1-19　诅盟场面贮贝器盖面人物线二

与世界范围内的其他上古人类一样，当云南的原始先民还不得不被动地依附在自然力似乎无常的赏赐之下时，乞怜于上天就是他们试图掌控自然力的必然选择。乐舞之所以成为种种神灵祭祀仪式中不可或缺的重要活动，正在于具有幻化功能的宗教意念与具有情感特质的审美形式，都能使先民在想象的直觉思维中摆脱生存的种种羁绊和困扰。当先民进入超验的世界时，不期然间增益了人类原始宗教情感中具有同构性的审美情感与审美体验；神的祭典同时成为人的节日，娱神的祭祀乐舞，也在先民的心理体验中成了娱人的欢歌笑语和行动中身躯有节奏的放松。

（四）圆圈舞

人们早已发现，云南少数民族群体性的乐舞活动大多采用手拉手围成圆圈的形式，间或有乐器伴奏。即使无乐伴奏，人们也在有力的踏步或震天的呼喊声中欢舞不止，有时参与者可达数百人。圆是以人的身体为载体的个体舞蹈活动的基本结构，全部舞蹈动作无一不可以划圆为基础。也由于舞蹈动作必须限制在一定的空间范围内进行，因此集体性的舞蹈动作，以拉手围圆这种既便于在相应空间范围内群体移动或交换身姿，又具有视觉观赏性的方式进行，就是必然的了。

围圆而舞的情形在青铜器上亦有出现，江川李家山 M24 号墓出土的镶嵌绿松石圆形青铜扣饰上，铸出 18 个手拉手，衣着尾饰，做右弓箭步的高浮雕舞人图像，颇具动感。在民族学视野中可以看到，跳圆圈舞亦是自古以来各民族祭祀乐舞的常见形式，其中还蕴含着对天的神秘莫测而直观的体察。如纳西族即自称"美布若"，意为"祭天的子民"。他们对天的祭仪，建立在天圆地方的"盖天说"等原始天文知识的基础上，天既决定着农作物的收成如何，又通过宗教意识的幻化作用，认为天掌控着人生育的秘密。其创世史诗《崇般图》叙述：始祖崇忍利恩和天女衬红褒白结合后不会生育，原来光靠男精女血不足以致孕，必须得到天神的应允。于是经过种种波折，在天神教会了祭天之仪后才繁衍出后代。在正月里的祭天仪式中，一个重要活动便是围圆歌舞，男女手拉手歌舞，有娱神以求人旺谷丰的意味。直至现今，祭天虽多由祭司"东巴"代劳，但"团旋歌舞以为乐"的形式依然保留着，更多表达的是纳西族合庆欢悦的情感。

**图 1 - 20　铸刻围圆放牧纹饰的铜鼓型贮贝器**

晋宁石寨山 M12：2 号铜鼓型贮贝器面部，亦铸刻有一组围圆乐舞的平面图像,有学者考释后认为是春播前祈祷丰年的仪式。[①] 内圈一组9人或击铜鼓、锣仰头歌唱,或双手捧碗执勺姿态恭敬,他们当为全场表演的中心。外圈15人脚边均置放葵花状物和高腰酒杯做道具或饰物,皆面左抬手做翘掌状舞姿。或许因贮贝器顶圆的形制使铸刻者不得已将此类乐舞场面安排为圆形,但从该乐舞的实际展开推测,似应为圆舞形式。中间若干人以唱诵和伴奏为主,外圈更多的舞人则依节而动,一线展开的可能性不大。沧源岩画第7地点1区即有用垂直透视法绘出的5人圆圈舞图像,舞人所踩圆圈既是地面的标示,也是其舞整体展开的基本面貌。历经千年,云南先民的乐舞亦复如此,且在各民族中成为群舞展开的基本形式。

图 1-21 铜鼓型贮贝器面部围圆舞蹈拓片

彝族传习古老的打歌(亦称踏歌)活动至今在弥勒西山、石林圭山、小凉山区以及南涧等地盛行,往往具有全民性,尤其在火把节和马缨花节等传统节庆中更是热烈,满山遍野都是打歌人。其基本形式即围圆成舞,通宵达旦(夜晚则围火堆而舞)。巍山县巍宝山文龙亭内有一晚清彝族《打歌图》壁画,图中数十男女围圈打歌,动作和谐,表情生动,伴之以葫芦

---

① 杨德鋆:《铜鼓乐舞初探》,《文艺研究》1980年第4期。

笙、笛子的吹奏，与彝族打歌无异。纳西族"阿丽哩"（有欢乐高兴之意）即一种曲调欢快、舞步轻盈的乐舞，历史悠久，普及面广，为丽江纳西村寨男女老幼熟之。基本动作是拉手围圈，左行三步抬右脚，接着右行三步抬左脚，如此反复，简单明快。拉祜族的嘎克舞也是围篝火而舞，舞者手携手，踏足挺胸，边哼边跳。傈僳族的"打跳"亦围圆而舞，在葫芦笙的伴奏下，踏地叠脚，向逆时针方向循环重复。藏族的锅庄舞以力量见称，节庆跳时男女盛装，皮衣、帽、靴齐备，先男女各站一排，然后混合成圈，踏三、六、八步踢脚、扬腿、蹲腿、翻身扬手，舞者自唱自歌或有领唱，踏地有力、舞姿豪迈。……难以尽数的以跳圆圈为基本形式的民族乐舞，在历时性的进程中，渐渐淡化了它源起时带有或后附的种种宗教祭礼含义，更多指向劳动后的自娱自乐和日常世俗情感的宣泄，从而强化了其本身具备的审美形式感及其愉悦狂欢的情感体验性质。

图 1-22　镶嵌绿松石 18 舞人铜扣饰

云南战国、秦汉时期各族群先民的乐舞活动，从审美形态和文化功能入手还可细分出若干种类。对这些形态繁复而功能多样的早期乐舞，我们通过原始绘画、出土的青铜图像、民俗学调查资料乃至文献记载作了初步的形态考释和功能描述，但仍无法穷尽。都说云南少数民族能歌善舞，由此可见一斑。然而，我们从有限的乐舞材料中仍能发现一个基本的事实：

即云南民族先民的乐舞活动，尚未脱离其起始时便带有的混融性观念及原始思维的成分；其中仍积淀着他们祖先的原始文化骨血，传承着其民族先民未分化的信仰、情感和期望；渐趋成熟的审美意识还未彻底从宗教意识和其他实用的意识中完全脱离出来。

固然，音乐和舞蹈在古代世界从来不是纯粹的审美艺术活动，而在中国古代的文化观念和思想体系中，作为表达系统的乐舞，是与宇宙秩序和社会秩序同态对应的关系结构；当社会稳定和富庶时可表达为"歌舞升平"，社会的混乱甚至灾难则意味着"礼崩乐坏"。由于乐舞与社会伦理秩序同构对应，凡桑间陌上、动作轻佻的民间乐舞、"其声靡靡"的"郑声"等，历代都遭到贬斥甚至查禁，乃至被拔高到"乱世""亡国"的政治伦理高度；而庄严凝重或雍容典雅的礼乐祀舞则成为国家和统治阶层宗庙祭祀的正统或正宗，凡社稷典礼、四时祭祀，都少不了它们的附和和陪衬。乐舞在其中扮演的，自古就是一个象征性的角色，为严整社会伦常的神圣秩序，发挥着乐教即礼法的社会教化功能。因此，建庙堂、铸礼器、重乐教，也就成了神州大地的传统风尚；礼乐同一，"礼非乐而不履"自古而然。从根本上说，古代云南也不例外。如滇国时大量铸就的铜鼓、铜编钟等乐器亦大多出土于随葬品丰盈的贵族统治者大墓中，其中即有"滇王金印"的晋宁石寨山墓葬群。这些青铜乐器的拥有者将其随象征最高权力的王者金印同葬一穴，尤见其重。可以想见，即便在古滇国时期，当这些作为"礼器"的铜鼓、铜编钟敲奏时，滇民心中的"钟鸣鼎食"之大户威严，是怎样一种情形。

按照英国艺术评论家克莱夫·贝尔（Clive Bell）有广泛影响的说法，艺术乃是"有意味的形式"[①]。所谓形式，即指人类活动所创造出来的形式，它以某种载体或符号形态存在着。踏节而舞的人类身躯、四肢乃至面部表情亦是这种载体或符号形态。而"意味"之有无，又决定了这种活动必定是"意指性"的活动；因此，具有审美性质的舞蹈，其身体运动的形式必然包含着主体所赋予的某种"意味"，即主动表达出来的文化内蕴。对此，持音乐起源于审美目的的格罗塞亦不得不承

---

① ［英］克莱夫·贝尔：《艺术》，周金环、马钟元译，中国文联出版公司1984年版，第4页。

认，比起史前人类的乐舞来，现代人的音乐舞蹈不过是一种退化了的社会遗留物，而在古代，"舞蹈是一种与部落的福利紧密相关的严肃的事情"，人们以乐舞活动来祈生、悼亡、治病、求雨，预祝丰产和狩猎成功及战争的胜利，各类重大事件均有乐舞伴随。[①] 这种还渗透着原始文化骨血的乐舞活动，尚不是纯粹的观照和静观的对象，本身还糅和着未完全分化的宗教信仰或巫术意识，从而混融在祭祀礼仪活动的统一体中，成为古代民族生存意识传达的有节律的身体活动方式，浓缩着、积淀着他们强烈的情感、思想、信仰和期望。

先民乐舞正是这样。作为一种有意味的创造性身体运动，其审美娱乐功能尚未从融合一体的宗教性祭祀体系及其社会功能中完全挣脱出来，"甚至可以说，它们本身就是祭祀礼仪的副产品"[②]。作为战国、秦汉时期云南先民重大祭献仪式的有机组成部分，乐舞常常是一个村寨乃至整个氏族成员共同参与的盛大庄严的活动；他们多踏铜鼓、锣、钟等敲击的节奏热烈而舞，如火如荼；或伴铜或竹制葫芦笙、葫芦丝悠扬的旋律翩跹起舞，如痴如醉；抑或在铜铃的摇荡声中神秘而动，虔诚而笃信。然而，在这种传达虔诚信仰的有秩序有节律的身体运动中，却凝固和积淀着云南先民顽强的生存意志，虔诚而不乏欢悦，蛮野而又形式谨严；在火一般炽热虔信的宗教观念或巫术意识中亦升腾着纯净、真挚而又执着的情感。即便是人牺牛牲的刀光血影也象征性地浸渗着人神同庆的丰收喜悦，忘怀于辛勤的劳动者自己的节日欢宴之中，在一定程度上淡化着神的威仪，增溢着人的情感。正是在这种功能的"位移"中，对神灵的祭典不期然地同时成了人的节日，本属敬神的乐舞祭祀，也慢慢演化成了欢歌劲舞中悦人的音乐和舞蹈。

正是在青铜乐器的精心铸造和使用中，在娱神的过程中演化发展出的群体性的欢歌劲舞、踏节围圆，乃至在躯体复杂有序的弓步、跨步、腾挪扭转以及繁复鲜艳的体饰和道具中，我们看到了从远古走来的云南先民审美和艺术表达形式的成熟。也由于社会发展的相对迟缓和汉王朝的象征性管辖，云南本土文化并没有发展出一整套繁缛冷酷的伦理规

---

① ［德］格罗塞：《艺术的起源》，蔡慕晖译，商务印书馆1984年版，第175页。
② 朱狄：《原始文化研究》，生活·读书·新知三联书店1988年版，第535页。

范,而仍停留在残存着原始意识的乡土气息浓郁的氛围中。可以发现,青铜器图像中祭祀乐舞的主持者——祭司、巫师乃至贵族头人亦皆跣足,与平民并无大异,甚至一并参加生产劳动。这决定了云南古代原生文化仍是感性较强的文化。在这种文化氛围中,乐舞中更多保留了云南先民天真、淳朴的特质,以及他们自然而又特色鲜明的审美理想和风格。

图1-23 铜鼓型贮贝器籍田场面纹饰拓片

# 第二章　云南青铜艺术形态论

## 第一节　云南青铜塑形审美意识的成熟

前面已经谈到，有关云南先民塑形意识的进化与演化踪迹，可以从现有的考古学证据看出较为清晰的线索。在自然压力下的类人猿面临的首要难题就是生存，仅凭生物性的机体能力来被动适应的生活方式愈发艰辛，终不能满足生存的基本需要。于是，选择天然石块制作为工具成为生存的必然，这也是他们走向人类做的第一件事。原始人类对天然石块刃部的注意是工具制造行为的关键一步，对生存有意义的这个部分在无数次的感受和体验中开始被价值化。

跟世界范围内的情形类似，云南原始旧石器时代最具有代表性的石器是砍砸器，大多数是由砾石制造的（元谋人石器的石英岩亦属砾石类）。砾石块引起原始人类的注意可能是因为偶然的原因，即体量大小适宜的石块较平滑的一端适合手的抓握，另一端则便于砍砸树枝和剥下兽皮，在漫长而日复一日的不经意观察间，石块的这一特性渐渐引发了原始人的兴趣。无论是石料块面的形状，还是棱角方面的功能，固然是自然的赐予，但原始人却朦胧地把其作用与自己的生存联系起来；这种观察反复进行的结果是使石块的棱角特性与生存价值之间构成了稳定关系，从而产生了对这个部分的价值意识。

在元谋人遗址发掘的石器中，最值得我们注意的是那件石英岩制作的尖状器。在其一端的边缘部分，元谋人敲击出了最早的人工刃口，使整块石料两端呈相对圆滑，一边相对尖利的形状。这意味着，工具开始从它的自然形体中挣脱出来而打下了人类最早的主体印记，自然客体终于进入了主体认识的领域。仅从云南原始先民工具的制造史即可清楚地看出，在原始的砍砸器、尖状器、石刀、石斧上面，石块的自然属性越来越被人类的打制或磨制活动所改变，在生存价值意识驱动下，人们将凹凸不平的打制痕迹和平滑的磨制表面布满石器的外表造型。

美国学者罗宾逊说："某些不安宁的人类祖先用石头或贝壳的边刃把树干变成了一个尖头，狩猎中在毫无理性意识的指导下而掷出的尖矛戳穿了动物的身体。这样的习惯在长久性的积累中就产生了尖的观念，就会有意识地去制造尖矛。"[①] 必须说明的是，虽然原始人类制造工具是自觉能动的，但其意识却是朦胧的。正如前面所论，生理心理学和发生认识论的研究已经揭示这种制作行为还不是纯粹观念活动的结果，而是动作思维和经验模式活动的结果。尽管如此，在石块表面自然属性被改变后呈现出来的锋利的刃部和初级的光滑感，同时可能引发原始人类对自己的创造物上非自然形式的愉悦感。因为这种人工形式不仅体现出其生存的价值意识，还体现出把客体属性转化为人工形式的赋形能力。

这就是人类审美意识发生时的基本面貌，石器工具由此成为人类审美意识起源之时最初的艺术品。当然，在工具制造中确立起人为形式的进程是十分漫长的。元谋人打制石英岩石器时并无规整的要求，他们只能从功能的角度考虑一件石英岩石料可以用来干什么。如果准备用于切割兽皮，就有意识地打制出较薄的一侧为锐利的刃部，于是一件刮削器诞生了。当元谋人在石器的两侧都修整出两条微凹的刃缘时，其目的不仅是双刃比单刃可使用更长的时间，而且石器两侧的锋刃带来了最早的视觉秩序感——对称。及至旧石器时代晚期，昆明人的石器制作不仅选择范围大大扩展，石器形制亦更为多样化和复杂化，尤其值得注意的是石片石器，已显现出某种预想性和目的性。在用打击法制出石片后，昆明人准确地利用了石片的形状，薄的一边打出锋刃，厚的一边则制作为手握的部分。在制作过程中已明确注意到了对称的形制，中间没有实用功能的部分也稍作磨制，以保持石器工具造型的和谐与规整。元谋人到昆明人之间百万年的演化，意味着云南原始先民机体的进化和实践方式的进化，其审美意识的发生日益向较高形态缓慢演进。

---

① ［美］罗宾逊：《制作的观念》，转引自张晓凌《中国原始艺术精神》，重庆出版社1992年版，第39页。

第二章　云南青铜艺术形态论 / 91

　　由于左半球功能等脑机能的进化，导致原始先民的工具制造在生存活动不断实现并多样化；生理心理学研究充分揭示：原始先民动作图式的日益增多并不断内化，使得动作思维中高级而微弱的、静态的表象逐渐从图像知觉中引申出来，形成有一定观念性和预见性的表象，原始思维缘此开始摆脱动作的束缚，以心理表象的运演建立起与客体图式的关联。这时，先民的工具制作活动已不再由唯一关乎生存的物质需求主导，而开始萌生着精神需求的内涵。当然，此时的预见性表象尚不是完整的概念，还无法为制作活动提供完整而理性的指导，使工具制作活动具有严格预定的程序。但是预见性表象的心理运演却使石制工具上的人工形式规则逐渐转化为心理图式，从塑形的角度亦可说，转化为审美意识的特定内容。"昆明人"通过对石制砍砸器之规整、对称的要求，对各种石料如燧石、水晶、碧玉、玛瑙等的选取，均表现出明确的心理预期和形式要求。概之，石器形制、材料构成、表面触感和色彩的多样化发展即视觉观看的主体性要求，构成了人类视觉审美意识发生的关键环节。

　　当然，原始先民思维并未完全摆脱动作的羁绊，审美意识对石制工具的关注也限制在知觉表象的心理运演及其动作图式的初级思维水平上。在思维内涵上，关乎生存的功能价值仍是主体，审美意识不可能作为独立的心理内容出现；个体不断扩大和丰富的经验模式仍限于手语交往的面对面人际范围内，没有上升到群体社会化、普适性的经验模式层面。这一时期，石器制作虽已向人工化、规整化和多样化发展，但发展速度极其缓慢。从元谋人石器到昆明人石器，已然度过了一百几十万年的时光，而云南原始先民早期的审美意识尚在进化中，在漫长而不可计数的工具制造活动中，向着较高形态缓慢发展。

　　在初级心理运演促使视觉化制作活动中形成的经验超越单纯个体的漫长过程中，审美意识的心理运演仍未完全摆脱纯粹的个体色彩，普适性的制作原则及塑形原理尚未确立，原始人类还需要获得促进头脑中建立在单个个体经验基础上的意识迁延与交换能力。当社会发展进入新石器时代晚期，人类进化加速的标志性现象出现了——晚期智人思维的飞跃式进化带来了有声口头语言的发生和完善，使得先民之间个人化的经验交流与互参成为可能，促使个体的审美经验渐渐转化为社会性的普遍经验，进一步让种种适应主体内在需求的视觉尺度在先民群体的意识中生成并逐步内化。其中，对称感、比例感、秩序感等有助于把杂乱无序的自然元素导向适应主体心理节律和生理快感的形式构成，渐渐固化在先民群体的心理意识中并代代传承。

不难看出，人类具有普适性的视觉形象正是从石器为发端的实用性工具中发展而来的，而且，愉悦性视觉形式比工具中的实用性形式更加具有符号性质。符号的诞生与演化使主体的心理活动进一步摆脱了生理机能的羁限，符号中的象征与意义更使主体意识获得了较为纯粹的精神活动能力；这不仅意味着主体能够使用视觉形象来把握自然物象的开始，也意味着人类头脑中对视觉物象改造的开始，更意味着人类用符号联结精神幻象和视觉表意活动的开始，具体来说，标示了人类较为纯粹的审美创造活动的开始。

种种迹象表明，云南古代璀璨的青铜文化，主要就是在史前云南域内的新石器文化基础上发展而来的，分处洱海地区和滇池地区的剑川海门口和晋宁石寨山、江川李家山同时也是新石器时代遗址。又如，昆明西山区王家屯附近一处新石器时代遗址，发现遍及云南的干栏式建筑遗迹及常见的夹砂陶器、梯形石斧、半月形石刀和有段石锛等，而一同出土的早期铜器如铜斧形制既与新石器时代滇池地区常见石斧相似，又与滇国墓葬中普遍存在的梯形铜斧相近；滇池地区新石器时代遗址还有一种体形较大之扁平石锄与滇国墓葬中常见的宽叶形石锄类似；滇国墓葬中发现的一种穿孔铜爪镰则与洱海地区常见、其他地区也有出土的穿孔半月形石刀在器形和体量上十分接近。[1] 云南作为稻作的发源地之一，在新石器时代遗址中即有大量证据，至战国、秦汉时代其较发达的稻作农业也可以从大量青铜农具的发掘得到印证，而不少青铜贮贝器上亦铸有人数众多的生产者到田间耕作及收获后运粮入仓的图景。《华阳国志·南中志》载："晋宁郡，本滇国也。元鼎初置吏，分属牂柯、越嶲。元封二年，叟反，遣将军郭昌讨平之。因开为郡，治滇池上，号曰益州。汉属县二十四，户二十万。晋县七，户万。去洛五千六百里。韩说初开，得牛马羊属三十万。汉乃募、徙死罪及奸豪实之。郡土大平

---

[1] 张增祺：《云南滇池区域青铜文化内涵分析》，《南方民族考古》1987年第1辑。

敞，原田。多长松皋，有鹦鹉、孔雀、盐池、田、渔之饶，金、银、畜产之富。"[①] 在滇池周边地区，延续而来的渔猎及畜牧业也具一定规模，这可从青铜器上的骑士猎鹿、三人猎豹和八人猎虎等窥见其盛况。另外，青铜贮贝器上还普遍铸有牧山羊、绵羊、家猪、牛马和驯马的场面。故此，《后汉书·西南夷列传》说滇池地区有"畜产之富"。相似的生产生活情形亦可在洱海之畔的考古遗址出土物中清晰见证。

种种证据均表明，云南发达的青铜文化是新石器时代以来，久居于此的各族群先民在生存实践中不断提高生产技能，改进劳动工具并逐步开发当地自然资源的结果，与其族群祖先一手创制的文化有血脉相承的亲缘关系，虽不断有外来文化要素的融合，但其文化个性与特色始终未变。

## 第二节 云南青铜器的主要类型及其审美文化价值

### 一 祭器

云南先民青铜祭器的踪迹，大多可见诸上述古墓群发掘的器形实物。其中尤以铜鼓为最，它是我国南方乃至东南亚诸多民族所钟爱的宝器，自2600多年前产生至今，有许多民族仍在使用。从审美的角度看，既可为视觉观赏品，亦是乐舞活动的必备品——乐器。据统计，现存铜鼓1460余面，分散在民间的约有800面，[②] 主要在云南、贵州、广西各少数民族手中。铜鼓作为云南青铜器中极重要而必不可少的器物，类似中原商周青铜文化中的钟鼎重器，通体凝聚着深邃多样的文化内蕴，于滇人乐舞方面亦复如此。

鼓本是一种打击乐器，在我国范围内起源甚早。相传神农氏时就有"土鼓"，黄帝在征蚩尤的涿鹿之战中，玄女用鼓声"以像雷霆"，曾造夔牛皮鼓80面以造军威。由于是木质鼓腔，皮革蒙面，易腐朽，故已

---

[①] （晋）常璩著，任乃强校注：《华阳国志校补图注》卷4，上海古籍出版社1987年版，第267页。

[②] 李昆声：《云南艺术史》，云南教育出版社2001年版，第81页。

不存。现在所见最早的铜鼓是商代模仿木腔革面的铜制品，鼓面鳄鱼皮纹和钉子都惟妙惟肖，鼓身横置，上踞双鸟，下以四兽为足，两侧各饰人首，遍体饰饕餮纹，名为双鸟饕餮纹鼓。这种鼓仅具其形，不是鼓之以乐的鼓。南方铜鼓则全身皆铜（青铜），唐杜佑《通典》卷一百四十四《乐四》载："铜鼓，铸铜为之，虚其一面，覆而击其上。"宋范成大《桂海虞衡志》亦称："其制如坐墩，而空其下。"南方铜鼓与中原的革鼓显然不同，前者的特征是通体皆铜，平面曲腰，一头有面，中空无底，侧附四耳。敲击此鼓，铿然有金属声，后面置以容器，鼓声嗡隆流转，在山谷中回应，经久不息。在云南，由此形成极富民族文化特色的铜鼓乐舞。

早在南朝刘宋时人范晔的《后汉书·马援传》中即有：马援"好骑，善别名马，于交趾得骆越铜鼓，乃铸为马式，还上之"。但未有形制的具体描述。宋代金石学兴起，有关记载渐多。《唐书·南蛮列传》载："击铜鼓、吹大角，歌舞以为乐。"明魏濬《西事珥》曰："夷俗最尚铜鼓，时时击之以为乐。"清代屈大均《广东新语》亦说："粤之俗，凡遇嘉礼，必用铜鼓以节乐。"可见铜鼓在我国南方一些民族中是习用的乐器。明曹学佺《蜀中广记》亦载：云南少数民族有时"百十为群"地"击铜鼓歌舞饮酒，穷昼夜以为乐"。以用于祈求法力无边的神灵，既神圣庄重又狂放热烈，表达其炽热而虔诚的信仰。在祭舞神乐的活动中，敲击铜鼓，从而形成"神圣热烈的铜鼓乐舞"。①

关于铜鼓的演奏方法，同时期青铜器上图像显示石寨山型鼓有平置敲击与悬挂敲击两种。平置敲击可见于M12∶2号铜鼓型贮贝器，上有两圈人物图像，内圈上阴线刻铸9人，其中有一面三角锯齿纹饰铜鼓平置于地，左右两侧各有一乐手一边演唱一边抬手敲击。在M12∶26号诅盟场面贮贝器中平置的16面铜鼓铸像，显示其在祭祀中亦为平置敲击。开化铜鼓亦是云南早年出土的一面石寨山型铜鼓，其鼓面主晕上有两组击鼓乐舞的纹饰。其中有在台上平置二面铜鼓分别由两个跽

---

① 此一提法系出自张文勋主编《滇文化民族审美》中何明所撰第二章，云南大学出版社1992年版，第95—98页。本节较多引用了该章有关内容。

坐人双手持一棒状物从上往下敲击的图像，其动作类似舂米。悬挂敲击可见于M12∶26号诅盟场面贮贝器盖，上亦雕铸了演奏錞于和铜鼓的悬挂敲击方法图像，即用木棍作支架，穿鼓悬空侧挂，敲击者双手各持一槌，一手以击打鼓面，另一手敲击錞于。①

**图2-1 楚雄万家坝型铜鼓**

铜鼓除可单独敲奏外，还可数鼓同时敲奏及与其他乐器合奏。独奏情形除前述铜器铸像以外，民族学和人类学资料亦显示富宁县龙迈寨彝族过"跳宫节"（农历四月初八到初十）时，要在寨中一平地（"宫坪"）上用木棍支架悬挂一具铜鼓，鼓手坐地上，一手持竹棍敲击鼓面光芒正中，另一手持竹棍击鼓侧，鼓面发出的"隆隆"声与鼓侧发出的"当当"声交织发出悦耳洪亮、错落有致的鼓乐声。而合奏的二鼓则被名之"雌雄"。西盟佤族传说其北面一座森林覆盖的高峻山腰上，有一水平如镜、清澈见底的"弄球龙潭"。潭中住有一对青蛙精，雄的叫耶当，雌的叫耶台，他们没有后代。后他们又移居龙潭南面的一个山洞。一天，耶当捉到一人便带回山洞与耶台一同吃了，又把剩下的骨头悬挂玩耍。奇怪的是耶台从此怀孕了。后生下了9男9女，长大后进行

---

① 参见本书图1-18。另关于錞于与铜鼓合奏之音律、音阶实证研究，亦可参见李昆声《云南艺术史》，云南教育出版社2001年版，第117—118页。

婚配、生儿育女。耶当耶台去世后，佤族为纪念他们，就用青铜铸出雌雄二鼓。二鼓配合敲击，犹如夫唱妇随、和谐默契。文献中亦有群鼓齐奏的记载，清陈鼎《滇黔土司婚礼记》中说，清代苗族婚礼中数十盛装少女击多面铜鼓，奏苗家"女乐"，唱苗歌喜词，成"震天盘旋，环绕于庭中"的热烈气氛。铜鼓与其他乐器合奏又形成打击乐和吹打乐两种曲式。楚雄万家坝 M1：12 Ⅱ 号铜鼓与一组 6 枚羊角编钟一同出土，根据吴钊、李昆声等研究者测音的结果，显示"当时的鼓匠师可能已掌握了调音的方法"，从而表明铜鼓及编钟制造者已能从听觉审美的高度创造铜鼓器形并掌握了配器的基本规律。① 正如有学者指出的那样："编钟粗细高矮有别，能敲出音阶演奏简单乐句。铜鼓声音低瓮，与编钟同奏，高低音互相补益，可减少铜鼓单独击奏时的单调感。"② 除此及前述铜鼓与錞于合奏外，铜鼓还可与其他打击乐器合奏。《宋史·蛮夷传》中"但击铜鼓沙锣以祀神鬼"的记载即指铜鼓与铓锣合奏，佤族平素即把铓锣覆于铜鼓上置于墙边，用则同敲。与吹奏乐器合奏，则可给铜鼓的节奏乐声配以旋律的成分，从而更具音乐表现力。石寨山 M13：259 号青铜屋宇模型中铸有 5 座干栏式房屋院落，正面一房上层有一小龛，内供人头，其旁跪坐者中有吹葫芦笙及敲铜鼓合奏的情形。当代考古学者指出："从现有材料看，铜鼓既可与各种乐器合奏，也可为歌舞伴奏，其配器形式，可用单鼓、双鼓，也可用大小 4 鼓与其他乐器合奏，如铜鼓与錞于，为或铜鼓与铜钟、葫芦丝，或铜鼓与编钟，或大小铜鼓与编钟、锣、皮鼓、笛，或铜鼓与葫芦笙等乐器在一起为歌舞伴奏。"③ 且这种建立在对音阶形式认识基础上的较为复杂高级的器乐合奏形式，自春秋战国始为滇人所掌握后，一直存留在云南各民族民间音乐之中，并延续至今。④

　　云南青铜时代极重要的铜鼓，在云南古代社会—文化体系中承担着

---

　　① 李昆声：《云南艺术史》，云南教育出版社 2001 年版，第 118—119 页。
　　② 杨德鋆：《铜鼓乐舞初探》，《文艺研究》1980 年第 4 期。
　　③ 吴钊等：《万家坝、石寨山铜鼓声律法倾向的初步研究》，转引自李昆声《云南艺术史》，云南教育出版社 2001 年版，第 120 页。
　　④ 吴钊等：《万家坝、石寨山铜鼓声律法倾向的初步研究》，转引自李昆声《云南艺术史》，云南教育出版社 2001 年版，第 120 页。

**图 2-2　万家坝型铜鼓鼓面太阳纹**

类似中原商周时代钟鼎重器的功能，通身凝聚着沉厚丰富的精神内涵。云南域内不同区域最早及最晚出土的铜鼓虽各有特点，但呈圆筒状，中空无底，平面曲腰，侧有四耳是其共同的形制特征，其明确的使用功能是打击乐器。敲击之，铿然有金属声，在云南的大山深谷嗡隆流转，至今仍是不少民族钟爱的宝器。

关于云南铜鼓的起源，学界迄今无定论。有源于錞于说、皮鼓说、象脚鼓说、铜釜说及陶釜说等，[1] 几说皆根据其他器物与铜鼓有形制上的相似性而推断，其中比较有影响的是铜釜及陶釜说。考古学家冯汉骥先生认为："从早期铜鼓的形制来看，它似乎是一种实用器（铜釜）发展来的……鼓面原是釜底，胴部原是釜腹，鼓身原是釜颈的延长，鼓足原是釜口，鼓耳原是釜腹与颈之间的釜耳。"[2] 同为考古学家的李伟卿亦持此说："……作为鼓类，鼓面的大小直接影响到振动幅度和共鸣的效果，所以要有一个较大的鼓面，而铜鼓的演变规

---

[1]　其综述可见张文勋主编，施惟达副主编《滇文化与民族审美》第二章"从饮爨到节歌"一节及注释，云南大学出版社 1992 年版，第 71—76 页，张增祺《滇国与滇文化》，云南美术出版社 1997 年版，第 231—232 页末注释部分。

[2]　冯汉骥：《云南晋宁出土铜鼓研究》，《文物》1974 年第 1 期。

律，首先便是鼓面不断扩大。这个规律，实际上就是把铜釜小平底扩大成鼓面……铜鼓的曲腰，本来就是铜釜的敞口、釜腹的遗制。"①单从形制上看，确乎如此。楚雄万家坝 M23 号及 M1 号墓所出土的 5 面铜鼓，"它们器身似釜，纹饰简单雅拙，出土时大多鼓面朝下，外壁有烟熏的痕迹。其中部分内壁有纹饰，这证明这些鼓经常仰置作釜使用，尚处于釜、鼓分工尚不十分明显的阶段。在万家坝 M1 号墓中出土的一件铜釜，其形制为鼓腹、半腰、小平底，有对称的条形耳两组，与铜鼓十分相近。……万家坝出土的似鼓铜釜在本地有着明确的发展历史，它们都是由新石器时代晚期即已流行的陶釜演变而来的，在宾川白羊村新石器时代遗址中，一种颈部有乳钉的大口鼓腹罐，是最接近后代铜釜的一种形式。如果它们的发展过程是陶釜—铜釜—铜鼓的三个不同阶段，应该是较合理的。"②除宾川白羊村遗址外，昆明上马村战国墓葬出土的陶釜"如果倒置，其形状与铜鼓十分接近"③。考古学家张增祺先生则持"双耳陶罐"说，理由是白羊村遗址无陶釜出土，只有陶罐，而上马村战国墓出土的陶釜制作年代则晚于早期万家坝型铜鼓。他认为剑川海门口等新石器时代遗址即有作为炊具和容器用的双耳鼓腹陶罐，它正是鼓型釜形制的来源。体积较小、罐耳可系绳索的鼓腹罐便于滇西地区尚处于游牧阶段的昆明人"随畜迁徙"，（近代云南马帮仍使用的"罗锅"即与之类似）。至青铜器时代，体积较大之铜釜形制则可能仿双耳鼓腹陶罐铸造。④

无论铜鼓起源于上述何种器物，这些中空的炊具或容器皆可敲击出声，且较原始时代击石率舞时的石头或石制工具要悦耳动听。《史记·廉颇蔺相如列传》有蔺相如逼秦王击缶的记载，明代宋应星《天工开物·冶铸》亦描述了叩击中空器皿"虚其腹以振荡空灵而八音起"的情形。民国初年袁嘉谷在《滇绎》中则记："铜鼓，其用如刁斗，昼烹

---

① 李伟卿：《中国南方铜鼓的分类和断代》，《考古》1979 年第 1 期。
② 李朝真、段志刚：《彝州考古》，云南人民出版社 2000 年版，第 116—117 页。
③ 王大道、肖秋：《论铜鼓起源于陶釜——兼论最早类型铜鼓》，载《古代铜鼓学术讨论会论文集》，文物出版社 1982 年版。
④ 张增祺：《滇国与滇文化》，云南美术出版社 1997 年版，第 232—233 页。

饪，夜击鸣。"① 敲击青铜容器又比陶罐、陶釜等声音洪亮，且结实耐用。楚雄万家坝出土的 5 面铜鼓，被学界公认为是世界上最早之铜鼓，但确切地说，它们并非专门用于敲奏以节歌。从其底部有烟炱，纹饰多在内壁，出土时圈足朝上、鼓面朝下看，当为炊具兼乐器之用，可名之为"鼓型釜"，是铜釜和铜鼓的近祖。从烹饪之釜到亦釜亦鼓，再到用于鼓敲奏节歌之铜鼓，考古学材料已证实了其发生之较清晰的线索。

推动着炊爨之用的鼓腹罐经鼓型釜再到节歌之用的铜鼓演进的动力，正是生产力的发展及其人类"自意识"的增强。春秋末期，云南广大地区已逐渐进入定居农耕的阶段。考古资料证实，新石器时代末期洱海周围、剑川海门口、宾川白羊村、祥云清华洞等地的居民都是以农业为主的定居部落，其代表性生产工具主要是梯形石斧和半月形穿孔石刀，以种植稻谷为生，伴有渔猎经济形态，部分游牧于滇中广大地区的"昆明"部落西入洱海地区后，亦从事定居农耕。游牧时期以家族为主，用双耳鼓腹罐为炊具的"小锅饭"生活方式，由于定居生活人口的增加而不得不改做"大锅饭"，炊具容量的增大势所必然。一般而言，陶制品不易做大，亦不便携带，在"随畜迁徙"中更易破碎。当他们掌握青铜冶铸技术后，必然依小型鼓腹罐的形制铸造出较大的铜釜，既便于携带，更不易破碎，且敲击之亦悦耳动听。随生产力的进一步提高，闲暇及剩余精力的增多，于是作为实用兼娱悦之用的铜釜，随冶铸技艺的提高而转化为供节歌之用的铜鼓。

新石器时代审美意识在云南先民头脑中的明确化及社会性精神生活从实用生存活动中的逐渐分化，是促使作为炊具的铜釜向审美性与实用性并具转化的内在动力。这时期，人们的自我意识在不断增强和深化，情绪和想象等较纯粹的心理活动日益活跃，同时思维、观念等理性因素更多地参与到意识之中，表现的欲望愈趋强烈，表达的手段亦更为多样

---

① 袁嘉谷：《滇绎》，云南人民出版社、云南大学出版社 2017 年版，第 264 页。1949 年以来，考古学界经数十年的田野调查，证实在云贵高原及长江流域、珠江流域的汉藏语系百越族群和部分氐羌族群中，铜鼓为主要礼器，地位崇高，平时藏于族长或寨老之家。使用铜鼓之前，须经过祭祀铜鼓仪式，念诵《铜鼓经》或《铜鼓祭词》后，方能使用铜鼓。袁氏之记，说明民国初年以前尚存铜鼓使用情形。

和规范化。当他们狩猎满载而归、辛勤劳作后谷物丰产或氏族内诞生新生命时，便兴奋地载歌载舞；而当自然灾患降临、谷物歉收或氏族成员不幸死去时，又不免绝望、恐惧、伤心、悲恸，敬畏和怀念之情难以抑制，于是，亦用某种歌舞的形式来祈福禳灾或抒发哀悼、追忆之情……，从无伴奏的歌唱和舞蹈，到敲击生产、生活用具的歌舞，直至感到这些工具和用具单调的声响和节奏无法满足情感表现愈趋强烈、复杂的要求时，专门用于节歌的乐器便应运而生。然而，铜鼓在脱离了炊爨之用后，并非就是专供审美之用的乐器，所节之歌亦非纯粹的娱乐歌舞。铜鼓作为青铜重器，是古代云南民族群体性精神生活的载体；其上运载着他们尚未脱离原始意识遗迹的观念体系，混融着权力等级、原始宗教、审美理想等意识形态和情感。因此，当云南古代民族敲击铜鼓、踏节而歌舞时，审美的形式活动所指向的便是这种混融性的精神生活本身，甚至铜鼓的拥有以及在何种场合置放都有其观念象征的意蕴。故此，铜鼓常兼作礼器与法器之用。

作为礼器的铜鼓，是群体、权力和财富的象征。楚雄万家坝出土的5面铜鼓并非随意而葬，而是分两起（M23号墓4面，M1号墓1面）随葬在位于59座坟墓中心的2座大墓之中。这2座大墓时代相距近300年（M23号为2640±90年、M1号为2350±85年），均被其余小墓一致环绕，证明它们是氏族首领或部落酋长的墓葬。5面铜鼓的时代不一，却都置放在位于中央位置大墓的墓坑底部（M1号与一铜釜和一组6枚编钟置于一腰坑中，M23号则4面倒置于木椁处底部，均不在椁室之内），说明这些铜鼓虽非酋长或首领所有，但与其墓主一样，是氏族或部落的标志与代表。① 而在呈贡天子庙战国晚期滇国墓葬中出土的一面铜鼓，是44座墓葬中位于中央且最大的一座墓葬的随葬品，并被置放于墓主棺椁之内。此一铜鼓已不再为整个氏族或部落所公有，而是个人的私产，乃权力的象征。在滇国王权社会中，铜鼓与王权社会的组织结构相结合，既作为王权的象征，又作为王权的承袭和分封权力的象征。西周时代，"密须之鼓"作为分封时列入分配的重器，具有重要的政治意义。晋宁石寨山和江川李家山两处墓地，所葬者均为古滇国国

---

① 云南省文物工作队：《楚雄万家坝古墓群发掘报告》，《考古学报》1983年第3期。

王、王族和同姓贵族，他们生前享有特权，死后又有象征权力的铜鼓随葬，故"几乎无墓不鼓"。直至近现代，一些保存和使用铜鼓的民族，仍把铜鼓当作抬高社会地位，与世袭头人争权及夸示财富的一种物件。①

铜鼓由于声音洪亮，传之辽远，古时曾用作部落战争中的传讯工具，《隋书·地理志》云："欲相攻，则鸣此鼓，到者如云。"谈迁《国榷》曰："始出动，必击鼓高山，诸蛮闻声四集。"对古代云南族群部落民众而言，鼓声既是信号也是命令，闻之而动，不可稍怠。尤其在战争中，其号召力和鼓动力，远非他物可比，铜鼓的权力象征性导致战争双方都重视对其的争夺，铜鼓的得失，成了战争胜败的重要标志。明代朱国桢《涌幢小品》说："凡获蛮必称获诸铜鼓"，失去鼓即意味着统治地位的丧失。《明史·刘显传》曾载都掌蛮酋长失去铜鼓后言："鼓声宏者为上，可易千牛，次者七、八百。得鼓二三，便可僭号称王，击鼓山滇，群蛮毕齐，今已矣。"由于战争和祭祀都由部落首领指挥和主持，故此《隋书·地理志》亦云："有鼓者，号为'都老'，群情推服。"《续资治通鉴长编》则称："家有铜鼓，子孙传秘，号为右族。"因此，铜鼓作为礼器，就不单是敲击和实用，在日常场合亦用于陈设，以示主人的财富和权势。前述石寨山M12：26号诅盟场面贮贝器盖面上，立铸有离杀人祭不远的房屋中分三排平置的16面铜鼓，即类似中原商周时祭祀中的列鼎，当为显示滇国权贵威严的写照。

铜鼓又是一种法器，用于宗教祭祀乃至巫术操纵仪式中。承续史前，战国、秦汉时期云南民族文化亦弥漫着浓浓的原始宗教或巫术气息。直至近代，巫术、祭祀活动仍很频密，而在重大的祭祀典礼活动中，铜鼓常是不可或缺的器物。在晋宁石寨山青铜器上有关祭祀场面的图像中，每每都有铜鼓出现，乃至可以说"有祭必鼓"。如M12：2号铜鼓型贮贝器面上铸有两圈人舞图像，内圈二人抬鼓，一人双手戴大圆环手舞足蹈，另二人则击敲歌唱。击铜鼓以伴歌舞，而歌舞则是春播前的祈祷丰产仪式的组成部分。M3：64号干栏式房屋模型上层中的一小

---

① 汪宁生：《民族考古学论集》，文物出版社1989年版，第302页。

龛内有滇国人头立像，龛下则置铜鼓，有一人正敲击之。学界根据亚洲和太平洋一些岛屿土著的文化人类学资料推论为祭祖仪式。前述M12：26号诅盟场面贮贝器盖面上的杀人祭场面中，干栏式房屋楼上三边排列着铜鼓，一边有供人上下的楼梯，居中是一滇国贵族坐高凳之上的形象，另有8人列坐两旁；下层右方有一人穿后幅甚长之衣，正杀牛宰羊备食，左方有一猪一马看似待杀，其旁还有似蛇喂孔雀和饲虎之人；虎与房屋之间有一架，各悬一铜鼓和镎于，有一男子正双手持锤击之。房屋面对的广场上，中置饰两条蟠蛇的立柱，一蛇作噬人之状。柱旁立一木牌，上缚似编发之昆明人，又有一戴足枷坐于旁，他们两旁稍近处还有两个与人齐高的巨型铜鼓。整个场面凝重庄严，其中所置各种铜鼓，显然有法器之用意。

**图2-3 杀人祭鼓场面贮贝器及盖面局部**

铜鼓作为礼、法等重器，本身亦可上升为祭祀活动中的象征物而成为崇拜对象。晋宁石寨山出土的一部铜鼓型贮贝器盖面上铸有1—3个从小到大的铜鼓重叠的立柱，位于场面正中。其余32个立像中，以坐肩舆中的贵妇人为主祭者，其余人等或骑马护卫、跪地打躬，或背包、提篮、荷锄、持点种棒、顶籽种箩、捧食盒，还有抱头痛哭者、缚于木牌之编发待杀者、已去头颅躺于地上的死者及牛、狗等动物，显示为一次杀人祈丰年的血祭仪式的写实场面。铜鼓在其中充当的不仅是礼、法之器，且具有更深层的象征意义。联系万家坝型铜鼓曾作炊具之用，它们作为氏族群体的盛食之器，是食物的来源，亦必有崇拜心理寓于其中，加之其拥有者——部落头人的竭力神化，故使民众对其产生敬畏心理。①尽管铜鼓在滇国已脱离饮爨之用，但对其作为食物来源的崇敬心理一脉相承，用于节歌的铜鼓本身也具有了祈年的象征意义。铜鼓上凝聚的崇拜心理的幻想性、情感性及形象化表现与审美心理、艺术传达一脉相承，它滋润、培育着审美意识，促进着艺术表现的成熟与发展。同时这种基于生存又不乏原始气息的崇拜观念与情感作为内容，又积淀为造型艺术的传达形式，进一步丰富着云南少数民族的审美意识。呈现在人们面前的铜鼓初看体无悬殊，细细查看则形态殊异，以至考古学家们对其的分类莫衷一是。

第一个用现代科学方法系统研究铜鼓的是奥地利考古学家弗朗西·黑格尔，他在19世纪末任帝国和皇家博物馆人类学和民族学部负责人时，广事搜求，结合馆藏的22面铜鼓和大量拓片和照片，还在汉学家夏德的帮助下查阅了包括记录有铜鼓图像的《西清古鉴》等许多中文书籍，写出《东南亚古代金属鼓》一书，并于1902年出版。该书将当时所能掌握的165面铜鼓按形制与纹饰分为4个主要类型和3个过渡类型。中国学者对南方铜鼓的研究始于1936年上海博物馆郑师许的《铜鼓考略》，至1978年，考古学家汪宁生先生发表《试论中国古代铜鼓》一文，②用了35件铜鼓作标准器，按形制纹饰把现存铜鼓分为ABCDEF六型，并推断排出了铜鼓发展序列。一年后李伟卿先生结合云南博物馆馆藏160多面铜鼓及邻近地区资料，把南方铜鼓分为三型七式。③中国古代铜鼓研究会则把迄今发现的2260余面铜鼓分为8个类型。④属春秋、战国至秦汉时期的铜鼓，在云南域内出土的主要有万家坝型及石寨山型两种。前者因在楚雄万家坝出土最多而得名，并为学界普遍公认是原始铜鼓或早期铜鼓。考古学家童恩正先生1983年发表的《试论早期

---

① 直至近代，云南少数民族仍视"锅桩"为神物，凡是煮饭用的提锅、三足架和锅桩石，都不能从其上跨过或随意触摸，皆有视炊具为神物的心理。
② 汪宁生：《试论中国古代铜鼓》，《考古学报》1978年第2期。
③ 李伟卿：《中国南方铜鼓的分类和断代》，《考古》1979年第1期。
④ 中国古代铜鼓研究会编：《中国古代铜鼓》，文物出版社1988年版，第27页。

铜鼓》一文，最早者即指万家坝型。[①] 大致相当于黑格尔分类的Ⅰ型，汪宁生分类的A型以及李伟卿先生分类中的Ⅰa式铜鼓。经测定，随葬有4面铜鼓的万家坝M23号墓葬距今约2640±90年，相当于春秋中叶，其中青铜鼓的制作年代可能更早。这一时期，云南域内大部分地区仍处于"编发左衽，随畜迁徙"的氏族部落社会末期，但奴隶制社会已然萌生，各部落联盟的首领推举制正过渡为世袭制。与此同时，在云南西部和中部部分地区先民已掌握了较为成熟的青铜铸造技术，于是在祥云大波那墓葬和楚雄万家坝墓葬群出现了迄今云南境内最早的万家坝型铜鼓。

（一）万家坝型铜鼓

该型铜鼓铸造粗放厚重，形制古拙，鼓面较小，胴（胸）部陡然膨出，腰部则内曲凹缩，圈足低矮而外折有棱，胴与腰部之间焊铸的四耳较小。大多除鼓面及腰部外，胴部及圈足均素面无纹；鼓面则有星形光芒即太阳纹（似一稍陡出的圆饼，外围加饰几道光芒），少数出现晕圈，鼓腰竖直的线条则把腰部划分成若干空格，权作饰纹，其他纹饰亦属刻画铸纹的阳纹阶段，而鼓内壁部分有纹饰，说明其曾倒置作炊具之用（否则无法看见内壁上的纹饰），尚处于饮爨和敲击二用的阶段。可以看出，万家坝型铜鼓的形制还未脱炊具的功能要求，其中的巫术、祭祀、审美观赏等精神性要素与饮爨等物质活动尚未完全分离。这个时期，先民的审美需求尚不纯粹，并不需要对器具通体装饰，其正面视觉所及之处做些装饰即已满足需要。因此，万家坝型铜鼓简单稚拙，但其同心圆装饰分布却奠定了往后铜鼓鼓面的基本布局，且打破铜鼓腰部横形大面的单一呆板样式，代之以垂直线分隔，为后世铜鼓所沿用；尤其是万家坝型铜鼓纹样中的雷纹、网纹、并头纹、羽纹等抽象纹饰，开启了各型铜鼓纹饰的母题。可以说，云南西部及中部地区族群先民远古以来形成的古拙、混融的集体无意识及其审美精神，通体积淀在万家坝型铜鼓上。其作为稚拙的云南早期青铜文化器具，透露出新的审美旨趣和精神生活气息，预示着更为成熟、精美的青铜文化的到来。

---

① 童恩正：《试论早期铜鼓》，《考古学报》1983年第3期。

图2-4 万家坝型铜鼓

从春秋晚期到秦汉时期，步中原夏商时代的后尘，滇池周边及云南域内中、东北、西部的一些平坝区域逐渐步入奴隶制社会。诚如李泽厚先生所说："原始的全民性的巫术礼仪变为部分奴隶主所垄断的社会统治的等级法规，原始社会末期的专职巫师变为奴隶主阶级的宗教政治宰辅。"[①] 为了适应奴隶统治者对宗教礼仪和审美风格的特殊需求，更趋繁复精美的石寨山型铜鼓应运而生。该类铜鼓因晋宁石寨山出土最多而得名，且学界普遍认为它是在万家坝型铜鼓的基础上演化发展而来的，二者之间有明确的嬗变承袭关系，但并没有出现成熟精致的石寨山型铜鼓完全取代古朴稚拙的万家坝型铜鼓的情况。属古滇国范围内的曲靖八塔台战国后期墓葬亦出土一面万家坝型铜鼓；[②] 昌宁县天生桥墓出土的一面西汉初、中期铜鼓，发掘时鼓面朝下，但鼓面已增大，胴部突出，腰部渐高，圈足开敞，鼓面无纹却有4组立雕动物像（与西汉中期有雕铸的石寨山型鼓相似），有成熟期铜鼓的特征。但腰部内6条双直线纹和范缝分为八隔，明显留有万家坝型铜鼓特征。[③] 它可能是由随畜迁徙的昆明部落带到滇东北，或融两种形制、纹饰特征的鼓而铸。

（二）石寨山型铜鼓

该型铜鼓承万家坝型而制，总体形制亦作圆筒状。鼓面虽仍小于鼓身，但已明显增大，且均有褶边与鼓身分开。鼓身胴、腰、足部尺寸比

---

① 李泽厚：《美的历程》，中国社会科学出版社1984年版，第39页。
② 张增祺：《滇国与滇文化》，云南美术出版社1997年版，第228页。
③ 张绍全、李智跃：《昌宁再次出土古代铜鼓》，《云南文物》1989年第26辑。

例有所改变，通常腰长足短，胴部居中；最为明显的是，与万家坝型铜鼓相较胴部膨出程度和腰部内曲收束程度减缓，胴部最大直径通常在中分线以上，腰长弧缓，足微外移。一般偏耳4个或4双，桥形曲度，中间开有方孔，便于系在两人抬的木杆上用木槌敲打。其鼓面饰纹趋于丰富、华美，中心仍是太阳纹，光芒数少则6芒，多则21芒，后期多为12芒，呈锐角三角形，芒间填上斜线纹；芒外围则有一道道宽窄不一的晕圈，最宽的为主晕。早期石寨山型铜鼓鼓面主晕为素面，中期以多刻散点排列的具象纹样，如翔鹭纹；窄晕多是二方连续的锯齿纹、点纹等抽象纹样。鼓面晕圈的组合在其不同时期有一定规律，早期只有两区，中期形成以中区具象纹样为主晕的三区，内外两区构成不同抽象纹样的窄晕，后期晕圈则渐次增多，组合更趋复杂，主晕甚至增至两圈以上。

图2-5　石寨山型铜鼓

与万家坝型铜鼓相较，石寨山型铜鼓鼓身的装饰部位明显增大，除鼓足仍为素面外，通体有装饰。因其胴部为外曲面并与鼓面衔接，故装饰通常与鼓面保持风格统一。具体是，上部多有与相类鼓面的抽象饰带，下部则多为散点排列的具象船纹；腰部除由晕圈构成的饰带外，还有直段饰带分格，如网纹、点纹、同心圆纹、锯齿纹、羽纹等多种组合。万家坝型铜鼓直段饰带分格间多为空白，而石寨山型铜鼓直段饰带分格间则多刻有丰富的具象图像，如羽人舞、竞渡船、椎牛祭祀等。其中后期又进一步把一格分为上下层，多刻有鹿、鹰等具象纹样；万家坝型铜鼓常用于鼓腰下端的雷纹，在石寨山型铜鼓上则代之以复杂的横排饰带。其鼓耳多铸成绳纹样，为便于系挂而中间开孔。早期石寨山型铜鼓的纹饰特征多与万家坝型相似，仍以抽象的网纹、鼍纹为主要纹饰，中期后则走向以人物活动图像为主体的具象饰纹，如头戴羽翎饰冠、身着前短后长衣饰者从事祭祀仪式、舞蹈等场面，还有翔鹭、瘤牛等丰富的图像。后期复又从写实具象走向图案化抽象纹样，并更趋复杂，主要有锯齿纹、点纹、同心圆纹、雷纹、勾连雷纹、羽纹等，多采用单元轮换法连续而成，图案结构由简而繁；再由于铸造工艺的改进，刻范铸花由捺版印花取代，后期石寨山型铜鼓鼓身上的抽象纹饰显得工整精细。对这些饰图的民族文化内涵和历史特征，云南大学民族文化研究院的何明教授做了不无精当的阐述：

  石寨山铜鼓上没有殷商青铜器非现实的饕餮形象，也不具备殷商青铜器那种可怖、狞厉的风格。石寨山铜鼓的图像，是荡秋千、竞渡和椎牛等人们具体的现实生活图景，是鹿、鹰和瘤牛等现实世界中的各种动物形象，透露出浓郁的生活气息和现实感。或许，古滇国由原始社会带来的亲缘关系仍维系着同族内奴隶主与一般平民的关系，统治阶级与被统治阶级关系以统治民族与被统治民族的民族关系形式出现，统治者不必用可怖、狞狞的非现实图象来恐吓被统治者，只须以统治族群的图腾（太阳纹或许就是）即可起到震摄被统治者的作用；也许，尽管"靡莫之属以什数，滇最大"，但毕竟只是一"方国"，是大汉王朝的一郡（益州郡）而已，滇王及其王族始终缺乏中央王朝那种超世间的权威神力；也许，"滇"国广袤肥沃的土地、星罗棋布的湖泊和宜人的气候，赋予滇族以留恋往返于现实世界的情感，损害了他们摆脱现实的幻想羽翼，使那巫术祭仪未能演化为神学宗教，而只盘恒于原始宗教的阶段上……①

我们可以清晰地看到，石寨山型铜鼓上的饰图对云南先民人间生活的展示及其兴味的渲染，使其作为祭祀法器与统治礼器的庄重肃穆

---

① 何明：《铜鼓文化中的美学之光》，转引自张文勋主编，施惟达副主编《滇文化与民族审美》，云南大学出版社1992年版，第75—76页。

感略显淡化，而洋溢着一种人间世俗情感和民间生活色彩；云南铜鼓与商周青铜器相较，虽整体上未脱蛮荒气息和质朴形制，却也凝聚着铸制它的先民的情感、信仰、期望和观念，并由此获得了超感性功能和价值。正是在铜鼓这一固定而明确的物化形式中，积淀着渊源悠长而又流向繁复多样的云南民族文化，培养着色彩斑斓而又基调明朗的民族审美意识。

图 2-6　广南铜鼓

（三）铜鼓乐舞

以铜鼓为伴奏乐器或作为道具的乐舞即铜鼓乐舞。从形式上看，分击鼓唱跳、踏鼓而舞。如前述晋宁石寨山 M12：2 号铜鼓型贮器盖面上即铸有 9 人围内圈中央置放的一大型铜鼓跳舞的场面，舞人中 2 人一手翘掌一手击鼓，状似昂首高歌；2 人傍右边 1 人怀抱状似小型鼓或锣的乐器以手拍击，左边 1 人交叉半蹲，右手曲肘外伸翘掌，左手胸前翘掌，踏鼓节而舞。文山州的彝族支系白倮人，逢"打宫节"必跳的"妻力"舞，与上述青铜贮贝器上的击鼓跳唱类似：以铜鼓为主奏乐器，辅之以铜铓锣、小铜锣、皮鼓等伴奏，鼓手左手抱鼓，右手相击，舞者们腰臀拱动，磨步晃胯，随鼓点节奏变换步法，跳至高潮时圆围手拉手、肩搭肩跳圈，男女舞者呼喊"嘿嘿嘿嘿啰啰啰"应答招呼。踏鼓而舞在云南域内目前无考古实证和文献记载,但考古学者观察到江川李家山出土的铜鼓边缘有不规则破损,以及民俗学视野中傣族有脚掌、足跟、膝盖踢撞象脚鼓的舞技和苗族倒立吹笙踢鼓和"吹笙撞鼓"的"踹堂之舞",推断汉代云南域内应该有踏鼓而舞的形式存在。①

富宁县彝族过"跳宫节",必跳由铜鼓伴奏的"跳宫"舞。先要推选出4名——"宫头",以铜鼓为节,手持毛巾和折扇,挥巾摇扇,往来重复,手舞足蹈,之后老人们跟随领舞人身后加入,亦踏鼓节而跳。待夕阳西下时,青年男女一并涌入,舞姿、舞节与整体风格由先前的沉稳肃穆转变欢快轻松;众舞者手拉手以铜鼓为轴心围成层层舞圈,随鼓节似车轮般时而原地踏步挥臂,时而侧身移动,不断更替,并不时齐声吆喝"啊—啊—"。铜鼓的咚哒声、齐整舞步的嗒嗒声,发自内心欢愉的"啊啊"声交织成高亢热烈的铜鼓乐舞。佤族凡祈年祭宗、节庆礼仪和盖新房等重大活动,均必须击铜鼓而舞,乐舞时将铜鼓用绳子悬于房梁或挂在树上,然后用裹布木棒敲击,舞者在鼓点的变换中变换着各种步伐与身姿,场面古朴而阔大。可以看出,铜鼓乐舞中的审美要素通常与宗教祭祀乃至遗存下来的巫术仪式混为一体,其意蕴与功能在先民心中并非只为娱悦之用,祭祀与巫术为其功能的主导方面,呈现出远古文化的血脉。

在古滇国,铜鼓乐舞亦用于祭祀祖先。前述晋宁石寨山 M3∶64 号屋宇模型中的干栏式建筑,其上层中间的一小龛内盛着1个人头,在龛下放置着铜鼓,前伏1犬,右前4人对龛中之头拱手拜叩,左前后6人中有1人吹葫芦笙,右方5人跪坐正在进食,5人坐小龛两旁,其中1人正击铜鼓。考古学家汪宁生解释认为:"这应是以'滇'人祖先头颅制成的模型,房屋本身成为专门供奉祖先头颅的'神房',人们奏乐、舞蹈、饮馔,似皆为祭祀自己的祖先的。"② 据嘉庆时《临安府志》记载,在云南建水、石屏一带,"六月六日祀土神,各村

---

① 张文勋主编,施惟达副主编:《滇文化与民族审美》,云南大学出版社1992年版,第100页。
② 汪宁生:《"滇"人的经济生活和社会生活——晋宁石寨山文物研究之一》,载《云南青铜器论丛》编辑组编《云南青铜器论丛》,文物出版社1981年版,第59页。

寨椎牛击鼓"。

　　云南佤族传之久远的猎人头与砍牛尾巴祭等主要祭仪中，一定会跳铜鼓乐舞。猎头祭祀如前述，此以砍牛尾巴祭祀"木依吉"鬼为例。每逢年春，佤族都要举行长达17天的砍牛尾巴鬼仪式。其中第8天黄昏，巫师大魔巴带着几个魔巴和一些老人拿着铁剽，其后跟着众男女青年均排成单行送人头出寨，其间众人踏着铜鼓和铜铓锣敲击的缓慢节奏，边唱边舞边走，直至把人头置于人头桩上。之后魔巴和老人们围坐人头桩旁空地，一魔巴杀鸡看卦，大魔巴开始念诵咒语，众魔巴在大魔巴重要语句后随声拖长呼应。当饮下象征美酒的清泉水和吃完米饭后，众人沿来路返回，来到祭祀主人门前；此时祭主拿出珍藏的铜鼓，杀鸡后将鸡血滴在鼓上祭鼓，拔下鸡毛黏于铜鼓四周，然后悬挂铜鼓并敲击；此时有人在魔巴的伴随下牵来一头黄牛，魔巴边走边向牛身洒水后，把牛拴在主祭者房前的木桩上。当大魔巴和1位持刀者做出象征性的剽牛动作后，另一人便飞快砍下牛尾巴并顺势抛上祭主的房顶，此时，已等待多时的众持刀者随即奔向黄牛抢割牛肉。砍牛尾巴鬼仪式的最后，祭主的亲友才能把牛头和牛骨运回家中。佤族传说认为，敲击铜鼓能通知创造万物的"木依吉"鬼（神），并用人头和牛牲供奉，它在得到享祭后便会赐予族人们丰产和丰收。其中，砍牛尾巴的一家尤其得到护佑。

　　铜鼓乐舞亦用于婚礼、丧葬礼和带有宗教意味的人生礼仪中。清代陈鼎《滇黔土司婚礼记》载："余娶时、杂行汉礼，用乐器，兼苗中铜鼓。"世界范围内，生殖及性崇拜的原始宗教观念大多源于母系氏族时代。及至文明时代开启，婚礼方成为性爱合法化和社会规范认可的仪式，但仍然不可避免地带有上古崇拜的痕迹。岑家梧先生《水家仲家风俗志》中曾记载，水族"出殡时，燃爆竹，放火炮，吹喇叭，击铜鼓"。水族至今在丧葬活动中仍要跳铜鼓舞，云南的布依族丧俗活动亦有铜鼓乐舞。迄今，在民俗学视野中，云南民族民间中有关灵魂不死的观念及其崇拜仪式仍有遗存，铜鼓乐舞的参与同时强化着这种活动的神圣气息与神秘感。

　　当然，专司娱乐之用的铜鼓乐舞在文献亦有记载，清光绪年间编纂的《续云南通志稿》卷一六一引《开化府志》即曰："花土僚……

自正月至二月末,击铜鼓跳舞为乐,谓之过小年。"但必须指出,审美娱乐之用的铜鼓乐舞,在战国、秦汉时代仍不是其主体功能,其存在方式和功能形态交融在上述宗教祭祀和各种巫术实用活动之中,与云南先民远古遗存的崇拜信仰有更多关联,娱人的表征实为娱神。铜鼓乐舞作为云南各少数民族重大祭献仪式中的重要内容,是全村寨乃至全体氏族民众集体参与的活动,具有鲜明的群体性特征;作为宗教活动,它隆重而真诚;作为审美事象,蕴含着其精神信仰与情感意志。只有随着生产进步与经济发展,以及先民生存实践行为中的宗教观念及巫术意识渐渐淡化后,其审美的形式感才能慢慢成为乐舞活动的必备要素,最终成为娱人的手段或载体。

## 二 乐器

### (一) 葫芦笙与葫芦丝

江川李家山 M24 号墓出土编号 a、b 的二件青铜葫芦笙,整体形制为仿葫芦球状曲管,顶端有吹孔,葫芦球体上有上下排列的 5 至 7 孔,用于插入对应的笙管,曲管顶部均铸有一头站立的牛。晋宁石寨山 M15∶14 号、M15∶15 号、M16∶4 号、M17∶94 号 4 件青铜葫芦笙则分为曲管与直管两种形制,前面 2 件为曲管,与上述李家山出土的葫芦笙相似,后 2 件为直管葫芦笙,直管顶端铸有虎噬牛立像作装饰。今天云南各少数民族仍在吹奏的葫芦笙,其形制与 2000 多年前并无大的改变,即用葫芦挖空作音斗,插入 5 根至 7 根竹管,内嵌竹或薄铜片制的簧片。对此,考古学家李昆声先生认为:"远在青铜时代,一般平民大量使用的应该还是用葫芦挖空后制成的葫芦笙。现在能从考古遗存中见到的青铜铸的葫芦笙,只不过是少数贵族的陪葬器物罢了。"[1] 与直接用口吹管而发音的直管葫芦笙不同,曲管葫芦笙因其置吹管于匏内,并在各管中嵌入簧片,利用管中气柱和簧片的共振作用发音,实为当时奏吹乐器中较先进的品类。

---

[1] 李昆声:《云南艺术史》,云南教育出版社 2001 年版,第 102 页。本节有关乐器的描述较多引用了该书第二章第五节。

图2-7 曲管铜葫芦笙与直管铜葫芦笙

装簧片的管乐器在中原西周时即已出现,《诗经·小雅·鹿鸣》中的"吹笙鼓簧"即指此。秦汉之际的滇人显然在葫芦笙的结构上作出了改进。葫芦笙的吹奏方法古今无别,在文山开化铜鼓和晋宁石寨山M13∶3号铜鼓上,均刻铸有吹葫芦笙的人像。晋宁石寨山M17∶23号"铜舞俑"4件形神毕肖,其中1俑高9厘米,梳银锭式发髻,髻根缠长飘带向背部垂下,耳、手均佩环,右肩挎剑带至腰间系一短剑,身披毡,双腿系带,跣足,并口吹葫芦笙顶细端,手捧球状音斗,指按音孔,栩栩如生。

云南域内青铜葫芦丝仅在祥云大波那战国时期木椁铜棺墓出土1件。整体铜铸,葫芦状,音斗球体铸不规则偏孔,可插主奏管一支和两侧较细和声管各一支。同一墓中还有铜鼓和铜钟出土,当为合奏乐器。葫芦丝在阿昌族、彝族、傣族等民族中仍流行,吹奏时口吹顶部细端,指按主管音孔,吹奏旋律的同时,左右两根侧竹管发出两个持续低音组成和音。

(二)葫芦笙及葫芦丝舞

葫芦崇拜在中原及长江以南传之久远。在云南各民族中,今天仍在跳的葫芦笙舞亦古已有之,远在战国秦汉时代早已盛行。大理祥云大波那战国时期墓葬即出土有铜制葫芦笙音斗,在文山开化铜鼓腰

图 2-8 直管铜葫芦笙吹口处立饰

部,刻有 4 个均头戴羽饰,赤裸上身,腰系前短后长衣饰排成纵行的舞人图像;其中 1 人手捧仅插入 3 根簧管之直管葫芦笙,边吹边舞;晋宁石寨山 M13:3 号铜鼓胴部刻有一组乘船舞者残部,残存 5 人均着盛装,发髻后面饰双牛角,佩耳环、手镯(考古学家李昆声据此推测为滇国贵族[①]),船后 1 人手捧葫芦笙吹奏,3 人面向吹笙者双手挥舞,另有 1 人坐舞者中间,手持酒器且歌且饮;晋宁石寨山M17:23号铜鼓铸舞俑一组 4 人,亦为 1 人吹葫芦笙伴奏,余者 3 人跳舞饰像。另外,晋宁石寨山出土的 3 件屋宇模型中均铸有吹葫芦笙之人饰像,其中M13:239 号有 3 人中 2 人敲铜鼓、吹葫芦笙为一状似彝族左脚舞动作的滇国妇女跳舞伴奏。[②] 看来,葫芦笙舞在云南古代各阶层中均为盛行。

中原早在西周时即有执笙类乐器为舞者,在汉字中"笙"与"生"同,《说文解字》注:"笙……象凤之身也。笙,正月之音。物生,故谓之笙。"中国南方各民族中的葫芦生人神话古已流传,所以在上古神话和文献中,女娲造人作笙簧具有同构的意义,故可以推测,吹葫芦笙

---

[①] 李昆声:《云南艺术史》,云南教育出版社 2001 年版,第 124 页。
[②] 纪兰慰、邱久荣主编:《中国少数民族舞蹈史》,中央民族大学出版社 1998 年版,第 78 页。

**图2-9 云南青铜器上的滇国贵族线**

而舞,当具有祈生的原始崇拜意味。因此,跳葫芦笙舞,或许正是借用象征母体多子的葫芦及"笙"(生)的谐音,表达族群子孙繁衍不绝"瓜瓞绵绵"的祝祷。在云南,相似的情形还有葫芦丝舞。

  在有关云南的文献记载和民俗学视野中,葫芦笙舞无不伴随在许多少数民族人生礼仪的民俗活动中。清代康熙时编纂的《顺宁府志》记载:"蒲蛮一种……四时庆吊,大小男女皆聚,吹芦笙,作孔雀舞,踏歌顿足之声震地,尽欢而罢。"拉祜族神话《牡帕密帕》说:"七十七天过去了/葫芦晒干了/葫芦里发出人的声音……/老鼠啃了三天三夜/葫芦壳出现了两个洞/葫芦人从洞里爬出来/一男一女笑哈哈/……男的叫扎笛/女的叫娜笛/……扎笛砍来最好的泡竹作芦笙/娜笛砍来最好的金竹做响篾/弹起响篾像夜莺唱歌/吹起芦笙像布谷鸟欢笑。"拉祜族的葫芦笙舞据说有多达七十多套步伐,举凡谈情说爱、婚丧嫁娶、贺喜庆丰,都要跳葫芦笙舞;阿昌族亦有葫芦创世生人的传说,葫芦就是其始祖,所以吹葫芦丝就是表达祖先的话语,尊祖衍生正是吹奏葫芦丝的意指,凡在仲春之日、播种之时,尤其是男女谈情说爱时吹奏；吹笙传情的现代画面，恰是云南少数民族传之久远的古俗。

据唐代樊绰《蛮书》记载，云南彝族、白族先民"少年子弟暮夜游行闾巷，吹壶卢笙，或吹树叶，声韵之中，皆寄情言，用相呼召"。[①]各方志所载习俗，至今仍保留在少数民族的节日庆典及生活礼俗中，典型如苗族的"采花山节"。阳春之时，男女青年择平坝为月场，男在前吹笙，女随后摇铃相率"跳月"，每当跳得情投意合即隐入林中……在20世纪中期不少民族遗存的求恋方式中，还常常出现如此男女以笙相聚的情景；而农忙时节为了不影响劳作实行的"封笙"的习俗，为的是减少不节制的性行为，故云南民间有"五月栽秧忙，夫妻不同床"的乡俗。在实践之外，因笙与生类，"封笙"与"性禁忌"亦为古代思维中的互渗类比。

葫芦笙乐音清雅而又带山野意趣。葫芦笙舞的特色是以葫芦笙伴舞，尤其是边吹边舞，乐舞交融，正是其历久不衰的魅力所在。葫芦笙舞与铜鼓乐舞相较，前者更为淡雅而欢愉；充满着世俗化生存的欢乐气氛，而少了些后者的神秘气息；葫芦笙舞中承载着更多属于人的愉悦感受，拉祜族跳的"脚弯弯，弯弯脚"葫芦笙舞以脚上动作为主，其基本动作是连续性双膝并拢的半蹲、深蹲交替，伴之以扫腿、送胯、跺脚、双脚跳及空跺等动作；跳舞者双目半闭，时而前仰时而后合，时而侧身时而摇摆，如痴如醉；跳起、旋转、上步、退步，又不时在某个动作上有稍作停顿，动作刚柔相济，节奏快慢有致，还具有某种雕塑感。在一年一度盛大的采花山节中，由几十上百人组成圆圈亦吹亦跳葫芦笙舞，且舞者皆随笙曲拍手呼叫，旋地而转；如单人跳则一定表演特技，如翻板凳倒立、模仿蚯蚓滚沙、人踩鸡蛋、肩上托人、走单竹竿、滚水碗等，无不灵动潇洒，承载着生之情感，舞之愉悦。

（三）錞于

青铜铸錞于是春秋时中原南传或西传的打击乐器，《礼书通故》曰："錞，錞也。圆如碓头，大上小下，乐作鸣之，与鼓相和。"其为青铜铸，形制略成椭圆筒形，顶部正圆平坦，上有钮，一般为虎形，肩

---

[①] （唐）樊绰：《蛮书》，中国书店出版社2007年版，第79页。

阔大而腰部收紧。云南域内无其实物出土。前述晋宁石寨山 M12∶26 号诅盟场面贮贝器已有悬挂于木架上的錞于立像及锤击演示。另一演奏方法见于石寨山 M13∶65 号鎏金八人铜扣饰上，上下两排各 4 个乐舞人，下排右边第 2 人跽坐，左手横抱錞于右手击打其顶部靠钮处。扣饰中与錞于合奏的还有葫芦笙。

图 2-10　鎏金八人乐舞铜扣饰

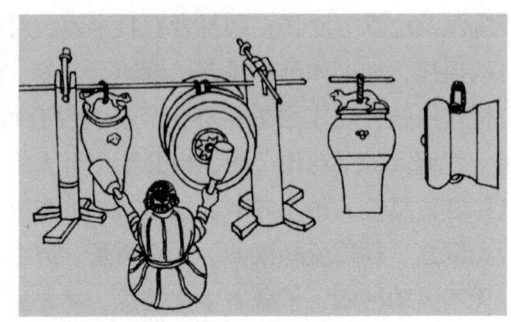

图 2-11　铜錞于及其与铜鼓悬挂敲击线

（四）铜钟

青铜钟在中原西周时即已盛行，战国时曾以编钟、编磬组成乐队，汉代时衰落。《汉书·礼乐志》曰："自公卿大夫观听者，但闻铿锵，不晓其意……"而云南于西汉晚期仍很流行。祥云大波那及昌宁县各出土一枚铜钟。前者为圆筒状，遍体饰卷云纹，两面有对称长方孔，舞部有对称圆孔。后者铸双蛇纹和3条牛纹。前者出于战国墓葬，当为云南最早之铜钟。

图2-12 大理祥云大波那遗址出土的铜编钟

同期，祥云县检村出土一组3枚编钟，大小相同呈偏圆体，顶部有三角钮。其双面均铸精美花纹，又一面铸双鹭纹，另一面铸两兽搏斗纹。而滇国铜钟大多为一组6件编钟，器形、纹饰相同，唯大小不一。最大的一组出土于牟定县，伴有一面铜鼓，高约43—52厘米不等。形制为偏圆体，顶部为半环钮，最大2枚双面饰蟠蛇纹，余4枚一面蟠蛇纹，另一面回旋纹。最重要的一组则出于晋宁石寨山出土"滇王金印"的M6号滇王墓，亦称"滇王编钟"，高4.3—29厘米，半环钮筒形，上大下小，剖面偏圆，口平齐。两面各铸蟠龙4条，左右对称，唇口铸宽带纹样，其上下由绳辫纹中间由勾连云纹组成。云南共有11枚"羊角编钟"出土，因其钟钮似羊角偏出故名。[①] 楚雄万家坝M1号墓腰坑出土一组6枚（见本书图0-31），高15—21.6厘米，均素面无纹，出土期据墓葬时代推测为春秋时期，应为云南最

---

① 李昆声：《云南艺术史》，云南教育出版社2001年版，第108—109页。

早的同类乐器。编钟的演奏方法按中原文物资料显示，亦应为横排悬挂于架上敲击。

图 2-13 大理巍山出土的铜编钟

（五）铜铃

铃为青铜制的响器，形似铜钟而小。有四种，其一为串铃或马铃，因在晋宁石寨山 6 座墓内与马具、马饰一道出土（挂于马颈之下）而得名，共出土 12 件，形制多样。有偏圆体半环钮或无钮，体内悬铜舌（或木舌），摇动发音；还有八棱偏圆体形，顶部有横管环钮，其上铸有蜥蜴图案。其二为法铃或碰铃，后者体内无舌，用单签敲击或两铃相碰发音。晋宁石寨山 M13∶64 号四人乐舞鎏金铜扣饰上，有 4 人并排而舞，均头戴筒状高帽，上饰带柄小圆片，帽后垂两根长带，无裤跣足，腹部有圆形扣饰。4 人皆左手按胸，右手持一铃摇晃，身躯扭动作舞蹈状。4 人应为祭舞中的巫师，手持之铃即为有舌法铃。其三为脚铃，在曲靖八塔台春秋战国墓中女性主人公足部发现。李昆声先生推测为舞蹈时系在脚踝上发音的乐器。[1] 其四为装饰铃，江川李家山 M24∶96 号鱼形装饰仪式铜杖头顶端铸有一草鱼像，其鳃后部吊一铜

---

[1] 李昆声：《云南艺术史》，云南教育出版社 2001 年版，第 108—109 页。

铃，既有装饰作用，亦可在持杖摇动时发音。

**图 2-14 鱼形装饰仪式铜杖头**

（六）铜锣

晋宁石寨山 M12：1 号出土 1 件铜锣，覆于一具贮贝器上，直径 52.2 厘米，圆锥顶形，一侧有半环钮便于悬挂。中央铸八角芒纹，每两个角之间为复线三角纹，其外四圈为三角齿纹和勾连云纹，类似铜鼓鼓面的"晕圈"。再外一圈为羽冠或羽翎舞者 22 人图，边缘又饰三角及勾连云纹。开化铜鼓上有两组悬于架上的编锣纹饰，应为用木槌敲击发音，类似铜鼓，佤族和克木人即在敲铜鼓时亦击铜铓锣。

（七）锣钹

锣钹即晋宁石寨山 M13：38 号双人盘舞铜扣饰上舞人手中所持圆盘形铜铸乐器。元马端临《文献通考》曰："铜钹，谓之铜盘。"该饰物上 2 人皆高鼻深目，穿窄长衣裤，腰配长剑，与滇人服饰迥异。每人皆双手持钹，踏一条长蛇，正昂首屈膝，引吭高歌，亦歌亦舞，以钹相击伴奏。钹，形制正圆，中部凸起如浅半球状，两片一副，相击发音。此乐器流行于西域。据《隋书·音乐志》载为南北朝入我国，但西汉时云南滇人墓葬即有出土,其传入期当可提前。

云南少数民族以能歌善舞著称,丰富的乐器制造与盛大的歌舞活动相伴相生,尤其是青铜乐器的繁复多样,让今人似可听闻及并推知云南先民乐舞的盛大丰富之形貌;与铜鼓和葫芦笙相伴随的,是沟通人神的肃穆之乐和喜庆欢悦的灵魂之舞。同时,以身躯为载体的舞蹈活动,亦表现在铜鼓、贮贝器及其他乐器上。然而,近半个多世纪的相关研究多限于考古学实证和民俗学基础领域。直至20世纪90年代,考古学家李昆声先生在追溯云南乐舞的文化来源并考释乐舞道具及其文化功能的基础上,将滇人乐舞类分为巫术性舞蹈和商周庙堂舞遗风,以及滇人自创舞蹈及自娱表演性舞蹈等。① 学者周凯模则从宗教形态学的角度研究云南先民的音乐舞蹈,在此基础上进行了文化意识形态的归类阐释,透视其宗教乐舞与神话哲学、原始科技、宗法文化、礼法乐教、生死礼俗及原始信仰的互生关系。② 因此,有必要指出,青铜器中云南先民乐舞图像与民俗学材料中的乐舞遗存的考释与互证,无疑为审美及艺术发生学、艺术史、美学、审美文化学及艺术形态分类研究提供了极其有价值的实证材料和意义启迪。而当下相关领域的研究还处于界定其形态和功能价值的基础阶段,有关实证材料亟待进一步发掘和在科学方法论指导下的理论阐释。

### 三 贮贝器

云南青铜文化之所以遐迩闻名,与出土不少雕铸精致的贮贝器有密切关系,贮贝器可谓云南特有的器型。贮贝器的铸制本用于贮存作为货币使用的海贝,但人们普遍认为其文化与工艺价值远胜于实用功能。云南的贮贝器均出自呈贡天子庙、晋宁石寨山和江川李家山的古滇国贵族及滇王墓地,其中不少出土时还盛放着贝币。在各种形制的贮贝器器身,尤其是器盖上,大多雕铸着云南先民生活中的某一活动场景及其中的人物和动物,皆形神毕肖、栩栩如生,记录着一个个久远的故事,包

---

① 参见李昆声《云南艺术史》第二章第五节"舞蹈"部分,云南教育出版社2001年版。
② 参见周凯模《祭舞神乐——民族宗教乐舞论》前言部分及第一、第二、第四、第五、第六、第七章,云南人民出版社1992年版。

括祭祀、耕作、纺织、战争、纳贡、畜牧、建筑等。

**图 2-15　诅盟场面贮贝器**

前面多次述及的晋宁石寨山 M12：26 号诅盟场面贮贝器盖面上即雕铸着多达 127 个人物，从高坐楼台上的王公贵族、傍坐侍从、备食、饲养动物的平民百姓、敲击铜鼓、錞于的乐师（巫师）到俘获被缚、待祭杀之辫发者，无一不有。祭铜鼓场面贮贝器盖上亦有坐肩舆中之贵妇人、骑马侍卫者、跪地者，持各种农具、器物者到缚于木牌上之待杀者，抱头痛哭者及砍去头颅者和动物等 32 个立像，皆生动逼真。石寨山 M1 号墓出土的一件祭柱场面贮贝器上，缠蛇立虎的立柱旁亦有缚于木牌上的裸体男子，辫发系于牌后，一旁有左足锁于枷者，另有一人反缚双手跪地，一人手足被捆由两个滇国男子拖拉，均为待杀的人牲。另一边列坐妇女多人，有的膝前有盛食之篮，有的旁置似带杆的农作物。还有一坐 4 人抬肩舆内的贵妇人（主祭者），旁有二妇女侍卫。另有佩剑男子数人，共 56 个立像。

江川李家山 M69：157 号春播祭祀贮贝器上则雕铸 39 个人像，坐

图 2-16　祭柱场面贮贝器

肩舆中的贵妇人为主祭者，一旁有人为其撑半圆形铜伞，亦有骑马者、侍卫，其余多为妇女，她们头顶箩或肩荷铜锄等，是滇国从事耕作的主要劳力。江川李家山、晋宁石寨山各出土一件器盖上雕铸纺织场面的贮贝器，前者由 10 名妇女组成，正中 1 妇人鎏金，双手抚膝坐于一鼓型高座上，1 人跪其正前，手捧食盒者跪其左，为其撑伞者跪其后，2 人低头绕线围其旁，其余 4 人用织机织布。后者场面更复杂，人物及陈设亦多，共有 18 人，还有犬、鸡和几案等，除一贵妇人和其余侍从外，女性纺织者均跪坐织造，捻线、提综、打纬、引纬等细节历历在目。

战争场面在贮贝器上亦多。战斗场面外围为滇人和辫发民族，场面中央多有一高大的滇人主将，戴头盔、披铠甲，有的还通体鎏金。战士则以盾护身，所用兵器可见有剑、矛、弩机等。结局均是滇人获胜，辫发的战败者或被打翻在地，或跪地求饶。晋宁石寨山 M13：109 号献俘鎏金铜饰物中，战败的俘虏则用于人牲，其头颅亦作为战利品炫耀。战争的目的是掠夺人口和财物，在贮贝器和其他一些青铜器上还可看到滇

图 2-17　纺织场面贮贝器线

图 2-18　纺织场面贮贝器盖面人物线

人俘获辫发民族及其财物、牲畜的逼真场景。通过战争征服对方后则接受他们纳贡,晋宁石寨山 M13 号墓即出土 1 件铜鼓型贮贝器,由两个铜鼓上下焊接起来的边沿处,雕铸人物及动物立像一周,首尾相连无间隔。

云南自古是一个多族群交融与多民族聚居之地,这种状况的具象画面尤其呈现于青铜贮贝器上。其上可见最多的是"椎髻"之人,他们在各种场景中居主体地位，形象高大且通过鎏金工艺而金光灿灿，显然是滇池地区的主体民族——僰人（即滇人），这与《史记·西南夷列传》及《汉书》中的部分记载相符。另一类出现较多者则为男女皆编发（或辫发）的民族，有时身披毛皮大衣，即上述文献记载中的"昆明人"，生活于滇西或滇中与滇人比邻而居，常成为后者的掠夺对象。他们在贮贝器或其他青铜器上的形象多为战争中的俘虏、战死者或血祭中的牺牲（多男性），或是监督下的劳动者（多女性）、纳贡者等。晋宁石寨山青铜器上的人物活动群象多被学者们释为"祈年""播种""孕育""报祭""上仓""诅盟"等。[①] 因此，他们作为一类符号或符号群，体现了先民各类祭祀崇拜中的观念、想象和期望。

（一）贮贝器的分类与功能

1. 形制与类型

考古学界主要根据贮贝器形制将其划分为桶型、铜鼓、铜鼓型、叠鼓型和洗型5类。出土数量最多的是桶型（又称筒型），其次为铜鼓，再次为铜鼓型，叠鼓型和洗型最少。桶型贮贝器又分为Ⅰ、N、M 三式。Ⅰ式为桶型，束腰，有底部三足，器盖与身之间以"子母口"套合，口部近处有对称两耳，平面器盖上或刻有纹饰图案，或雕铸动物与人物活动场景；N式为圆口方底形，即器身上部圆形渐变为底部方形，器盖为斗笠状，其上多雕铸动物，盖顶设圆孔以便投注贝币；M式为直壁圆桶形，器身直或略呈弧形，底部为圈足或三足，器盖或平或微凸，平盖上雕铸立牛，凸面盖上则刻有纹饰。

铜鼓型贮贝器就是直接把铜鼓作为贮贝器。使用时把铜鼓倒置，底部朝上形成口部以放入贝币。晋宁石寨山发掘的9件铜鼓型贮贝器，出土时即盛满贝币，而江川李家山出土的8件铜鼓型贮贝器中有2件装满贝币。把作为礼乐之器的铜鼓用于贮贝，体现出早期人类社会中即已出现的权力与财富相统一的观念，从其使用功能考察，考古学家将这类铜鼓视为贮贝器，或因铜鼓型贮贝器的形状近似铜鼓而名之。从形制上

---

① 冯汉骥:《云南晋宁石寨山出土铜器研究——若干主要人物活动图像试释》,《考古》1963 年第 6 期。

**图 2-19　五牛一鼓立饰桶型贮贝器**

看，铜鼓倒置可用于储物，故滇人又在其底部加可启之盖，并在鼓面中心开孔便于投注贝币；或者直接将鼓面铸成可开启的盖，便于大量投放贝币，这种有盖的铜鼓型贮贝器在盖面通常雕铸有人物活动场面。

**图 2-20　狩猎立饰叠鼓型贮贝器**

叠鼓型贮贝器就把两个铜鼓叠铸相加，其容量甚大故专用于贮贝。其分为两种形制：一是正叠两个铜鼓，如晋宁石寨山出土的 M6∶1 号战争场面叠鼓型贮贝器即把一铜鼓底部置于另一铜鼓鼓面，上面铜鼓无底有盖而下面铜鼓有底无盖，盖面上雕铸人物活动场面；二是如江川李家山 M69∶163 号贮贝器，将一铜鼓底向上倒置，鼓面朝下加铸三足，另一铜鼓正向底部与倒置铜鼓底部铸为一体即为该型。

"洗"本就是一种盛器。洗型贮贝器乃是云南青铜工匠将其改制扩容，加装一盖而专用于贮贝，盖面则多雕铸战争场面。

图 2-21　战争场面叠鼓型贮贝器及其人物线

考古学家发现，从青铜贮贝器的出现与演化规律看，专用于贮存贝币的贮贝器首先由鼓腹中空较大的铜鼓演变而来，具体有两条演化途径。一是在铜鼓的基础上直接改制，大约产生于春秋时期的青铜鼓在专用贮贝器出现前后，均普遍存在用于贮贝的现象。如江川李家山 M24 号墓中出土的 4 件铜鼓中有 2 件盛满贝币，并没有出土青铜贮贝器；晋宁石寨山测定为西汉中期墓葬出土的青铜器中，亦有贮满贝币的铜鼓出土，同时亦有专用的青铜贮贝器。及至西汉早中期，始有把铜鼓加底，并在鼓面中央开一圆孔以投贝币的青铜贮贝器出现，晋宁石寨山 M6 号、M12 号和 M15 号墓出土的铜鼓型贮贝器，鼓面中央有一圆孔，均为由铜鼓改制或仿制而成的贮贝器，器内皆贮满贝币。在铜鼓型贮贝器制作与使用的基础上，随后才出现直接把铜鼓鼓面做成可启之盖，并在盖面上雕铸人物活动场面的专用贮贝器。在同一时期，又出现了把两个铜鼓叠置一起改铸而组成的叠鼓型贮贝器，盖面上多雕铸人物活动场面。

二是以铜鼓为基础的创新改制即桶型贮贝器。其器形仍源于铜鼓，尚有束腰的侧面线条，但为扩充容量，曲面线条放宽乃至直线，底部有足便于置放。桶型贮贝器出现后形制稳定，仅在盖面雕铸装饰、耳和足部略有变化。考古发掘证实，最早的桶型贮贝器出现于春秋晚期，盖面上有动物雕饰。西汉时期的桶型贮贝器，盖面上则多雕铸人物活动场面。

2. 功能及使用

云南特有的青铜贮贝器产生于春秋中晚期，盛行于战国中期至西汉中期，至西汉晚期，这类贮贝器才与其他云南原生青铜器一样，随着中原汉式青铜器的传入而逐渐式微。西汉早中期滇国大中型墓葬出土的青铜贮贝器较多，西汉晚期仅有一座墓葬出土铜鼓型贮贝器1件，且其内无贝币。实际上，当时贝币已经被其他等价交换物逐步取代，随着贝币使用的减少，青铜贮贝器的实用性逐渐衰退，这应该是导致其最终消亡的社会原因。据现有的考古资料，在已发掘的滇国墓葬中，出土有青铜贮贝器的数量仅不到总数的百分之一，这表明持有大量贝币的滇王及贵族方有能力使用贮贝器。重要的是，就其历史文化价值而言，由于当时云南各族群先民尚无文字符号创制，故青铜贮贝器上无任何文字刻录，不能表达太过复杂和抽象的意味，以多为具象的纹饰和自然、社会形貌及其动态活动场景传情达意就是唯一而又自然的选择。就其传播效能和意指看，青铜贮贝器上雕铸的各个场面类似中原西周青铜器上的百字铭文，可推定为是其拥有者对自身功绩、权力和财富的炫耀、夸饰及欲望，可谓了解云南古代自然、社会、历史、人文的无字史料。

青铜贮贝器的产生、盛行和消亡，有其自身的社会成因。随着春秋时代商品交流的进一步拓展而导致等价交换物的出现。在中国西南一隅的古滇国，海贝是充当商品等价交换物的载体。在云南青铜时代的早期遗存中，虽然也有贝的出土，因通常仅用作装饰，数量稀少，故无专用贮贝器产生的必要。及至云南青铜时代鼎盛时期，商品交换的规模迅速扩大，等价交换物的需求随之出现，贝壳具有洁白、光滑、耐磨、大小适中和稀有等特性，因而被选为货币。对江川李家山墓地的首次考古发掘中，便一次性出土贝币150余公斤，遍及M11号、M17号、M18号、M20号至M24号多达八座墓葬，其中部分贝币即盛于青铜贮贝器中。占有多少作为商品等价交换物的贝币，也催生出以财富多寡为标志的权力、地位观念。由此，专用于贮藏贝币的青铜铸贮贝器成为财富乃至身份的象征。西汉时期，随着汉武帝"王滇"并置郡县于滇国，云南与中原王朝交流日渐频繁，尤其是滇池周边地区经济的发展，铜制货币渐取贝币而代之，青铜制贮贝器因用途逐渐消失而亡。在西汉末期至东汉初期的云南大中型墓葬中，少见青铜贮贝器出土，取而代之的多为融合中原文化意味的诸如提梁壶、陶仓、陶水田模型等。

（二）贮贝器的铸造及其审美特征

1. 铸造工艺奠定的审美基质

青铜贮贝器可谓集云南先民青铜铸造技术之大成。根据考古学在实证基础上的推断，其完整铸造环节主要有以下方面。

第一，贮贝器身使用范模铸法铸造。具体流程至少有制范、浇铸、修饰三个步骤：首先，根据贮贝器的形制、尺寸制作出一个与之完全相同的泥制模型即内模，再将设定的纹饰图案刻在泥模的对应位置，然后在泥模上翻（套）制外范，外范一般为对称的两块或几块。其次，制作好内模、外范后，按照贮贝器壁的厚度尺寸，均匀地刮去内模表层，所刮厚度即铸出贮贝器的厚度。浇注时铜液须平缓地流入范腔至饱满而止，待铸件冷却后，剥去外范，一件粗制的贮贝器成形。最后，器身及饰纹图案须经磨平修整以致清晰饱满。

第二，贮贝器盖上的动物、人和建筑等三维立像及其活动场景塑像，考古学家大多推断为——铸成后，再焊接到器盖上。这些栩栩如生的物象及场景几乎看不出范铸痕迹，由此可推断为是采用了失蜡法铸造的结果。所谓失蜡法，即先把欲铸之青铜器构件制成蜡模，然后在蜡模上敷泥成范并留出浇铸孔，待外范稍干后经焙烧使泥范内的蜡模熔化，蜡液从浇铸孔流出后，泥范内形成一个与蜡模形状完全相同的空腔。浇铸时铜液通过浇铸孔平缓注入范腔，范腔注满后，待冷却后剥去外范，一件精准而光洁的青铜铸件便制成了。

第三，青铜贮贝器盖上的实心铜柱则被推断为由一种特殊的夯筑范铸法铸造，即先做一个含装饰纹样在内的铜柱泥模，竖立泥模后在其四周加上木板边框，边框与泥模间用半湿泥土填充并夯实，再将泥模捣碎取出，使边框夯土中形成一个与铜柱泥模一致的空腔。浇铸时铜液直接注入范腔，冷却后剥去边框木板和夯土露出粗制的实心铜铸，最后对其上纹饰图案进行修饰。

第四，运用装饰工艺技术进一步强化贮贝器视觉效果。从一些装饰性强的贮贝器盖上的诸多立像看，如战争场面中的主将、纺织中监督劳动的贵妇、祭祀仪式中坐肩舆的主祭人等形象，多用鎏金（镀金）工艺强化饰效。所谓鎏金（镀金），即将金粉和水银的混合物涂在铸好的饰件表面用温火烘烤，水银挥发后金粉附于其上而富有光泽，同时还能防腐。普遍使用的还有镀锡法，即将熔化的锡液均匀敷于饰物表面，或将整个饰物浸于锡液中。此法能使饰物表面呈银白色，光洁亮丽而少锈蚀。有的青铜贮贝器还用阴文线刻法刻绘细如发丝的骑马出行者和牛马图像等饰像。青铜贮贝器制造过程还有套接、锻打、模压、彩绘、镶嵌等一系列流程及其方法，以上所述仅为与其最终之审美效果关系较大者。

2. 突出的具象再现与叙事性

从云南青铜贮贝器的审美特征及价值特性看，自其移植铜鼓刻范铸饰工艺开始，经过了特有的阴文细线刻纹阶段，继而铸就出丰富的叙事性场景；由实用性与装饰性兼具的器盖把手（亦称"钮"）演变成极具观赏性与再现性的立牛、虎耳等三维饰物，及至呈现富含社会文化寓意的生活场景、祭祀场面等。滇池地区出土的各类青铜贮贝器，全方位展现了云南先民塑形审美意识的发展程度及其在视觉艺术形式表现方法的水平。无论是视觉画面的主题凝聚，还是表现形式的

图 2-22 虎鹿牛立饰桶型贮贝器

多样化，以及对形制空间的整体把握，尤其在具象再现方面达到了同一时期视觉艺术呈现中几近登峰造极的高度，在整个中国乃至世界的青铜艺术中独树一帜。

图 2-23 虎鹿牛桶型贮贝器盖面局部

综合考古学家冯汉骥先生《云南晋宁石寨山出土铜器研究》[1]和中国青铜器全集编辑委员会《中国青铜器全集·第14卷·滇昆明》[2]中的实证考据和实物图录，可以对云南青铜贮贝器的艺术再现和表现及其审美特征描述如次。

其一，多维形象的再现。所谓多维即全方位展现相关时代社会经济、文化领域之样貌，举证如下：

（1）祭祀场景。江川李家山M69：157号铜鼓型贮贝器面上有十余人正在举行春播的耕田祭祀活动，人物形神毕肖；晋宁石寨山M20：1号铜鼓型贮贝器面上7人正在进行春播祈年祭祀，人物形象呈现敲击铜鼓之样态，可与相关民俗学材料互证；石寨山M12：26号诅盟场面贮贝器盖面上3人拱手相向，正在举行某种诅盟仪式；石寨山M1号铜鼓型贮贝器面上多人围绕一个似挂有谷物的祭柱，正在进行庆丰的"报祭"活动，亦可与相关民俗学材料互证。

**图2-24 铜鼓型贮贝器刻纹拓片**

（2）舞蹈表演。上述石寨山M12：26号诅盟场面贮贝器盖面中央一根柱上，还绑着一辫发昆明人，其外围16面铜鼓排列置放，场面极庄严凝重；晋宁石寨山M13：3号铜鼓型贮贝器器身上的舞蹈者坐船

---

[1] 《云南青铜器论丛》编辑组编：《云南青铜器论丛》，文物出版社1981年版。
[2] 中国青铜器全集编辑委员会：《中国青铜器全集·第14卷·滇昆明》，文物出版社1993年版。

中，一人明确持棒敲击而舞，其余2人随其手舞足蹈；前述晋宁石寨山M12：2号铜鼓型贮贝器面部，亦铸刻有一组围圆乐舞的图像，被认为是春播前祈祷丰年的仪式。其内圈一组9人或击铜鼓、锣仰头歌唱，或双手捧碗执勺姿态恭敬，为全场表演的中心，外圈15人脚边均置放葵花状物和高腰酒杯做道具或饰物，皆左抬手做翘掌状舞姿；石寨山M12：2号铜鼓型贮贝器鼓面中孔周围一圈刻11人手拉手围圆跳舞，富有视觉流动感；江川李家山M69：162号四人乐舞铜鼓型贮贝器盖面上，4人相背而立，其中2人皆戴筒状尖帽，帽上飘带垂至臀部，着对襟短袖长衫，背垂披肱至足后，颈系项链佩耳环，腰带上有圆形扣饰，手臂戴宽边玉钏，皆跣足；另2人服饰亦皆高髻系飘带，着短袖长衫，肩披短肱与垂地长披风，腰系带尾兽皮，腰带无圆扣饰，亦跣足，双手伸展作舞蹈状。还有2人皆右手持铃，左手持棒，正张开双手以棒击铃；江川李家山M24：36号铜鼓型贮贝器身上亦刻有近似祭祀巫舞的画面。可以发现，贮贝器上的乐舞画面与同一时期铜鼓上的相关画面交相辉映，亦可与相关民俗学材料互证，其审美观赏价值与历史文化价值极高。

图2-25 贮贝器上的乐舞线

（3）农事活动。晋宁石寨山M12：2号铜鼓型贮贝器腰部的装饰图案呈现出两个农人手持或肩负农具赶路的场景；晋宁石寨山M12：1号铜鼓型贮贝器器身所饰图像则是多人手握谷物有序入仓的情景。两件贮贝器上呈现的农事画面，在同一时期的云南青铜器如铜鼓，尤其是农具上亦多有载见。

图 2-26　铜鼓型贮贝器上的放牧纹饰线

（4）牧畜活动。晋宁石寨山 M10：53 号桶型贮贝器盖上人物正在骑马牧牛，马蹄交替前行，牧人扫视前方，姿态放松；晋宁石寨山 M10：28 号贮贝器盖上一人及两牛亦是牧牛情景的再现，牧人警觉，二牛姿态各异可见；晋宁石寨山 M12：1 号铜鼓型贮贝器在鼓面内圈清晰可见 3 人赶 6 只山羊和 3 只犬，外圈则是 4 人赶 11 只羊和 8 头猪；晋宁石寨山 M12：2 号铜鼓型贮贝器腹部有多人牧畜图案，牧人及动物错落有致；江川李家山 M51：263 号桶型贮贝器盖上 1 人驯 4 马场面；李家山 M22：21 号桶型贮贝器腹部有多只鹿和一组头饰羽毛的牧人赶牛图，亦皆形神毕肖。

（5）纺织活动。晋宁石寨山 M1 号墓出土一件铜鼓型贮贝器和江川李家山 M69：139 号桶型贮贝器盖上，均有正在进行手工纺织活动的形象再现。前者有多名女性手持织物，面部朝下蹲坐，中间一人居高而坐似为监工；后者为一妇人踞坐持腰机织布的情形，是时滇国纺织作坊形成并使用腰机织布的历史可证。（见本书图 2-17、图 2-18）

（6）赶集或纳贡。晋宁石寨山 M13：2 号叠鼓型贮贝器的口沿上刻有 3 个手握疑似包袱或背负箩筐匆促行走的人，与滇国时期的集市活动及祭拜朝会等历史境况较为吻合；石寨山 M13 号墓一件铜鼓型贮贝器盖上则铸有众多牵牛马和抬扛物品的人物立像，考古学家冯汉骥考释为

图 2-27　纺织场面贮贝器盖面局部

"纳贡场面"。① 这些人物立像按其发型、服饰（或留辫发、或穿长裤、结髻）可分 7 组，每组 2 人至 4 人不等，为首一人皆盛装佩剑，随从者牵牛马或抬扛贡物，还有的作负物状，列队朝同一方向进行，《华阳国志·南中志》曰："牵牛负酒，赍金宝诣之。"指的就是这种纳贡情景。

（7）行船交通。呈贡天子庙 M41∶103 号贮贝器身上刻有多人头饰羽毛者行船的画面，其中 1 人立船头，其余人等持桨划船。广南铜鼓腹部亦刻有相似的多人行船画面，表现了滇人湖泊、河流交通的形态。（见本书图 1-3、图 1-4）

（8）战争场面。晋宁石寨山 M6∶1 号叠鼓型贮贝器和 M13∶356 号洗型贮贝器盖上均铸有多人在战争中相互厮杀的场面，皆动感激烈，充满血腥。这两件贮贝器人物中均有一身形突出他人者，考古学家普遍认为是出土物之墓主人，贮贝器上的战争场面即其生前指挥作战的复

---

① 冯汉骥：《云南晋宁石寨山出土铜器研究——若干主要人物活动图像试释》，《考古》1963 年第 6 期。

图 2-28 叠鼓型贮贝器盖上的战争场面

现,铸器乃为颂其战功;晋宁石寨山 M1 号墓出土过一件铜鼓型贮贝器腰部刻有手持矛、弩、斧、剑等 10 余人,皆面右而作疾行状,乃战士奔赴战场(或狩猎)的情景再现(见本书图 1-14);呈贡天子庙 M33∶1 号桶型贮贝器的腰部亦刻有一组持械出征或出巡战士的形像。这些,皆为当时氏族部落征战的形象再现,同样形神毕肖。

(9)狩猎活动及其视域中动物形态。晋宁石寨山 M71∶142 号叠鼓型贮贝器盖上刻有 3 人猎一鹿的紧张场面,动态逼真。其器身上也刻有多人狩猎图。另外,滇人尤其是猎人视野中的动物形貌、猛兽争斗亦活现于器型之中。晋宁石寨山 M71∶133 号桶型贮贝器盖上即刻有虎(亦可能为豹)牛搏斗之紧张激烈的瞬间场面。贮贝器与其余大多青铜器均乐于雕铸的牛、虎、羊、马、犬及鹿等均有生动呈现,尤其是牛。晋宁石寨山和江川李家山出土的桶型贮贝器盖上多铸立牛,少者 1 头,多者达 8 头。位置居于中央者多立在一鼓上,也有个别立于盖面(即地面);江川李家山 M22∶21 号桶型贮贝器的盖顶中央即铸站立之牛、虎和鹿,相互对视,不乏紧张;晋宁石寨山 M1 号墓出土的桶型贮贝器身则有对称线刻的虎图,形神皆具。

其二,多样的装饰表现。所谓多样即通过不脱具象的三维立体或不

图 2-29 叠鼓型贮贝器盖上的猎鹿场面

乏抽象的二维平面饰像增益视觉形式感：

（1）饰三维立体形象。晋宁石寨山 M7∶17 号桶型贮贝器盖中央铸了一个形制清晰的三维具象小铜鼓。从器型结构及功能看，原为手握之钮。铜鼓乃云南文化之重器，既有装饰之用，也有明确的心理意涵。从审美效果看，前述贮贝器铸人与牛、虎、鹿、犬等三维具象亦凸显了视觉的形式感。

（2）饰二维抽象纹样。晋宁石寨山目前共出土雕刻平面装饰图案的桶型贮贝器6件，其中如 M15∶6 号桶型贮贝器盖面中央刻有 16 道芒纹（即太阳纹），芒间又刻斜线纹，外围则有线刻翔鹭 4 只，最外围还刻有一圈三角齿纹；呈贡天子庙 M41∶100 号桶型贮贝器盖为弧顶，盖面中央有八角芒纹；前述 M41∶101 号桶型贮贝器的盖面中央亦刻有八角芒纹，外围一圈刻三角齿纹，器身则刻有上下两组三角齿纹组合图案，审美饰效同样突出。可以看到，同期云南青铜鼓亦多饰近于抽象的太阳纹。

云南作为世界范围内的稻作发源地之一，阳光对先民生产生活的意义重大。因此，太阳纹等装饰纹样的出现就源自生存的基本内容及相关的审美意识。无论是具象再现还是抽象表现无不体现着生产生活工具和种种观念载具中审美的形式感。

### 四　生产工具和兵器

（一）云南族群先民生存及其工具创制

云南是我国远古人类最早的发祥地之一，[①]众所周知的元谋人距今170万年以上；已发掘出的生活在元谋人之后的旧石器时代人类化石还有丽江市木家桥出土的3根"丽江人"股骨，以及生存年代相仿的西畴县东南仙人洞中的5枚"西畴人"牙齿化石，距今约15万年至5万年。这些考古证据均表明云南域内从直立猿人、早期智人到晚期智人，一直有人类祖先居住，呈现出人类进化的完整轨迹。元谋人遗址还发现了用火的碳化痕迹，这表明元谋人"不仅超越了一般动物的阶段，而且脱离了人类的婴儿期"[②]。除人类化石外，如前所述，在云南各地都发掘有旧石器时代的文化遗址及大量的石制工具，这些遗址的年代与丽江人等多属同一时期。20世纪90年代还在西双版纳景洪地区发现了"娜咪囡洞穴"遗址，其中出土了大量石器、植物种子和动物骨骼等，据C14测定，其年代可能在旧石器时代早中期，而且与中国南方和东南亚一带的旧石器遗物有相同的文化风貌。[③]前述云南发现的旧石器亦与我国各地的旧石器有一个共同特征，即石片石器占绝大多数。这表明远在旧石器时代，云南域内的原始先民与中原已有了最早的交流，从而具有某些文化上的共同因素。[④]

新石器时代以降，云南域内发现的同一时代文化遗址已遍布各地，考古学界将其划分为八种类型，即马龙类型（洱海地区）、元谋大墩子类型（金沙江中游地区）、石寨山类型（滇池地区）、忙怀类型（澜沧江中游地区）、小河洞类型（云南东南地区）、曼蚌囡类型（西双版纳

---

[①] 20世纪90年代以来我国考古学亦有重大发现：如四川发现距今200万年前的"巫山人"，在安徽繁昌发现的旧石器时代遗址也逾200万年。

[②] 尤中：《云南民族史》，云南大学出版社1994年版，第1—2页。

[③] 郭一编著：《可触摸的历史——云南民族文物古迹》，云南教育出版社2000年版，第9页。

[④] 尤中：《云南民族史》，云南大学出版社1994年版，第3页。

地区)、闸心场类型（云南东北地区）和戈登类型（云南西北地区）。①从考古学证据看，其石制工具之间互有共性，又别具区域性特点，分别与周边及中原地区有某种联系。这些不同的新石器区域即云南各民族先民的生存区域，较之旧石器时代明显有文化进化带来的多样性和复杂性。新石器时代，云南各地已聚居着不同文化背景的族群先民，其文化上的差异在考古学证据上的反映就是一组组不同的器物。如前所述，由于年代久远，虽不可能确知其称谓与特定民族严格对应，但从族群来源看，当与我国新石器时代古西北的氐羌系原始族群、古东南的百越系原始族群和古南方的百濮系原始族群有密切的关系。② 如今洱海地区出土的双孔半月形石刀，可能与西北抵近中原地区同类石刀间有模仿关系，滇池地区和西双版纳地区的有肩石斧，曾在古代东南沿海及两广地区常见，长江以北则不见。③

曾有学者推测，在原始人类使用石器之前，应该使用过木制工具，但由于木头易于腐化，不可能保存至今，故此推测尚难得到考古实证。可以得到证实的就是遗存至今，开人类工具创造先河的石器。

考古学界普遍认为，云南旧石器与亚洲地区的旧石器属同一文化类型，即以砍砸器为代表性工具。就现有的考古学证据看，云南域内旧石器时代具有代表性的早期石器是砍砸器、刮削器和尖状器。砍砸器用于砍树枝、兽骨等坚韧物，刮削器用于剥树皮、兽皮和骨骼上的肉屑，而尖状器用于挖出植物根茎和切割动物皮肉，它们均或多或少由打击或敲击的初级手工方式制成。云南域内发现的最早石器是元谋人遗址出土的30余件石英岩制刮削器，有一刃、双刃和多刃之别，还有1件三角形器身的尖状器。这些石器初看与自然散落的石块无别，但经考古学家研究证实，确属有意识加工的旧石器。④ 它们能用于采集植物种子、根茎和切割野兽皮，是云南域内人猿从事生产劳动的工具。

---

① 李昆声、省秋：《试论云南新石器时代文化》，载文物编辑委员会编《文物集刊》第2辑，文物出版社1980年版，第134页。
② 李昆声：《云南艺术史》，云南教育出版社2001年版，第2页。
③ 尤中：《云南民族史》，云南大学出版社1994年版，第4页。
④ 参见李天元《古人类研究》，武汉大学出版社1990年版，第78页；李朝真、段志刚《彝州考古》，云南人民出版社2000年版，第17—18页。

在生产力极不发达的原始时期,元谋人选择工具的使用或许对其生存品质的提高并无明显的作用,但对人类的发展却具有决定性的意义。在云南域内旧石器时代早期到旧石器时代晚期,即直立猿人元谋人到早期智人丽江人、西畴人之间,历经了约上百万年的进化,但缺乏足够的人类化石及其制作工具的考古学证据("中石器时代"在整个中国境内亦缺乏实物证据)。丽江人、西畴人、昆明人的石器则发现较多,制作技术呈现跨越式进步。如在石林、呈贡地区发现的昆明人的石器,不仅选择石料的范围扩大,制作技术趋向多样化与复杂化。燧石、砂岩、石英岩、水晶、碧玉、玛瑙、火成岩等都在可选之列,石器类型则有砍斫器、刮削器、尖状器、雕刻器,等等。其中,砍斫器又分石柱型和石片型,用石核制成的砍斫器还可分单、双刃,石片制成的砍斫器亦分单、双、尖和端刃等类型。刮削器也有单、双刃和复刃、端刃之分。① 这些石器大多经过了二次加工,磨制精细,具有视觉观赏性。

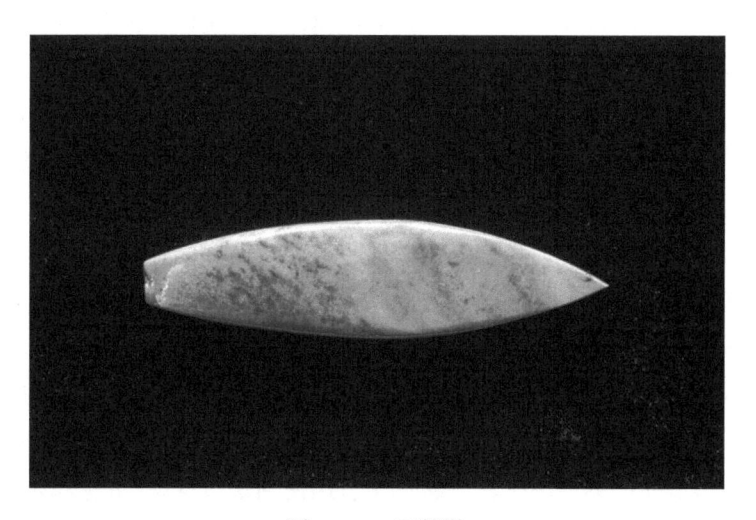

图 2-30　石箭镞

在已发掘的云南新石器时代遗址中,出土的磨光石器数量庞大,形

---

① 李昆声:《云南艺术史》,云南教育出版社 2001 年版,第 5 页。

制多样，涵盖生产生活的重要领域乃至装饰领域。生产领域重要者有石刀、石网坠、石镞、石锛、石凿和石斧。其制作方法已从打制、敲击进化为打制成坯后再加以磨制。从其用途看，石刀用于收割，石网坠用于捕捞，石镞用于狩猎，也是兵器，石锛和石凿用于木材加工，石斧用于耕作（刀耕火种之砍伐）。这些石器全方位适应于采集、狩猎及农业耕种。这个时期，畜牧业亦随生产工具和生产方式的进步而兴起。同一时期，云南先民已学会建造木石结构的房屋从而部分开始定居生活，原始村落社区生活的形成亦为民族的生成提供了社会条件，考古学家正是根据原始族群的生存区域及其石制工具塑形特征的差异，把云南新石器划分为前述八个类型。

这些类型及其石器发掘区域，大体对应着相关各原始族群生成、演化的地域。如有肩石斧和有段石锛被考古学界普遍认为始创于百越系原始族群，在滇池地区、云南东北东南及西双版纳地区多有考古出土，这些地域正是今天定居在云南南部、东南地区的傣族、壮族等民族的祖先——百越系族群先民迁徙和生存的区域。圆柱体石斧及半月形石刀始创于氐羌系原始族群，在云南西北部、洱海地区和金沙江中游都有发掘，这些地区正是今天云南境内彝族、白族、哈尼族、纳西族、景颇族等氐羌系原始族群先民迁徙而来并主要生存的区域。澜沧江中游地区则以打制的双肩石斧为特有石器，这类石器始创于百濮系原始族群，其发掘区域恰是今云南境内佤族、德昂族、布朗族等百濮系族群先祖自远古以来居住的区域。

（二）生产工具的主要分类及用途

从云南域内出土的新石器器形和出土地域看，虽不能证实某类石器与某一民族间确切的对应关系，但仔细观察可以发现，新石器时代云南域内各族群先民的石制工具，从形制、用途到塑形意识，直接影响了云南青铜时代生产生活工具的创制，在制作材料的突破和制造工艺创新的基础上，使这类青铜工具普遍承续相关石制工具的实用需求及其形制。这可以根据已有的考古学证据描述如次。

众所周知，中原地区之青铜时代可从春秋战国上溯到商代以前，春秋战国之际则已步入了铁器时代，虽出土的青铜器物仍然丰富，但青铜生产工具却不多见。而云南域内的青铜生产工具则多有出土，且形制多样。考据为春秋末到西汉晚期的云南青铜农业生产工具主要有起土的钁（即大锄）、体型轻薄用于中耕除草的锄、臿（即铲）、镰和斧等，仅在滇池地区即出土420多件，大多数为实用农具，少数则为有装饰的用于祭祀的仪式农具和随葬明器。其中还有铁制农具有9件。

1. 钁

钁在中国北方称镢头，南方叫锄头。云南域内出土的青铜钁按其形制可分为尖叶形和宽叶平刃两种。前者形似一片前尖后圆的阔叶，亦有形制为等腰三角形钁，装柄的銎部凸起于钁身上部正中，截面呈半圆形或三角形，三面各有一钉孔用于固定木柄。在云南，青铜钁出土地域遍及滇池周边，在晋宁石寨山、江川李家山、呈贡天子庙古墓，原昆阳磷肥厂、安宁太极山、澄江市万海等地均有发掘。呈贡东门亦出土1件有明显使用痕迹的钁，重1.4千克。江川李家山在民间收集的一件铜钁（采197），重仅0.5千克左右，尺寸尚小，应该是随葬明器。云南出土的少数青铜钁上刻有精美的纹饰，如晋宁石寨山 MS：31 号钁，叶上有精美的双凤与云纹线刻，应为农事祭祀的仪式农具。

用于祭祀的钁在同一时期青铜器装饰图纹中亦有载见，晋宁石寨山 M20：1 号杀人祭铜鼓场面贮贝器盖上铸有两组人物立像，其中一组16人行列，一人骑马为前导，其后一徒步者即肩荷一尖叶形钁。仔细观察可看到，其柄和钁叶的夹角小于90度，与今天尚在使用的锄头装柄角度相同，且所安的柄，是用曲木或"丫"形木一端插入銎内，三面入钉固定。晋宁石寨山 M3：123 号尖叶形铜钁，其銎部残留有一段木柄，虽已腐朽，但仍可看出用"丫"形木制成，直径3.6厘米，其与钁面的夹角同样小于90度。钁作为起（挖）土的农具，其功能当同于云南至今尚在使用的条锄和板锄。

云南考古工作者于1973年在澄江万海发掘的一具重2千克的青铜钁，銎部则位于钁面后端呈圆筒形，不在钁面正中而与钁叶近垂直相交，这就是宽叶平刃钁。其又分二式，Ⅰ式宽叶圆肩，直接由尖叶形钁演变而来，如晋宁石寨山 M12：104 号即此型；Ⅱ式钁面几近四方形，如牟定县琅井发掘的琅渔采2号。近年在楚雄万家坝 M23 号墓发现的

142　/　云南青铜艺术审美志略

图 2-31　贮贝器盖面上的荷尖叶形锸人像

青铜锸较为完整，用"丫"形木经砍削后装上的木柄尚存。宽叶平刃锸的形制和功能，类似云南尚在使用的板锄。

2. 锄

在古代中国，锄是一种用于中耕除草、松动表土以助苗生长的农具。《释名》曰："锄，助也，去秽助苗长也。"在现代，其功能仍然如此。云南域内战国至西汉时滇池地区发掘的长条形的青铜锄亦属这一类型。其基本形制均为扁平长条状，锄面上部正中有黎部凸起，三面各有钉孔用于固定装柄，其刃部有平直和弧形内凹或凸起之别，大多锄面轻薄，重 0.5 千克多。青铜锄在晋宁石寨山、江川李家山、呈贡天子庙、安宁太极山以及富民县赤鹫、牟定琅井、元江罗垤村均有出土。其装柄方法和功能用途与尖叶形青铜锸类似，主要用于中耕除草，还可用于谷物点种。另外，在晋宁石寨山出土过 5 件半圆筒形青铜锄，其上部有方形黎与刃相对，可用于装入横木柄，并不适用于农耕翻土或者中耕除草，其具体功能不明，从其形制与功能的相关性考察，似乎作为挖取稀泥或松土之用。

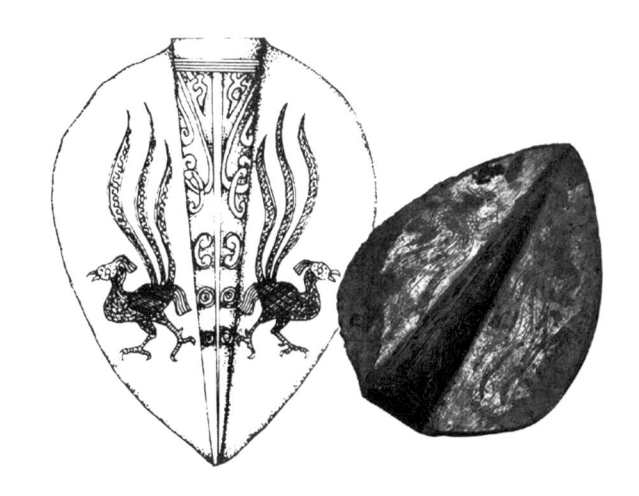

图 2-32 双凤铜锄

图 2-33 大理剑川海门口遗址出土的锄范

3. 臿

臿在现代就是铲。《释名》有"锸，插也，插地起土也。"之解，汉代云南域内臿的形制与功能与现代铁铲（或锹）相似。《汉书·沟洫志》载："举锸为云，决渠为雨。"臿在中原汉朝亦是一种起土农具且使用相当广泛。在云南，澄江市黑泥湾出土过1件青铜臿。昆明双龙坝出土的一件则为铁铸，长23厘米，宽21厘米，与其同时出土的还有斧、凿、剑和矛等兵器。20世纪50年代在四川郫县汉墓出土过1个双手握臿的石制俑，经仔细观察，其臿头应为金属制成，上述双龙坝出土的铁臿与石俑手握之臿相似，当属装上木质直柄和木叶，如铲一般使用的农具。

4. 镰

镰是割取农作物的刀具。《释名》曰："镰，廉也，体廉薄也，其所刈稍稍取之，又似廉者也。"穗即谷物植株上部的一小部分，所以收割谷穗即"稍稍取之"。《释名》曰："铚，获禾铁也，铚铚，断禾穗声也。"铚亦是古代中原一种收获谷穗的工具，镰则是收割庄稼的一种农具，在中国域内皆称为镰或镰刀。云南域内出土的青铜镰又分为铜爪镰和铜镰。

青铜铸爪镰在昆明双龙坝、呈贡龙街、江川李家山均有出土，共计29件。其形制为平刃、弧背、片薄，中部开有两个圆孔，明显承袭自氐羌系原始族群新石器时代的半月形石刀，使用方法亦是在孔内穿绳以套在手上收割谷穗。如今在云南富宁县还使用着一种"折刀"，专用于收获糯谷穗头，其整体形制和古代铜爪镰相似。云南的爪镰在形制上和中原的铚有一定差异，铚为铁制，但就使用功能而言属同类工具。收割穗头，在古代中原地区亦采用。在中国北方，收割某些农作物只是收割穗头，爪镰就是古滇国农人收割谷物穗头的工具。

青铜镰的刃部则为弧形，前端为尖刃，刃部后端为圆筒以装入木柄，晋宁石寨山出土有5件铜镰；江川李家山出土的一件镰器，刃部则为铁质，方銎仍为青铜铸。从现代使用的镰看，形制、功能乃一脉相承。

5. 斧

在云南，自石器时代以来，石斧的使用范围广泛。而至青铜时代，云南各地斧的使用范围则更为广泛。斧既是木作工具，亦是农具，还是狩猎工具乃至兵器。如前所述，云南山高林深，无论居住与耕种均需开辟大量荒地，斧是重要的农垦工具。云南域内的青铜斧多承续新石器时代石斧形制而来，且发掘数量甚多，仅在滇池地区的10个县（市）的19个地点即出土290余件，除8件铁斧外，余均为青铜斧，分别有半圆銎扁刃、椭圆双銎面刃、六边形銎双面刃和四方銎阔刃等4种形制。青铜斧和铁斧形制基

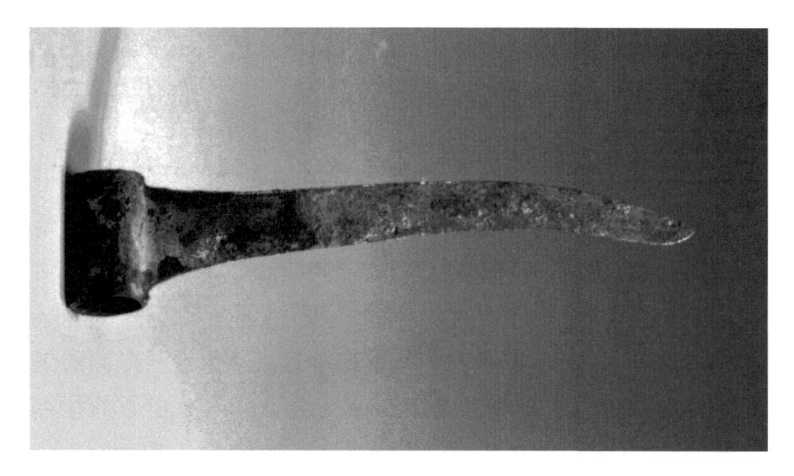

图 2-34　青铜镰

本无差异，均长 10 厘米左右，多为方形銎，亦有六边形銎，用于装入曲木柄，以便于使用为宜。

图 2-35　雉鸡装饰和鱼尾纹饰青铜斧

(三) 兵器的主要分类与用途

兵器亦是云南先民青铜百花园中的一枝奇葩。对此，考古学界已有诸多在实证基础上的探讨。其特征一是形制多样与装饰多样，二是多受中原楚国及周边古蜀文化影响。

1. 剑

考古学家童恩正认为，云南青铜剑具有独特的形制，可分为 BIa、BIb、BIIa、BIIb 四式，且有一个由无格向有格发展的明显趋势。① 且可发现，其与战国时楚国青铜剑在形制上有诸多共同之处，如江川李家山发掘出的 BIb 型无格剑，茎作喇叭管状，与长沙楚国墓出土的 n 式剑茎十分相似；又如江川李家山发掘的 BIa 型一字形格剑，双刃平直斜集于锋，剑身成一狭长三角形，茎圆中空，茎首成喇叭管状。这种形制的剑在古楚墓大量出土，如 1975 年湖北当阳市金家山 M14 号墓出土的柱茎青铜剑，茎圆，剑首为圆形喇叭状，刃部断面呈三角形。② 云南青铜文化遗址所出土的大量圆筒形茎一字形格剑与楚国最常见的圆筒形空茎、圆饼状剑首、薄而窄剑有格的青铜剑有某种渊源关系。

**图 2-36 大理剑川海门口遗址出土的剑范**

另外，滇国墓葬又出土了大量曲刃剑，占滇池地区出土青铜剑的四分之一。这种一字形格剑身和茎较宽、斜下至中部又微向外折、再锐收

---

① 童恩正：《我国西南地区青铜剑的研究》，《考古学报》1977 年第 2 期。
② 湖北省宜昌地区博物馆、北京大学考古系：《当阳赵家湖楚墓》，文物出版社 1992 年版，第 127 页。

成锋的青铜剑在当时中原及南方罕见,而在战国楚地多有发现,如湖北江陵雨台山官坪 M6 号墓出土的弧刃剑与上述滇国曲刃剑形制相仿。在纹饰方面,古滇青铜剑上的兽面纹、三角斜线纹、缠缎纹、交叉波纹等在古楚青铜剑中也较为常见,如湖北当阳杨家山 M4 号墓出土的脊部阴刻兽面纹的青铜剑;缠缎纹青铜剑亦见于楚地,长沙南郊左家山 M15 号墓出土的带鞘嵌绿松石缠缎青铜剑。另外,云南出土的少量"饰玉剑",亦明显受中原及古楚地"玉具剑"影响。[①]

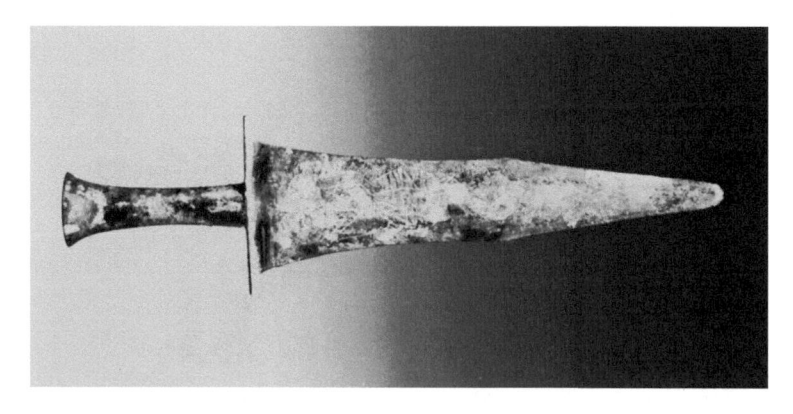

图 2-37 青铜短剑

图 2-38 三种雕饰的青铜短剑

---

① 邹芙都、江娟丽:《滇楚青铜兵器比较研究》,《南方文物》2002 年第 3 期。

2. 戈

考古学界把云南青铜戈大致分为无"胡"与有"胡"两类。江川李家山出土的无胡戈，援稍右偏，内稍左偏，援锋尖锐，阑侧两穿，铸有双旋纹和凸起的变形饕餮纹，内有一方孔。从形制及纹饰看，与典型的殷商时期青铜戈相似。20世纪50年代在湖南长沙征集的西周中晚期"楚公豪戈"即为三角援无胡戈，近阑处有一圆形孔，内作方形，中部有一梭形孔，阑侧两穿，被考古学者认为是楚人直接继承商周时期三角援戈形制而铸造的。① 另外，古滇青铜戈主要纹饰云雷纹，也明显受古楚青铜戈上云雷纹影响。

图2-39　手形銎青铜戈

图2-40　鸟喙形青铜戈

---

① 高至喜：《"楚公豪"戈》，《文物》1959年第12期。

3. 矛

云南青铜时期的矛主要有柳叶形和阔叶形两种，其形制特征为刃部中线起脊，盈部断面多呈椭圆形或圆筒形，且有环耳，大部分有双旋纹、三角齿纹、回形纹、太阳纹等纹饰，且与古楚青铜矛形制近似，均形体较大，签作圆筒形，一侧呈三角形，签口饰兽面纹。[①] 安徽六安城西窑厂 M2 号墓出土的宽叶铜矛，亦与晋宁石寨山、江川李家山阔叶形铜矛形制基本相同。楚国青铜矛的形制特征为中脊起棱，身较宽，两刃较直，刺末两刃弧度较大，锋端略圆，盘作椭圆形或圆形，有圆孔或钮各一个，中空至前锋，湖北当阳金家山 M98 号墓出土的蝉形纹青铜矛即其典型代表。而晋宁石寨山 M 71：195 号吊人装饰青铜矛、江川李家山 IV 型矛风格便与此类似。

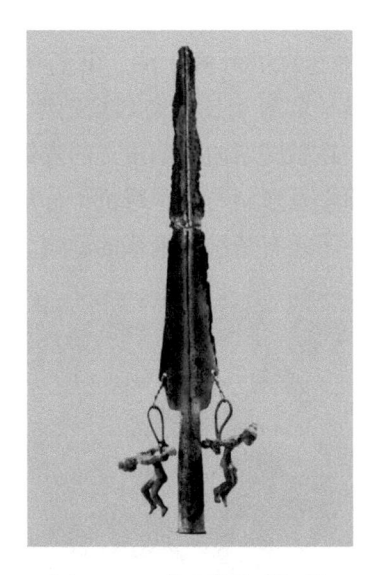

**图 2-41  吊人装饰青铜矛**

4. 械

械是青铜时代中国南方及东南亚地区一种极富地方特色的兵器。古滇国墓葬中出土有大量不对称的青铜器，其中主要是斧与械。如江川李

---

① 河南省文物研究所等编：《淅川下寺春秋楚墓》，文物出版社 1991 年版，第 189、190 页。

家山 M24 号墓出土的靴形械，晋宁石寨山 M6 号墓出土的人钮械，以及呈贡天子庙出土的不对称形器。这些不对称形器，签部多有半环形钮，单耳。湖南亦出土了的大量不对称形器，有铲、斧、械、锯等，多呈靴形。此外，还有湖北秭归安庄坪遗址出土的不对称形斧、河南淅川下寺 N 号墓出土的靴形斧。从械使用时间看，楚国不对称形器主要在春秋中期至战国中期，大体与滇国同期。考古学家傅聚良认为，不对称形器源于对称形器，湖南是不对称形铜器的发源地。① 故可推断，古滇国的青铜械由楚国同类器型演化而来。

5. 弩

弩是一种远射武器，亦多见于青铜时代中国南方及东南亚地区。弩在古滇国亦有出土，晋宁石寨山出土 14 件，其中 4 件鎏金，在 M6 号墓出土的叠鼓型战争场面贮贝器盖上，有手举弩机射击者立像；江川李家山 M24 号墓葬中亦出土青铜弩机 2 件。出土早期弩机的墓葬均在古楚国域内，使用年代最早的弩于长沙南郊扫把塘 M138 号墓出土，C14 测定为战国早期；其余在楚国域内墓葬出土的青铜弩，年代均为战国中晚期。云南青铜弩的原理及形制与楚国弩机十分接近，使用年代亦大致相当或稍后，可见其中不乏有楚国青铜弩的影响。

图 2-42　青铜弩机

---

① 傅聚良：《湖南地区的不对称形铜器》，《考古》1994 年第 4 期。

图2-43 贮贝器盖面上持弩机的人物立像

6. 镞

镞亦为远射或投掷性武器。古滇国墓葬中发现了大量青铜镞，形制各异，其中以扁平体双翼镞形制最为复杂且精致。这种扁平状双翼青铜镞在春秋中晚期楚国域内多见，仅湖北襄阳山湾M2号墓便出土40件，形制特征是镞身扁状，后有双翼，中部起脊，挺为圆锥体。① 滇国的青铜镞在形制与功能上与楚国青铜镞基本一致。

其余青铜兵器如戈鐏、矛镦及防护性兵器盾、胸甲等，古滇、楚两地墓葬出土物亦颇多相似之处。汉武帝"王滇"之前，春秋战国时期云南与楚地之间的交往皆可从这些功能与形制类同，同时不乏形式要素（装饰）的兵器中获得印证，当与公元前5世纪即已打通之"南方丝路"（中印古道）有关，亦可与《史记》《汉书》所载"庄蹻入滇"之信史互证。

## 第三节 云南青铜器立像与纹饰的审美价值

可以在新石器时代晚期的沧源岩画中看到，当云南域内的上古先

---

① 湖北省博物馆：《襄阳山湾东周墓葬发掘报告》，《江汉考古》1983年第2期。

民能够涂绘出具有三度视觉感的平面动物与人物形象时,就他们的知觉能力来说,也具备了创造出三维空间立图的能力。春秋中晚期至战国时代,得益于青铜冶铸工艺的进步和完善,云南青铜器刻铸有大量纹饰与立像,并具有多种使用功能和丰富的文化内涵。当然,青铜器上的纹饰与立像并不仅仅是为了装饰和好看,作为种种"有意味的形式",它们还有象征的文化意味,并同器具本身融为一体,在实用功能的空间中发挥着观念象征的作用。视觉美学家鲁道夫·阿恩海姆指出:"如果艺术创作的目的仅仅在于运用直接的或类比的方式把自然再现出来,或是仅仅在于愉悦人的感官,那么,它在任何一个现存的社会中占据的那种显赫的地位,就会使人感到茫然不可理解。我认为,艺术的极高声誉,就在于它能够帮助人类去认识外部世界和自身,它在人类的眼睛面前呈现出来的,是它能够理解或相信是真实的东西。"① 云南青铜器亦复如此,无论是其上的纹饰还是立像,它们所具有的象征观念的意义,都明显地超出其形式的审美意义。具体来说,纹饰主要源自上古巫术活动形式,而立像作为象征符号,主要指向祭祀崇拜。然同时亦或明或暗地蕴含明确的审美意蕴及美学趣味。

## 一 立像中的美学意趣

### (一) 人物群像

如前所述,云南青铜器具之所以遐迩闻名,与出土不少铸造精致且他域不见的贮贝器有关,其文化与工艺价值远胜于实用功能。

除前面反复提及的晋宁石寨山 M12:26 号诅盟场面贮贝器盖面外,晋宁石寨山 M12:13 号杀人祭柱场面贮贝器盖上亦有坐肩舆中之贵妇人、骑马侍卫者、跪地者,持各种农具、器物者到缚于木牌上之待杀者,抱头痛哭者及砍去头颅者和动物等 32 个立像,皆生动逼真,女性纺织者均跪坐织造,捻线、提综、打纬、引纬等细节历历在目。

---

① [美] 鲁道夫·阿恩海姆:《艺术与视知觉——视觉艺术心理学》,滕守尧、朱疆源译,中国社会科学出版社 1984 年版,第 636 页。

图 2-44 杀人祭柱场面贮贝器

图 2-45 杀人祭柱场面贮贝器盖面局部

(二) 屋宇模型

在祥云大波那战国铜棺墓、江川李家山和晋宁石寨山汉代墓葬群中均出土有精巧的铜铸房屋模型，多为春秋战国时代西南地区百越系族群特有的"干栏式"房屋。《太平环宇记·僚传》曾记："依树积木，以居

154 / 云南青铜艺术审美志略

图2-46 献俘鎏金铜扣饰

图2-47 纺织场面贮贝器

其上,名曰'干栏',干栏大小,随其家口之数。"《新唐书·南蛮传》则云:"南平僚,东距智州……户四千余……人楼居,梯而上,名曰干栏。"即此类建筑物分上下两层,人居上,畜居下,上下层有木梯相接,中间架横梁铺木板、顶用木条木板覆盖,均具"上设茅屋,下豢牛豕"的特征。云南青铜铸干栏式房屋模型铸工精细,其全貌、陈设及其中的人物皆清晰可见。

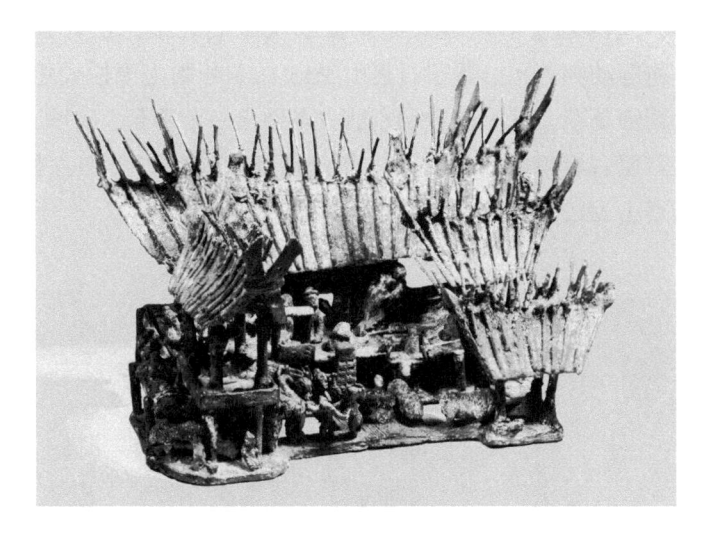

第二章　云南青铜艺术形态论　/　155

**图 2-48　青铜屋宇扣饰**

　　前述晋宁石寨山 M12：26 号诅盟场面贮贝器上亦铸有一干栏屋，高 17.5 厘米，由两根粗柱支撑，下架高出地面的底架，四面无壁。顶部支架屋檐，两端由伸出的斜撑支架，两面坡度较大，正脊两端上翘，呈"长脊短檐"式屋顶，① 铺盖木板或竹片。其四面无壁亦无火塘，且上层边缘列 16 面铜鼓，中间踞坐主祭的贵族形象，面对着屋外台下上百人的血祭场面……晋宁石寨山墓葬出土同类模型还有 M3：64 号、M6：22 号、M13：259 号三件。其中 M6：22 号出土于滇王墓内，考古学家安志敏对其作了如下描述："……也是用两根立柱支撑屋檐的，屋檐仅三面有板墙，并各开一小窗。墙上的平行纹是表示用木板所构成的，每面还附有两根立柱，可能也起着支撑屋顶的作用。……屋顶也是'长脊短檐'式，上面密排着竖行的顶端交叉的圆形木棍，压于屋脊上。至于正面那个竖于地面而斜靠在屋檐上的宽条板状物，不可能作为长梯使用……也许具有某种宗教意义……"② 安志敏教授没有描述的是，此宽条板状物上铸有三角形及菱形纹并缠有一蛇，台上小窗（或小龛）中有一椎髻人头（石寨山 M3：64 号、M13：259 号亦有），且置

---

① 安志敏：《"干兰"式建筑的考古研究》，《考古学报》1963 年第 2 期。
② 安志敏：《"干兰"式建筑的考古研究》，《考古学报》1963 年第 2 期。

铜鼓二面，屋内外上下众多人或煮食或吹笙或观望，还有鹦鹉、牛、羊、猪、蛇等动物若干。晋宁石寨山 M13：25 号则为干栏式建筑组群，结构更为精细复杂，其屋檐右端左前方各伸出一个平台，有吹葫芦笙者等十余人，屋右后角则有男女二人作倚墙拥抱之状（类似立像及情形在晋宁石寨山 M12 号墓出土的一个贮贝器上亦有）。

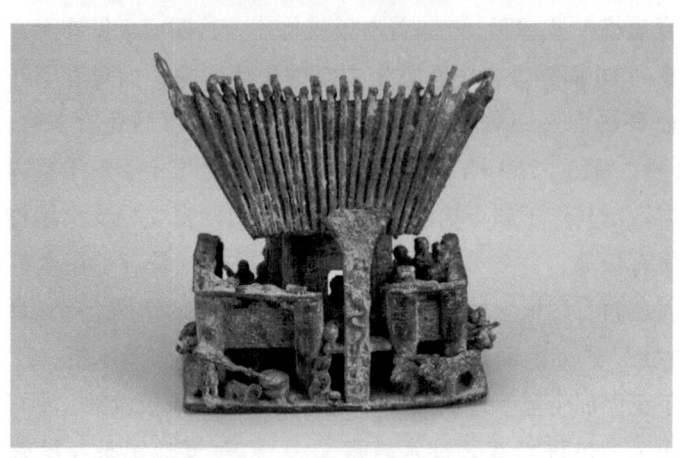

**图 2-49 青铜屋宇扣饰**

上述青铜器上的屋宇模型不仅铸造精致、小巧，其中人物的神态行为皆写实生动。但从其结构和陈设看，不似一般的民居，而是进行祭祀活动和庆典的公共建筑，屋宇立像本身即一个祭坛的模型。其中小龛中所供之人头学界普遍认为有"祭祖"之意,台上台下击铜鼓吹笙即为祭礼中必不可少的乐舞行为。至于男女交合则可能是"孕育行为"(fertility rites)的一项内容,含有以人的生殖动作恢复地力、促进农作物萌芽生长的生殖崇拜意义。生殖崇拜不仅含有人们对增加财富的强烈愿望,也传达了对自身繁殖和人丁兴旺的心理诉求。当人们还认识不到男女交合在生殖中的决定作用时,图腾感生神则十分流行,而性生观念确立后,男女交合取代了图腾感生,感生说即向性生说转化。于是,生殖崇拜便应运而生。由感生说向性生说转化,是古代居民认识上的飞跃。青铜房屋模型显然非一般的饰品或摆设,作为既原始又趋于复杂的精神生活的具象展示,本身亦是一个象征物,从而成为云南先民混融着崇拜观念、想象和期望的观照对象。

(三)猛兽和蛇饰

在云南域内的各类青铜器上,具象写实的动物立像可谓独树一帜,有40余种之多,雕铸方式有单独立雕、与人组合和铸于各种青铜器上作为饰物。[①] 作为先民的观照对象,亦有着较丰富的象征意蕴。祥云大波那战国时铜棺墓中出土一组"六畜"(牛、马、羊、猪、狗、鸡)铜铸立像(见本书图1-11),作为先民着意畜养的动物,其象征意味与中原一致,亦含"六畜兴旺"的意味。

动物群雕中最具观赏性的是云南特有的青铜扣饰中的"兽斗"像,多为猛兽扑于猎物身上搏斗撕咬的惊险场面。有学者认为此类青铜器上表现的题材受以游牧为主的"斯基泰文化"影响。[②] 公元前8世纪至公元前3世纪,在黑海沿岸、哈萨克斯坦、阿尔泰地区、南西伯利亚和蒙古草原一带,曾生活过许多游牧民族。在这广阔的欧亚草原上,斯基泰人、萨尔马提亚人、突厥人和匈奴人纵马驰骋,逐水草而居。他们创造的文化被名之为斯基泰文化——欧亚草原的游牧文化。其中,以猛兽相搏为图像的动物纹扣饰是其代表性器物。云南青铜器物中的铜

---

[①] 李昆声:《云南艺术史》,云南教育出版社2001年版,第72页。
[②] 张增祺:《云南青铜时代的"动物纹"牌饰及北方草原文化遗物》,《考古》1987年第9期。

图 2-50 二豹噬猪铜扣饰

扣饰亦在滇池地区常见，但与前者不同，滇国青铜扣饰没有边框，似乎暗含着某种自然的狂野与灵性的自由，更为灵动而无拘。针对晋宁石寨山 M10∶4 号猪搏二豹镂花铜扣饰，考古学家李昆声先生作了生动的描述：

> 两只野豹从野猪的前后夹攻，欲置野猪于死地。但野猪毫不示弱，以其强健的身躯将一豹压倒，但另一只豹则从右后侧猛扑野猪背，使野猪顾此失彼，发出怒吼。……野猪向前猛扑，被压倒的一只豹拼命挣扎，尽力扭转头部和从后面扑上野猪的另一只豹互相呼应，把矛盾的焦点集中到三只动物的头部，收到对立统一的效果。野猪、豹脚下是一条……长蛇，将重叠着的三者从脚下联系起来，使整个构图有一种向前翻滚的运动感。……那只扑到野猪背上的豹非常突出，为了加强它粗壮的四肢而收细了躯干。一条极富弹性的尾巴向上卷曲着，沿脊梁伸展到头部，形成一条 S 形的曲线……嘴巴张到最大限度，眼睛由于暴凸而突出于眼眶之外，豹爪有力地抓在野猪背上……另一只被野猪扑倒的豹……已处于劣势，几遭灭顶之灾。然而一旦野猪无暇攻击它时，它又挣扎着回过头来企图反扑。但从它那放松了的爪子和半张的嘴巴来看，已经失去先

前的威风。至于野猪，由于腹背受敌而怒不可遏。它双目圆睁，鬃毛倒竖。①

图 2-51　二狼噬鹿铜扣饰

类似场景在晋宁石寨山其他青铜扣饰中常见。如"狼豹争鹿"——鹿被二猛兽踩于爪下，作仰卧挣扎状，已肠露腹外；二兽间有一番争夺猎物的恶斗，豹紧咬狼颈，前爪抓狼背；狼反咬豹胯，左前爪抓豹腹，右前爪压鹿不放。其下缠一蛇，咬豹尾；"虎牛搏斗"——猛虎被巨牛撞倒于地，牛角穿腹肠露外；虎反咬牛前腿，爪紧抓牛腹不放，其下亦有一蛇咬牛后足，缠虎后腿；"二狼噬虎"——一狼跃居鹿背，口咬鹿右耳，前爪紧抓鹿颈与前腿；另一狼抓鹿后腿，口噬其胯，鹿前腿屈跪、后脚下蹲，昂首哀鸣，其下仍有一蛇相缠。类似兽斗铜扣饰亦见于江川李家山墓葬中，有"虎豹噬牛""三狼噬羊""虎噬野猪"等，不一而足。此类兽斗立像极具写实性与叙事性；各类动物在搏斗高潮时的神情和动态皆准确而不乏适度的夸张，濒死的挣扎凝铸于一瞬，且左右视觉重力平衡，形象紧凑，动感强烈，有很强的视觉冲击力。值得注目的是，上述饰物中搏斗的动物足下沿底部边缘均缠有一

---

① 李昆声：《云南艺术史》，云南教育出版社 2001 年版，第 73 页。

蛇，除具有连接各物像的作用和增加动感的效果外，亦有观念象征的意蕴。或许与其他动物不同，在上古人类心中及其宗教艺术里，蛇如同饕餮、夔、鸱鸟、人面兽身等种种怪物，是一个带着神秘气息萦绕在先民灵魂中抹不去的形象，它装点着青铜器，亦作为"有意味的形式"出现在人们面前。蛇饰在上述器物中不自然、"非逻辑"地频繁出现，并不仅仅是制作工匠对它们有浓厚的兴趣。考古学家冯汉骥先生曾指出，在古代民族中常以蛇象征"地""繁殖力""女性"或"阴司"等。[①] 亦有学者结合神话、宗教民俗和前综合思维的广泛考察，推测认为蛇还代表着一种产生恐惧的魔性力量，亦可能彰显一种无定而又无所不在的意志力和玄妙的预知力。另外，蛇还可以显示奇特的感应（物我同一、人兽交感）、神圣的功能（作为巫术、祭祀符号）、微妙的暗示（如占梦术、物占、咒语）等。[②]

图 2-52　鎏金双人盘舞铜扣饰

蛇来去不定，倏忽无踪，无脚而窜、无翼能腾，常出没于丛莽，亦可游于江湖，其成群结队地出现预示着火灾、地震；冬季，它又深居洞

---

① 参见冯汉骥《云南晋宁石寨山出土铜器研究——若干主要人物活动图像试释》，载《云南青铜器论丛》编辑组编《云南青铜器论丛》，文物出版社1981年版，第1—8页。

② 参见邓启耀《宗教美术意象》"古滇青铜器观变"一节，云南人民出版社1991年版，第141—149页。

穴，死而不僵，忽又蜕变复生，用毒液致人于死而不见血……云南先民不由得将其神秘化及灵物化。于是，蛇超越了一般的自然形象，成为民族文化习俗中的一个特殊载体盘铸于青铜器具之上。前述晋宁石寨山M12：26号诅盟场面贮贝器盖中立柱上，即缠有二蛇。其他祭铜鼓和祭祀场面的青铜贮贝器，亦均以蛇为中心图像之一。晋宁石寨山M13：109号献俘鎏金铜饰物上被掠杀的人头和牛羊均缠有蛇，乃至晋宁石寨山M13：38号鎏金双人盘舞铜扣饰上两个舞者（或是巫师）脚下，亦盘有一条长蛇。祭祀、战争、生产、乐舞及人物生存的命运，似乎都系于蛇所象征的神秘力量之中。晋宁石寨山滇王墓中出土的M6：22号屋宇模型（见图2-49），房屋正前那一个高过屋檐的长板上，盘蜒一蛇，很可能是某种崇拜和祭祀符号，象征性地履行着神秘的职能。由此可互证的是，青铜器上的蛇饰所显示的图腾崇拜和祖先崇拜的神性力量，在云南族群先民的神话传说和崇拜民俗中亦普遍存在。

在图腾社会或血缘宗族里，蛇这种象征物的职能是双重的，对外具有威慑镇吓的作用；对内则是寄寓本族某种神秘观念的象征符号，具有祭祀礼仪的功能，亦成为联系族人的纽带。蛇在云南先民的认识中代表着神灵的力量，并通过前综合思维的作用投射幻化，呈现在青铜器（或神话）等文化符号中，从而生动地表现了那可感而又不可知的超自然力量，理解和传达着他们所感知到的自然规律和社会关系；在青铜器的纹饰和立像上，显现出先民那纷纭奇幻、色彩斑斓的感性心理世界。关于云南青铜艺术的文化特征及其审美内蕴，有学者作了较切近的概述：

  这类"艺术"多不产生于纯粹的审美目的，而出自直接有关于经济生产的巫术行为及宗教要求，出自人类精神发育初期对那非人间力量探知的欲望，出自一种基本的和原始的认识目的。当然，在这个过程中，从对外界的观照到对自身的观照，从对自然关系的反思到对社会关系的反思，从无动于衷的漠视到充满感情的摹拟、再现、暗示、象征，创造出那调动了心理诸功能自由协调运动的神话、图像、歌舞、祭祀巫术……这里有许多不能绝对界说、断然限定的东西，其中也许蕴含着某些与审美活动普遍性质相联，与美学有紧密关系的东西。看看原始艺术，它何尝不是集原始生产、原始科学（巫术）、原始哲学（宗教）和原始"美学"等职能集于一身呢。①

可以发现，在根本上出于实用需求的种种青铜器铸造中，云南的青铜工匠往往铸刻和焊接一些与实用功利目的无关的附饰物，这正是我们致力于抽出并努力阐释的。但对他们来说，未曾充分料及的是，这些附饰物具备了特殊的效能，即把主体的观念、想象和愉悦感，在铸制过程中不断地借饰物或具象生动或抽象繁复的形式分置于青铜器物的各个部分，使器物基础性的形制部分在特定的情境（如各类祭礼和节庆）中，转化为审美对象并渐渐内化在参与者头脑中。当那些具有观念象征和生活期望的"有意味的形式"中支撑着形式的观念目的，稍有衰退时，形式便可能从中挣脱出来，逐渐导致形式与观念目的的分离。云南青铜器的创制活动是一种积极的探索行为，无关功利的塑形活动在青铜工匠的设计与冶铸过程中时常发生。

按照人类思维进化及其心理运演的规律，可以推断，云南的青铜工匠在某些制作环节中，当围绕观念的形式不断结构时，由于对形式的长时间凝视，有可能促使工匠的创作心态发生对实用目的的某种偏离，使构形活动能长久而稳定地沉浸于对形式的关注中，从而有意无意地灌铸超目的的形式元素。应该说，云南青铜铸造者不以审美为主要创作导向，但审美的形式感毕竟在云南先民的物质世界和精神世界中不断闪现，使想象力导向的情感活动和身心自由感在青铜器的创制活动中得到某种释放，先民也在自己创造的形象世界里不断获得心灵的自由。

## 二 抽象与具象纹样中的美学意蕴

在云南青铜器上，绝大部分有几何纹样。一般多单独出现在空间有限的生产工具和兵器上，且多装饰于实用器柄部及銎部，常见纹饰主要有雷纹、双旋云纹、绳纹、网纹和水波纹等，在不同个体实用器上或交替出现或组合使用，构成疏密有致，亦繁亦简的视觉效果。而在体型较

---

① 邓启耀：《宗教美术意象》，云南人民出版社1991年版，第175页。

大、形制空间宽敞及成系列的青铜器如铜鼓、贮贝器、桶、盒和乐器等器物中，通体有装饰，多为太阳纹、雷纹、网纹、羽纹、云纹和圆涡竹节、三角、锯齿、点纹等，亦不乏具象纹样，如翔鹭纹、蛇纹、蛙纹、兽纹等。

同世界各地一致，新石器时代以来，早期青铜器纹饰的重要组成部分，并非具象的动物纹样，而是抽象的几何纹，即形式各异的曲线、直线、水波线、旋涡线、三角形等。关于抽象纹样产生的视觉心理基础，美国哈佛大学医学院的生理心理学家哈布尔认为："人脑存在着特殊脑细胞的网状结构，它们是水平细胞、垂直位细胞和对角位细胞。这些细胞有选择地对各个方位觉察到的影线进行应答，但每一种细胞仅在觉察到的影线进行方位上才能兴奋。至少某些抽象思维的萌芽是由这些细胞引起的。"[1] 人类的抽象心理图式一旦进入视觉形象的创造领域，便会使积淀在头脑中的史前涂绘凝聚为符号形式，即把其中各种简单的刻画和简陋的点线组合，逐渐在视觉和心理上有规律地组织起来，从而形成了最早的抽象形象。

抽象形象的符号结构和表现形式似乎是超现实的，但又以现实中的视觉形象为基础，因此，抽象的心理图式似乎更能表现出人类的超越性的审美精神。由于抽象意识已经成为早期人类的心理能力，致使其对原型表象中结构元素的探索成为他们的塑形欲望之一。在这种心理的驱使下，许多自然物象的具体特征被抛弃了，而代之以抽象的结构形式。这一点，在包括云南岩画在内的中国境内岩画中已露端倪，在中原彩陶纹饰的演化中则更为清晰。[2] 由于抽象图式最早源于外部动作的内化所导致的精神活动的协调，它和人类机体中的节奏感及韵律感有着血缘关系，其中蕴含的就是作为主体进化内在驱动力的自由和愉悦，因而也是稳定而持久的。抽象图式一经形成，就可能和直接经验相脱离，成为一个自律性的心理符号体系，在生存活动中的欲望、情感和想象力的渗透和驱使下，不断从自身结构和形式元素中生发出新的形象。当然，这通

---

[1] 转引自［美］卡尔·萨根《伊甸园的飞龙——人类智力进化推测》，吕柱、王志勇译，河北人民出版社1980年版，第99页。

[2] 参见李泽厚《美的历程》"有意味的形式"部分，中国社会科学出版社1984年版，第14页。

常是在特定具体的文化语境中发生的，往往有明确的观念意指和特定的想象成分。按照这样的理解，可对云南青铜器上富有文化内涵和审美价值的纹饰，作如下描述。

（一）太阳纹

在云南青铜器中，抽象化的太阳纹多出现在铜鼓鼓面中心，装饰性突出。铜鼓除供节歌外，考古学和文化人类学研究多肯定其为祭祀之用的法器，是财富和权力地位的象征，乃云南青铜文化之重器，地位类同中原商周之青铜鼎。随着铜鼓从炊具中脱胎出来，成为重大祭祀活动中的必备物件，云南先民的崇拜观念及其相伴的欲望、情感也被内化其中。

图 2-53 铜鼓鼓面的太阳纹

考古学家通过仔细观察铜鼓的铸造流程后推断，太阳纹是由浇铸铜鼓时存留的注口演变而来的，即铸造铜鼓时泥范顶部浇注铜液的注口疤痕成了必须加以修饰的部位，这个疤痕状似圆饼。于是，云南青铜工匠便有意识地刻画鼓面顶部中央浇口处外范，圆饼周围便有了针尖形、尖角形，抑或曲线三角形的"芒"，象征太阳发出的光芒，考古学界据此将其命名为"太阳纹"。

从文化意义对造象形式的规约性看，太阳纹作为铜鼓鼓面的主要纹饰，是因为太阳崇拜在云南上古流传已久。在世界范围内，云南被考据为稻作的发源地之一，水稻生长对阳光和水分要求甚高，太阳与水因此成为云南域内以稻作为生的族群先民的原始信仰对象，从而催生出太阳崇拜和水崇拜。在云南新石器时代即有原始的太阳崇拜。云南史前崖（岩）画中有太阳涂绘，蕴含浓厚的原始崇拜意味，景颇族口传已久的神话传说甚至把谷种说成是太阳神赐予的；彝族典籍《古侯·公史篇》这样描述其先民的太阳崇拜：大神莫布都不则造了6个太阳和7个月亮安在天上，使得地上的树木、水、草和牛都已烧灼殆尽。神人支格阿龙于是张银弓抽金箭射落了6个太阳和7个月亮，将它们拿来压在石板底下，最后各剩一个没死的太阳和月亮不肯出来，就拿白的阉绵羊祭祀也不出来，又用鸡冠上刻九个缺口的白公鸡来祭，刚过午夜，月亮才出来；刚过中午，太阳才出来。[①] 白族的本主崇拜也把太阳列为本祖之一。相关神话大意是：某日狂风大作，跟牛一样大的怪狼一口咬住太阳，阳光消失，天地变得又黑又冷，树木枯死、庄稼也不生长，虎怪蛇精乘机出来作恶。这时候，青年阿光抛下妻儿去寻找太阳，他在白胡子老人的指引下上路，路上每天要拔下一根头发，等拔下所有头发的那天，阿光来到了太阳神居住的金殿山下，再拉葛攀藤往上爬，在金殿中向太阳神诉说了太阳被吞没的经过。于是太阳神命令天神用箭射跑了狼怪，派无角龙驮阿光返回大理。乌云散尽，天空中终于又升起了太阳。从此往后，在阳光的普照下，白族人民年年获得丰收，家家都能安居乐业。于是人们盖了一座本主庙供奉太阳神。

　　阳光对谷物生长和人类生存繁衍的意义，正是太阳在世界范围内的原始崇拜中普遍存在的根本原因，又进一步演化为生殖崇拜的对象，由此"生殖崇拜与太阳崇拜，到处都是比肩并存的"。[②] 古埃及神话中的农业之神奥锡利斯就既是土地上植物繁盛的象征，又是繁殖之神，正是他教会了埃及和全世界从事农业生产。[③] 如前所述，青铜鼓上的太阳纹与云南先民农事祭祀活动有密切联系，即可从已发掘的青铜器，尤其是青铜贮贝器获得丰富实证。前述晋宁石寨山M12∶24

---

[①] 参见何耀华《中国西南历史民族学论集》，云南人民出版社1988年版，第448页。
[②] ［英］卡纳：《人类的性崇拜》，方智弘译，海南人民出版社版1988年版，第3页。
[③] 参见［英］詹·乔·弗雷泽《金枝：巫术与宗教之研究》，徐育新、汪培基、张泽石译，中国民间文艺出版社1987年版，第810—863页。

号青铜贮贝器盖面上的人血祭祈丰年仪式场景中央，铸有3个铜鼓堆叠而成的祭柱；晋宁石寨山M12：26号和M12：2号贮贝器血祭场面和刻纹年祭图像中均有铜鼓出现。虽不能清晰看出这些贮贝器上雕铸铜鼓面上的太阳纹样，但结合石寨山型铜鼓鼓面普遍有太阳纹装饰的现象，可推断滇人敲击铜鼓，甚至仅是置放铜鼓都有"祈年""播种"乃至"孕育"等用意。

抽象几何状的太阳纹作为能指，其所指即谷物丰登、人丁兴旺等文化意蕴；纯形式的几何纹样，在先民的心理感受和观念意识中不仅仅体现了均衡对称的形式快感，更有对应的观念、想象和期望的意指在。云南先民的太阳崇拜简化为抽象形式的几何形太阳纹刻铸在铜鼓上，其原始信仰观念非但没有消失，更由于铜鼓的礼、法重器地位，这种含义反而被大大强化了。诚如李泽厚先生所言："这正是美和审美在对象和主体两方面的共同特点。……内容积淀为形式，想象、观念积淀为感受。"[①]

（二）雷纹

雷纹是模仿闪电的锯齿状线条而来的，亦因与甲骨文中的"回"字相似，国内考古学界亦称"回纹"。雷纹产生的心理动因是，对稻作民族而言，水稻生长除需要阳光外，还需要充足的水分。于是，与水有关的云、雷等气候现象共同成为原始崇拜的对象。李泽厚先生曾认为，中原文化中的雷纹曲线弯折，圆润和谐；其圆中见方，方中见圆，直线与曲线虽对立又趋于统一，呈现出华夏文化庄重稳定又不乏灵动和谐的文化心态和审美理想。比较视野中的希腊雷纹在日本学者海野弘看来，"其结构显示出同中国雷纹决然有别的直线弯折"[②]，直角硬线，并连续为带状形式，虽刚劲却生硬。

在云南，青铜器生产工具中的铜锄、铲等乃至部分兵器上多有方形雷纹出现，在那些有狭长銎部及柄部的农具上呈二方连续反复，线条刚劲有力。铜鼓上亦多有雷纹出现，如万家坝型铜鼓上的雷纹都作二方连

---

① 李泽厚：《美的历程》，中国社会科学出版社1984年版，第22页。
② [日]海野弘：《装饰与人类文化》，陈进海编译，山东美术出版社1990年版，第69页。

图 2-54 铜钟上的雷纹

续反复，但与农具有所不同，其线条方向各异、风格疏朗。雷纹在早期万家坝型铜鼓中多饰于腰部分格线下，中期则开始在铜鼓鼓面中央太阳纹外圈装饰雷纹。后期在石寨山型铜鼓上，疏密有致的带状复合雷纹亦渐次出现，形式趋于复杂且有诸多变体，如在矩形、方形、斜形等本体形式间出现了单向、并头、勾连等联系方式，排列方式又沿同向、双向、异向、勾连、契合、倒置等方向延展。比较而言，云南青铜器上的雷纹较之中原雷纹，虽力度稍弱，然棱角分明、转折有致，流畅而灵动；后期石寨山型铜鼓虽有近于希腊风格的带状复合雷纹出现，但比之则显得柔和婉转；云南青铜器上的雷纹既不同于中原，又异于希腊，具有刚中带柔、一体连贯的云南特色。

(三) 云纹

云纹是模仿天空中的云朵线条而来的抽象纹样，早在新石器时代即有出现，文山麻栗坡大王岩画中两个主体人像头顶即有波状云纹。往后逐渐符号化为卷云状，并以双向内卷为本体形式。云纹在中原早已被赋予祯祥意味，俗称"如意头"，现代专业术语称"并头云纹"。考古学家李伟卿考释后认为，作为单体的云纹，最初只是简单的"C"字形组合，往后演化为两个方向：一个方向演变为涡旋形的同向相连，又进一步演变为兽头状，最后发展成近似狮头的纹样，并在同向涡旋中配上星状纹样；另一方向则演化为涡旋形"S"状，又进一步演变为近似鱼状的纹样。[1] 云南青铜器云纹的演进方式，似乎暗合着云南先民原始崇拜的演变过程。当云南先民的原始宗教尚处于自然崇拜的实体阶段时，正是抽象云纹产生之时，先民试图通过祈求自然现象以得其护佑，而当灵魂不死意识基础上的神灵观念萌生后，继而认为大自然之后尚有主宰者——神灵，原始宗教由对自然实体的崇拜演化为对自然神的崇拜，种种自然神应运而生；状似狮子的兽状云纹尤其是鱼状云纹，或许就是主宰雨水的云神之象征。前述饰有雷纹的青铜器具上亦多伴有云纹，其所指之观念意义故此相同。

云纹形状循着从模拟云状的曲线到抽象为"C""S"等几何要素演化着，前期无疑是作为"有意味的形式"的原始生成过程，即由内容到形式的积淀过程；后期又向写实过渡，是以云南先民原始宗教崇拜观念的演进作为动力推动着的"美的历程"；形式摆脱了模拟，使自身获得了相对独立的性质和进化的方向，形式本身的自律性要求便日益起着重要的作用。而当先民的感受和观念进一步具体化、对象化，即崇拜对象的明确和清晰又反过来促进着形式的演变发展，使形式向更为复杂的高一级写实过渡。从原始的模拟到抽象为几何纹，从几何纹再到模拟三维效果的平面纹图，都是云南青铜器二维纹饰中的重要构成部分。其中文化含义和审美价值突出的具象写实纹图有以下几种。

（四）翔鹭纹

多数考古学者认为出现在铜鼓，尤其是晋宁石寨山铜鼓面上的鸟纹是飞翔的鹭鸶，即翔鹭，亦有水鹤之说等，[2] 一般有4只、6只、9只、14只、16只不等，作首尾连续环绕排列。其具体形象为尖而长的鸟喙，双目圆睁长颈伸展，尾羽张开呈扇形，沿逆时针方向绕铜鼓中央的太阳纹作围圆飞翔状。这种回环式的翔鹭纹圆环，颇具装饰效

---

[1] 李伟卿：《古铜鼓的几何纹样》，《云南文物》1988年第24辑。
[2] 张增祺：《滇国与滇文化》，云南美术出版社1997年版，第237页。

果。《禽经》曰："采采雍雍，鸿仪鹭序"，张华注："飞有次序，百官缙绅之象。"故有"鹭为鼓精"之说。考古学家李伟卿则认为从汉文典籍中寻找翔鹭纹的母题含义是舍近求远。至今在晋宁石寨山铜鼓出土的滇池地区，尚不乏鹭鸶生存的条件。它们生活于湖泊稻田之滨，以小鱼和其他水生生物为食，普遍见于云南水系、湖泊丰饶之地，亦见于我国长江以南内陆地区。云南坝区湖泊较多，是水禽栖息的适宜环境，以熟知的鹭鸟为纹饰，其中蕴含着祈福丰饶的观念联想。因此翔鹭纹饰的含义与铜鼓纹饰的基调和主题一致，具有丰稔的祥瑞之意。[①] 可以看出，云南青铜器上的具象纹饰，多为当地习见的动物图像，如牛纹、鹿纹、豹纹及孔雀纹等，皆其例。

图 2-55　铜鼓鼓面上的翔鹭纹

（五）牛纹

牛纹为云南青铜器上最常见的具象纹样。生产工具上的牛纹多为牛头纹，多与孔雀纹相伴出现在铜锄銎部两边，牛头牛角皆为写实的具象，栩栩如生。铜鼓上的牛纹亦是重要的具象纹饰，多见于晋宁石寨山铜鼓腰部，形象为两角弯曲向上，脊背隆起肉峰，颈部有垂肌，类似现

---

① 李伟卿：《古铜鼓的具象纹样》，载中国古代铜鼓研究会编《铜鼓和青铜文化的新探索》，广西民族出版社1993年版，第111页。

今云南农村多见之黄牛,俗称"瘤牛"。

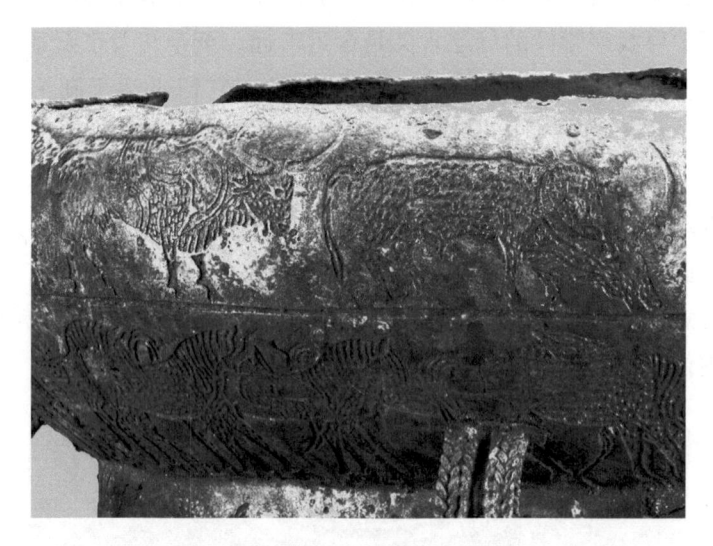

图 2-56 铜鼓型贮贝器上的牛纹

考古学家普遍认为,牛作为中国战国、西汉时期南方及西南地区畜牧的主要动物,既是重要的私产,又是战争中的掠夺对象。参照铜鼓的社会地位,可证青铜器上的牛纹既是财富的符号化亦是权力的象征;另一可参证者是贮贝器上的雕铸立牛由独牛变多牛,这正是夸富心理的表现,与民俗学视野中佤族先民悬挂牛头类同。① 潘世雄则认为铜鼓上的牛纹是椎牛祭谷之俗,或作为镇水消灾之用,与祈风调雨顺有关。② 王大道、李昆声等认为,云南青铜器上牛纹大量出现的西汉时期,尚处于以钁为主的锄耕阶段,牛耕则是东汉初从中原经四川传入的。因此,这种"瘤牛"并不用于耕作、产乳或劳役,而是剽牛祭祀中的牲祭物。③ 前面已述,在文山州广南县出土的铜鼓腰部刻有剽牛祭祀的两组写实场

---

① 李伟卿:《古铜鼓的具象纹样》,载中国古代铜鼓研究会编《铜鼓和青铜文化的新探索》,广西民族出版社 1993 年版,第 112 页。

② 潘世雄:《广西铜鼓纹饰的意义》,载中国古代铜鼓研究会编《古代铜鼓学术讨论会论文集》,文物出版社 1982 年版,第 187 页。

③ 参见王大道《云南滇池区域青铜时代的金属农业生产工具》,《考古》1977 年第 2 期;李昆声《云南牛耕的起源》,《考古》1980 年第 3 期。

面，每组均有一根拴着牛的"羽葆幢"，有羽冠者持钺向牛身砍去，四周的羽饰者翩翩起舞。从云南岩画和迄今的民俗学材料中皆可见云南少数民族古有之剽牛祭祀习俗，铜鼓上的牛纹当有浓厚的原始宗教意味，是为报祭神赐丰年而铸。

图2-57　青铜牛立饰　　　　图2-58　牛头扣饰

(六) 船纹

船纹亦是晋宁石寨山铜鼓上重要的具象纹饰之一，多铸刻于胴部。一般以4只为主，亦有6只者，每船划桨者少则2、3人，多则7、8人，且均着羽饰。在有的铜鼓中，船纹下或船纹间亦间刻龟、鳖、鱼虾、鸬鹚、鹈鹕等水禽具象纹样。关于东南亚及云南铜鼓上船的用途，考古学界争论了百年之久，多根据船体、推进用具、船上人物状貌活动等推定用于捕鱼（晋宁石寨山M1∶1号）、交通（江川李家山M17∶30号、晋宁石寨山M15∶7号、M11∶1号、M3∶3号）、作战（晋宁石寨山M14∶1号）、游戏（晋宁石寨山M13∶3号）、过海（晋宁石寨山M14∶1号）、竞渡、祭祀，① 考古学家多根据实证观察和相关习俗而推断某一船的用途，有的确乎指向捕鱼、交通等。而与云南先民精神生活有密切关系的则是竞渡与祭祀。如晋宁石寨山出土的铜鼓残片有船尾和船体残部图像，有多排并每排2人持桨划水者，1人站立船头作指挥状，与我国南方流行至今之龙舟竞渡高度相似。早期研究铜鼓的学者闻

---

① 李昆声：《云南艺术史》，云南教育出版社2001年版，第93—99页。

宥先生即认为铜鼓上的船纹"与龙舟竞渡的故事有关"①，汪宁生、李伟卿等观点亦同。龙舟竞渡亦多见于文献记载，均认为其与祭祀水神，祈祷丰获有关。

图 2-59　铜鼓上的船纹拓片

　　船只作为祭祀载具，在属石寨山型的文山广南铜鼓上有最生动而具象的呈现。广南铜鼓胴部有船纹 4 组，每只船上 7 至 9 人不等，船头、尾和中部各有 1 个男子，头戴大型羽冠，并裸露其生殖器官。坐船者均为女性。各船均置有一个平台，台上坐一女性，置放一细腰长鼓，其中 3 船平台后竖立表柱，分别悬飘拂旌幡的日轮、中段饰菱形云网状纹及迎风招展的旌旗等。居最前者台上妇女作击鼓状，后者台上妇女抱膝静坐，将台前长鼓倒藏入台下。表张云网，日轮潜形，偃旗息鼓。日本学者亦认为，这种情形，与晋宁石寨山 M13 号墓的一件铜鼓船纹中为云开日出而击鼓，显然表现的是祭祀仪式中两个不同的环节。② 这两件铜鼓船纹刻画的具体祭祀为何，尚未能与相关民俗学研究互证，但呈现的是某种特定的祭祀仪式无疑。

　　总体上看，云南青铜器上刻铸的纹饰与殷商青铜器上的纹饰迥异其趣。后者主要是龙、凤、夔、饕餮等"想象中之奇异动物"（郭沫若

---

　　① 转引自石钟健《铜鼓船纹中有没有过海船》，载中国古代铜鼓研究会编《古代铜鼓学术讨论会论文集》，文物出版社 1982 年版，第 175—185 页。
　　② 参见［日］君岛久子《龙神（龙女）传说和龙舟节》，译文见《云南文物》1984 年第 12 辑。

语）；前者则多是对太阳、云、雷、船等现实性事物与飞鸟、牛、孔雀、鹿等常见的实有动物；后者多是表现性的、幻想的、乖戾奇异的写意性象征符号；前者则多为现实性、再现性、亲切具体的写实模拟形象。云南青铜纹饰的这些特征表明，云南青铜器上的装饰纹样尚未完全摆脱原始思维的具象性特征，其审美情趣也更多地保留着早期人类的童真稚气，体现出其先民精神上的质朴古拙和更趋近生活需要的审美意识。云南青铜器上的立像生动逼真、多姿多彩，立体展示了青铜时代的云南民俗文化。

# 第三章　云南青铜工艺及其审美特征论

## 第一节　云南青铜器的铸造工艺

### 一　模范法与失蜡法

迄今为止，考古学界在云南青铜器出土地域，乃至青铜铸造曾经最为活跃的滇池地区均未发现青铜器的冶铸遗址，古代文献中也没有相关记载。相关研究所能作的，是从出土的现有青铜器出发，对云南青铜器的铸造工艺作逆向推测。学界普遍根据相关时期已有或可能有的金属铸造技术，结合相关领域实证材料，推断云南青铜铸造技术的基本工艺与流程。

云南的范铸技术应该是从石范铸造开始的。石范铸造大约最早出现于公元前10世纪，并延续至公元1世纪，经历千余年。石范后泥范（陶范）铸造亦出现。云南目前出土的两件铸铜陶范是公元前的产物，年代约为青铜时代中期。

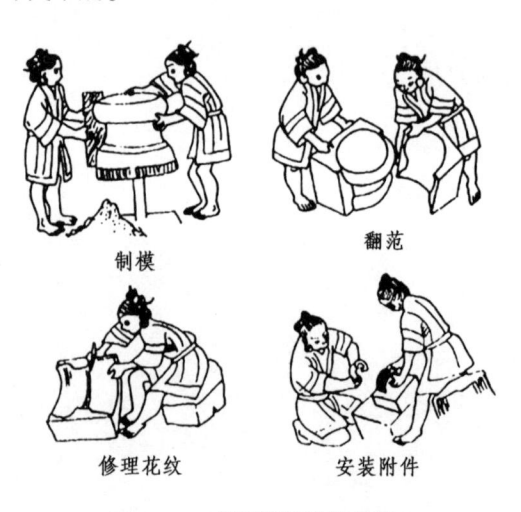

制模　　　　　　翻范

修理花纹　　　　安装附件

图3-1　青铜器铸造流程线

## 第三章 云南青铜工艺及其审美特征论 / 175

据考古学家研究，云南青铜时代早期铸铜石范中已经开始设置型芯和使用泥支钉，且浇铸前无须烘范硬化；合范方式前期以铸面的外沿线为准，后期则以刻画的记号为准；合范后用常见的藤、篾之类捆绑加固，即做成一个箍，用撬棒、楔子撬紧；浇注时有顶浇和倾斜浇两种浇注方式，浇口部位则开设在所铸器物范腔的柄部，以便于金属溶液顺畅流注。铸造石范的选材最初曾多样化，至青铜时代中晚期，云南青铜工匠在长期实践中观察到砂石散热均匀，且有利于石范整体外形的塑造，逐渐认识到用无棱角而圆滑的范体可满足散热均匀的需要，故砂石成为制范的唯一石材。

及至云南青铜时代晚期，其铸铜石范的散热性能、浇注口的设置、合范的便捷与准确及石范的使用寿命，以及浇铸品的合格率、成品数量均优于早期石范，其铸造品除弹丸为范铸造铅器外，其余均是青铜器。1986年3月，在嵩明县凤凰窝滇国墓葬中出土了两合石范，一件是尖刃锄范，另一件是斧范，完整呈现了滇国石范铸造青铜器的技术。总体上看，滇国青铜兵器尺寸和纹饰大多相似，但少数造型复杂，纹饰精美者则不完全相同。考古学家由此推断，当时除使用石范铸造需求量大的成品外，形制复杂、纹饰繁复的青铜器多使用塑形便利的泥范铸造，泥范易于细致刻画的特性，奠定了青铜器的审美表现力基础。但可以想见，泥范在翻模、浇铸时容易损坏，故通常一套模范仅能铸造一件青铜器，这就是在云南出土的青铜器中除兵器和实用农具外，铜鼓、贮贝器、乐器、屋宇模型等基本没有完全相同的技术原因。

**图 3-2 泥范铸造的青铜鼓**

由此可断，在晋宁石寨山、江川李家山等王族墓葬出土的形制复杂、装饰丰富的青铜器，主要使用泥范法与失蜡法两种工艺铸造，尺寸较小的装饰品则用陶范法加失蜡法铸造，而兵器、农具、生活用具等大件器物使用生产效率高的石范法铸造；青铜兵器和农具中，尤其是滇国的兵器与农具中的祭祀用器及随葬器具上多有三维饰物，应该多为失蜡法铸成，故这些实用器类中的非实用器应该经过二次加工方能完成，即先器型主体范铸，后在其銎部等装饰部位焊铸事先用失蜡法铸成的三维饰物。晋宁石寨山 M6 号墓出土的青铜器则是使用双面泥范，即在两面铸范均开设型腔，两范相合形成完整的器型，再辅之以失蜡法增强其装饰的精细程度和形式表现力。

图 3-3　鹈鹕饰銎铜钺

由此，从以上青铜器成品形制构造的形成分析，可析解出云南青铜器的铸造工艺及技术大致有单面范法、双面范法、失蜡法和分铸法等几种，铸范的使用材料有石范、泥范及蜡。其工艺流程大体描述如次。

（一）制范

石范一般是两合石范，即将石材雕刻成两块形态、尺寸相同，但方向相反的范型，相合形成的空腔即形成所铸青铜器的整体形制。斧、剑等实用性青铜器一般使用两合石范脱模制成。

结构形式复杂、装饰多样的贮贝器、铜鼓、屋宇模型器身等使用泥范浇铸，而且根据形制复杂程度很可能使用两范及四范、六范甚至更多的外范铸造。泥范二分为内范与外范制作；用易于成形的如黏土制作出与青铜器结构外形一致，同时刻绘装饰纹样的内模也就是内范，接下来在内范上敷泥并晾干或烘干后即可翻制出外范，内外范之间形成的空腔就是所铸青铜器的基本形制。外范的翻制对范材的透气性及耐火性要求很高，从已铸青铜器反推，云南的青铜工匠应该懂得在外范中掺入植物纤维等方法来确保外范的强度与透气性及耐火性能；制作好内外范后，需在其面上进行磨制剔薄，以达到设计中所铸青铜器的厚度与纹饰精度要求。需要说明的是，内范上刻绘出内凹的纹样，浇铸出来的青铜器上就显现为阴纹装饰，在翻制的外范上刻绘内凹纹样，浇铸出来的青铜器上就显现为阳纹装饰。

（二）浇铸

浇铸就是两合石范及内外泥范制作完成后，往两范或内外多范套合形成的空腔中缓缓注入青铜溶液，以形成青铜器的工艺环节。当浇铸贮贝器、铜鼓器身、屋宇模型及持伞铜俑等大型器物，尤其需要青铜工匠的熟练配合。另外，使用内外范甚至多范套合浇铸大件青铜器时，必须采用使各范紧密结合以维持稳定的方法。考古学家发现，云南青铜工匠使用特制的支钉来保持范身稳定，晋宁石寨山 M6 号墓出土的青铜锄有明显支钉使用痕迹，其銎侧中下段均有两个支钉孔，铜锄背面也有两个支钉孔。青铜兵器等则无明显痕迹。

（三）脱模修饰

脱模修饰是青铜器浇铸完成后，青铜工匠在器身降温后剥下外范，取出内范，然后对青铜器初坯进行整理、磨制的环节。譬如，浇铸完成的器身上留有铸造范缝和支钉痕迹，均要进行修饰处理。考古学家发现，与大多经过精心修饰的商周青铜器相比，云南青铜器上的范铸痕迹普遍较为明显，说明青铜工匠基本上不重视脱模修饰的流程。然而，云南青铜器上未经充分修饰的浇铸痕迹，却为后人研究其铸造工艺提供了明显的实证基础。

### (四) 失蜡铸造法

失蜡法亦分制范、浇铸脱模、修饰三道。制范是失蜡法成为一种先进工艺的基础。其内范不再使用泥土捏制内模，而主要采用蜂蜡，甚至可能使用动物油脂进行细微、小巧、精致的塑形。古滇国青铜器中曾有蜜蜂饰像的出现，说明云南先民不仅对蜜蜂的生活习性与视觉形态有了明确的观察和了解，而且懂得可供食用的蜂蜜凝固后易于塑形；牛亦是云南先民重要的财富象征和食肉来源之一，且牛油在凝固状态下的可塑性亦为其认识与掌握。

用失蜡法浇铸与泥范浇铸类同，但浇铸时的温度与时间把控难度极高，即浇铸的铜液温度过低或过高就会极易引发冷隔或是热涌，从而破坏蜂蜡制成的内范，在浇铸时，注入铜液的速度不匀也易崩坏内范。失蜡法铸造的脱模工序在浇铸的同时即已完成，即高温状态下的铜液从上方铸口注入模范时，蜡制的内模便会随之融化而从内范下方事先预设的孔洞流出。浇铸出器型后的修饰工序较易，因整体浇铸工艺使然，出品基本无范缝，其表面光洁度、纹饰精准性皆较高，只有少数铸造器型因为制作内模蜂蜡的纯度不高，或者是在浇铸时技术失误导致铸品产生偏差，从而需要进一步的修饰。

## 二 二次装饰工艺

### (一) 镶嵌

青铜器基体铸造完成后，在其上镶嵌不同装饰材料的工艺古已有之，河南二里头遗址出土的铜牌已镶嵌上绿松石，显示出成熟而高超的工艺。晋宁石寨山 M6 号墓出土的青铜器中，镶嵌装饰工艺亦很普遍，尤其是圆形铜扣饰，大多镶嵌玉石、玛瑙、绿松石等。在 8 件的圆形青铜扣饰中，有一件直径 13.5 厘米的圆形猴边青铜扣饰装饰尤为华美，在以红、黑色漆绘出八角光芒图案为背景的扣饰中央镶嵌一枚红色的玛瑙扣，外圈镶嵌绿松石小圆片，扣饰外沿则铸有 10 只活泼可爱的猕猴环绕，均双目圆睁、昂首前瞻，或右前肢搭前者身上，或勾住后者脖颈嬉戏，神态可掬。在这类尺寸不大的青铜扣饰中，除了镶嵌技艺外，还有鎏金、髹漆等诸多工艺加持。

图 3-4　圆形猴边铜扣饰

（二）鎏金

鎏金是一种处理金属表面饰效的特殊工艺，又称为"火镀金"，即将金粉均匀涂抹于青铜器表面并压亮的工艺。鎏金可以令器物表面不易腐蚀，且金碧辉煌，流光溢彩，极富观赏性。如晋宁石寨山 M6 号墓出土的鎏金青铜器即有鎏金骑士猎鹿铜扣饰、鎏金女骑士扣饰、鎏金镶石圆形猴边铜扣饰、鎏金耳杯残件、鎏金铜板等。这些鎏金青铜器光泽如新，迄今保持着完好的外观。

晋宁石寨山、江川李家山墓葬出土的西汉时期的鎏金青铜器表面平整光滑，亮丽如新，且鎏金极少剥落，表明云南滇国时期传统的鎏金工艺已经得到了进一步的发展。当然，因作为原料的黄金极为稀缺，且鎏金工艺对青铜工匠的技艺要求甚高，在云南丰富的青铜器类中，鎏金者并不多见，仅应用于贮贝器等重要器物或装饰华美的扣饰等，应该多为王族所有，以凸显其尊贵。

（三）包金

包金工艺是一种金属表面处理技术，在中原商代晚期即已出现。如果说鎏金是一种化学过程，包金则是一种物理过程。其基本流程是通过锻打使具有良好延展性的黄金形成薄而均匀的金箔，然后包覆于金属表面与器表凹凸纹理融为一体，最后轻轻锤打密实。

图 3-5 鎏金骑士猎鹿铜扣饰

采用包金工艺装饰的云南青铜器并不多见，西汉时期滇国的采金及冶炼技术尚不完善，产出的黄金纯度不高，其中还混杂着铜、银和其他金属合金，其表面色彩仅略带黄色，甚至多为银白色。在现有考古资料中，包金装饰在晋宁石寨山 M6 号墓出土的一件铜柄铁剑的残铜柄上出现。可以看出，该剑工艺复杂，首先铸成铜剑柄，然后通过焊接工艺将铁制剑身与剑柄连接，以凸显持有者的高贵身份。青铜工匠在剑柄末端采用了包金装饰，与青铜柄末端密合度很高，且该剑之剑柄包金已呈较纯正的黄金色。同时，还可发现该剑的铜鞘头上也有黄金的痕迹。

（四）镀锡

采用镀锡工艺的青铜器在晋宁石寨山 M6 号墓出土的青铜兵器中可见，其表面具有银白色光泽者甚多。考古学者普遍认为，这种兵器呈银白色饰效是缘于镀锡工艺的采用。纯锡的熔点为 232℃，再高出 50℃至 100℃时即融化，灌浇在青铜器身或将器身沉浸于锡液，两种金属溶解后形成一合金层，即镀锡。

（五）刻纹

刻纹工艺在中原东周晚期已经萌芽，在西汉时期达到了顶峰。作为利用某种尖锐的工具在青铜器表面刻绘线状纹饰的工艺在我国境内使用普遍，河南、山西、江苏、陕西、山东、湖南及北京等地均出土有刻纹青铜器，其青铜器型主要有缶、盘、奁等，以盥洗器为主，且刻纹在内外壁均有。云南域内出现刻纹工艺的时间相对较晚，但刻纹青铜器出土数量众多，且器型多样，大多数铜鼓、贮贝器和装饰性农具、兵器上均有刻纹出现，具有精湛的工艺表现，文化及观赏价值均高。

**图 3-6　立牛及阳刻牛饰铜枕**

刻纹工艺又分两种。一是錾凿，即通过捶击使刀具在青铜器表面留下纹饰图案的凿痕，早期的刻纹工艺受刀具和工匠熟练程度的限制较大，因此錾凿法的精细度较低，刻刀及工匠技艺是其效果达成的关键，其纵剖面或呈矩形，或呈楔形，或呈不规则形状的粗细不均的线条。二是镂刻，即工匠手握刀具在器表进行刻画，其线条内窄外宽，纵剖面一般呈楔形，线条较之錾凿更为均匀。随着刀具的改进和工匠熟练度的提高，更加复杂和精细纹样的手工镂刻成为刻纹工艺的主流。云南青铜器刻纹中即多以镂刻为主，部分青铜器刻纹图像上还配以黑漆作背景装饰，如晋宁石寨山 M1 号墓杀人祭祀贮贝器腰部的刻纹饰像上有髹黑漆，与其镀锡的银白色器身形成鲜明对比，视觉效果突出。

（六）拼接

拼接是把两个或两个以上青铜铸件连接在一起的工艺，有焊接、铆接两种方法。滇国墓葬中出土的青铜器器身上的三维饰物大多用拼接方法连为一体。焊接是通过加热、加压，填充结合材料，使两件或多件器身紧密结合的工艺。在云南域内，普遍采用焊接方法将立体饰物连接在青铜器身上，如晋宁石寨山 M6 号墓出土的青铜兵器器身上立饰物均通过焊接的方式连为一体，其中仅有一件鹈鹕饰錾铜钺（见图 3-3），青铜钺上的鹈鹕饰物用范铸法一次铸成；同墓出土的 M6：88 号立牛饰錾铜矛，在铜矛骹部最宽处直骹上焊接了一块横置铜片，再于铜片上焊铸一头峰牛作装饰，饰效突出且工艺复杂。

铆接又分热铆和冷铆，前者就是焊接，后者则是用铆钉连接。云南青铜器的冷铆较为简单，又分活动铆接、固定铆接。如青铜马具中的衔镳、青铜吊人装饰矛（见本书图 2-41）上连接饰物与铜矛的铰链等即活动铆接；固定铆接即把铸件固定在器身上，使用极为普遍，如在晋宁石寨山 M6：120 号铜鼓型贮贝器俑座边缘，留有一直径约 3 厘米的小孔，考古工作者起初推断为贮贝器的投币孔，但因鼓上铜俑已调拨到中国国家博物馆，无法确证。其后的整理发现，晋宁石寨山 M3：2 号持伞铜俑贮贝器的俑身傍下方有一枚长约 5 厘米的未插入的铜销钉，导致青铜器上的持伞铜俑在器面上无法平稳固定。参考同墓出土的上述铜鼓型贮贝器俑座上的小孔，考古工作者遂断定，铜俑座上的圆形小孔乃为插入铜俑身下的销钉以使持伞铜俑稳定踞坐之用。①

## 第二节　云南青铜工艺的基本特点

### 一　材料

云南青铜器铸造延续千年，因地域、工艺及铸品类别不同，所用冶铸材料、成分有所不同。目前，对各类青铜器成分进行系统检测的研究成果尚不多见，多为零散器物的检测，难以看出不同时代青铜器铸造材料的变化。对现有云南青铜器铸造材料研究进行详细梳理，仅见文山壮族苗族自治州博物馆 2002 年对当地青铜器进行批量检测的材料，其中铜鼓的材料较为完整。本批次送检的青铜器物中，铜鼓共 20 面，属于

---

① 管丽华：《论云南民族民间仿生造型装饰艺术》，《学术探索》2004 年第 2 期。

第三章　云南青铜工艺及其审美特征论 / 183

本书所关注的青铜时代的铜鼓共9面，包括万家坝型（春秋至战国时期）铜鼓6面，石寨山型（战国晚期至东汉初期）铜鼓3面。另有冷水冲型（西汉至唐）2面及北流型（西汉至唐）、灵山型（东汉至唐）各1面。① 现摘录其中相关部分材料梳理如下。

1. 万家坝型铜鼓中，平坝鼓含铜量为96.91%，含锡量仅为0.51%，含量铅为0，为红铜所铸。纹饰简单粗糙，合范线两道，错位明显。这与红铜的性能有关，纯铜硬度较低，容易弯曲变形，青铜时代后，已少见红铜铜鼓。

2. 万家坝型铜鼓中的另4面含铜量为84.4%至93.79%不等，锡含量为2.0%至14.82%不等，3面铜鼓的铅含量为0。沙果I号的铅含量为0.3%，均为锡青铜，铜含量降低，铅成分增加，铜、锡、铅的比例分别为77.42%、11.71%、10.3%，为锡铅青铜。两种合金的性能有一定差异。现代工艺中，锡青铜的含锡量一般在3%至14%之间。加入锡之后，青铜器件的熔炼和制作比纯铜容易得多，且硬度显著提高，耐腐蚀性强，使用性能明显改善。因其弹性适中，耐磨性好，主要用锡青铜铸造耐磨件。而在锡青铜中加入铅，则可进一步改善其切削性，便于实施表面刻饰，同时更增加青铜器的耐磨性。但从现有检测结果来看，两种不同合金成分的铜鼓纹饰并无明显差异，并未显示出材料与纹饰之间的确切关系。因此，大致可以推测，云南先民对于锡铅青铜与锡青铜性能的认识可能尚不到位，或当时的人们对于铜鼓的造型与装饰尚无更高要求。

3. 在14面石寨的山型铜鼓中，12面不同时代、不同类型铜鼓的成分基本为铅锡青铜，锡含量为4.65%至14.88%，且锡含量为9.32%至14.88%的铜鼓共有9面。铅含量为7.2%至35.49%，差异较大，不同合金成分的铜鼓纹饰并无明显差异，未显示出材料与纹饰之间的明显对应关系。

4. 另一面鼓为石寨山型锡青铜鼓，装饰与常见的石寨山型铜鼓无异，未见材料对铜鼓造型与装饰的明显影响。

如前所述，镀锡是云南尤其是滇国青铜器铸造中常用的一种加工工

---

① 文山壮族苗族自治州文化局编著：《文山铜鼓》，云南人民出版社2004年版。

艺。镀锡材料主要使用锡，而铅虽在色泽上接近锡，但易被氧化变黑，故很少使用；银较锡的光泽更好，作为镀料更理想，但其熔点高达960℃，且昂贵稀少，故很少使用；锡的光泽仅次于银，熔点仅230℃，且开采量大，因此古代镀锡青铜器较为普遍，少见镀银、镀铅青铜器出土。研究者指出，镀锡不一定全用锡料，如铅锡合金也可以作为镀层。经过镀锡处理的青铜器，其表面呈银白色，富有光泽，且重要的是镀锡青铜器具有很强的防腐蚀性能，即便在潮湿环境中，也不易被氧化。[1]

**图 3-7　执伞青铜俑**

在云南，滇国青铜器上镀锡最为普遍，无论青铜器型大小，多在表面镀锡，如在晋宁石寨山和江川李家山墓葬中，发掘出的镀锡青铜器类型即涵盖生活用具、生产工具、兵器、乐器、装饰器等大部分既有器型，包括尺寸较大的贮贝器、执伞俑、铜盒、铜壶、铜罐等；有的青铜器高度达数十厘米，如杀人祭柱场面贮贝器高38厘米，器盖直径30厘米；执伞俑高达51厘米，发梳椎髻，肩上有披帔，腰束带，带上有圆

---

[1]　吴炜：《滇国青铜器的镀锡工艺》，《云南民族大学学报》（哲学社会科学版）2008年第4期。

形扣饰；跪坐，双手合抱作执伞状；伞盖周沿系小铃，盖上无纹饰，通体镀锡，亦是在中国境内所见不多的较大镀锡青铜器。这些青铜器物单、双面均呈银白色，而青铜容器只限于外表面镀锡，内层没有，如前述杀人祭柱场面贮贝器、执伞俑、鸳鸯盒、葫芦笙等；青铜扣饰等也是正面镀锡，背面无；青铜矛、戈正反两面均有镀锡。上述青铜器物的年代为战国至西汉，其前后时期其他地域的青铜器则未见镀锡者，故可以推定它们均在云南本土制造，且多出土于滇池地区的大、中型墓葬，小型墓及其他地区（如洱海地区、金沙江中游和南部等地）墓葬中则未发现。

2002年，北京大学考古文博学院对晋宁石寨山 M 71∶195 号吊人铜矛和 M 71∶154 号持伞青铜俑之伞盖进行了金相检验、扫描电镜能谱、X 射线衍射分析等多项检测，测出这两件器物表层及内部富锡层的成分，发现吊人铜矛和伞盖内部与表层的铜、锡含差别非常大；吊人铜矛内部铜含量达 95.61%，锡含量最高仅有 7.79%，而表层铜含量最高只有 60.62%，锡含量最高达 55.12%。伞盖内部铜含量 90.66%，锡含量最高只有 6.82%，表层则相反，锡含量高达 52.78%，而铜含量仅为 46.82%。[1] 金相照片显出吊人铜矛表面的银白色层与其基体之间有清晰的分界层，即镀锡层，内外锡成分差别很大；伞盖的金相照片也有镀锡层，证明两件青铜器都是经过热镀锡形成的。这些检验结果证实，云南滇池地区青铜器上银白色金属系镀锡所致。

由此可以肯定，以上所述镀锡青铜器皆在云南本地铸造，镀锡工艺亦由滇国青铜工匠自主完成。他们掌握了多种镀锡技术，能够随心所欲在青铜器内外镀锡，镀锡方式视具体器型及表现需要而定。工艺亦呈现出多样化，既能够单面镀锡，也能够双面镀锡；既可局部镀锡，如杀人祭柱场面贮贝器身镀锡，器盖则未镀锡，又如立豹铜盒盖上 3 只豹未镀锡，而盒身镀锡；江川李家山 M51 号墓的铜罐器盖为鎏金，罐身镀锡。通体镀锡则有晋宁石寨山的执伞俑、吊人铜矛、伞盖，江川李家山的曲管葫芦、铜壶、剽牛祭祀铜扣饰等。

---

[1] 吴炜：《滇国青铜器的镀锡工艺》，《云南民族大学学报》（哲学社会科学版）2008 年第 4 期。

## 二 前期塑形与后期雕饰结合

楚雄万家坝具有代表性的墓葬 M23 号，出土随葬物品以青铜器为主，共计 500 余件，其中 95% 以上是兵器。有成捆成束的铜矛、铜剑、铜戈、铜钺和单耳斧等。器型较单一，纹饰朴素，制作技艺不高是其显著特点。该墓出土的 4 面铜鼓是万家坝型铜鼓的标准器，是迄今为止云南域内已发掘出土的最早铜鼓。

楚雄万家坝 M23 号墓出土青铜器器型较少，未见青铜装饰品出现，且少见大型青铜祭器出土，铜鼓则处在釜鼓不分、釜鼓兼用的阶段，[①]青铜制作技术不高，器物表面粗糙，许多尚有砂眼。对楚雄万家坝出土的 18 件铜器化学分析表明：其中青铜器仅 8 件，其余则为红铜器，占 55.55%。可见其时青铜冶铸技术尚不发达，对青铜合金比例的把握不够到位，尤其是红铜的大量使用，直接影响到器形及其装饰的精巧程度。

青铜由纯铜（亦称红铜、紫铜）掺入一定比例的锡合成，锡含量的适度增加，可提高青铜器的硬度，锡含量少，则青铜器的柔韧性高。经化学分析鉴定发现，云南的青铜工匠对铜、锡配比的掌握已有较多认识，铸造出的青铜兵器及部分生产工具中含锡量比较高（约占 20%），刃部较为坚硬、锋利；实用器中掺入锡的比例较少（约占 10%），其硬度降低、可塑性增强，更容易制作出精细的造型，且在使用时耐弯折变形。[②]

楚雄万家坝 M23 号墓出土的一把青铜戈，体长 26 厘米，纹饰清晰精美，援体狭长，近本放宽形成阑，内上有长条穿，内后端有阙口，是典型的云南洱海系青铜兵器。从结构、纹饰及腐蚀情况来看，铸造年代可能在春秋时期。分析表明，此件青铜戈外层锡铅含量较高，铜含量低于戈体内部，戈体中铜的含量相对高且均匀，锡的含量在 8% 至 18% 之

---

① 楚雄万家坝出土的 5 面铜鼓型制古朴，鼓面小，鼓胸部突出，素面无纹饰，其外壁都有很厚的烟炱，纹饰反而见于内壁上，证明早期铜鼓兼有铜釜（即铜锅）的功能，可作烹煮食物之用。

② 陈旸：《云南江川李家山青铜器的工艺图式特征与价值研究》，《淮北师范大学学报》（哲学社会科学版）2016 年第 4 期。

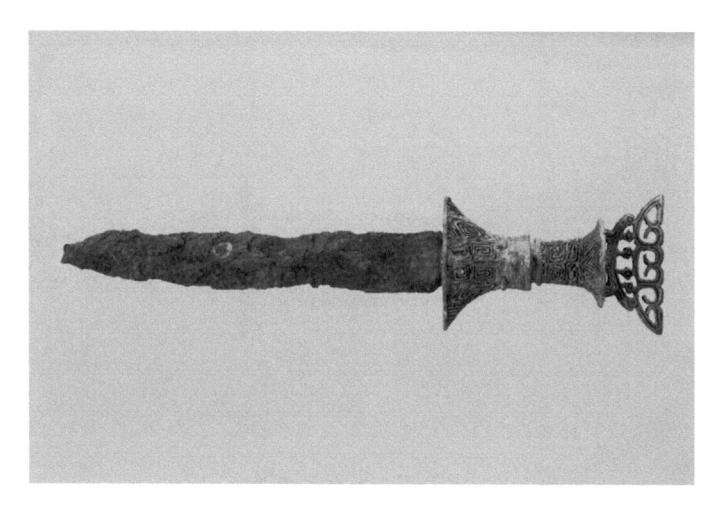

第三章　云南青铜工艺及其审美特征论 / 187

**图 3-8　楚雄万家坝墓出土青铜戈**

间，整体由外到内锡的含量逐渐减少，其中铅含量为 1% 至 5% 之间，外镀层与内体有明显的分界线，外镀层厚 0.40 毫米至 0.80 毫米。材料学把纯红铜与锡的合金称为锡青铜，其优点是较纯铜硬度高，金属光泽和抗腐蚀性好；另外，红铜熔点超过 1000℃，若加锡则熔点降低至 810℃，加锡量的多少，决定着铜合金的刚性与柔韧性，如果铜锡合金的含锡量增加至 12% 以上，铜合金的强度与硬度都有较大提高且适于铸造。而铅不能溶于铜中，以黏附的方式结合于器身中，可以提高青铜器的耐磨性和切削加工性。若锡的含量大于 20% 后，合金变脆，强度会降低。对此戈的分析认为，镀层中锡含量比较高的原因可能有以下几方面：一是氧化锈蚀过程中铜大量流失使锡和铅的含量提高；二是在戈的铸造过程中为了提高其硬度而增加了锡的含量；三是为了提高戈的抗腐蚀能力而增加了锡含量。[①] 锡青铜，尤其是铅锡铜合金大量使用后，极大改善了青铜材料的性能，为云南青铜器工匠进行铸造及后期的模压、鎏金、镀锡、镶嵌、线刻提供了工艺技术基础。

从制作工艺方面看，滇国青铜工匠已普遍采用陶范法与失蜡法铸造青铜器，器型比例匀称、胎体厚薄均匀，铸造工艺趋于成熟。从一些青

---

① 王昆林等：《云南楚雄出土春秋时期青铜戈的理化分析》，《云南师范大学学报》（自然科学版）2003 年第 3 期。

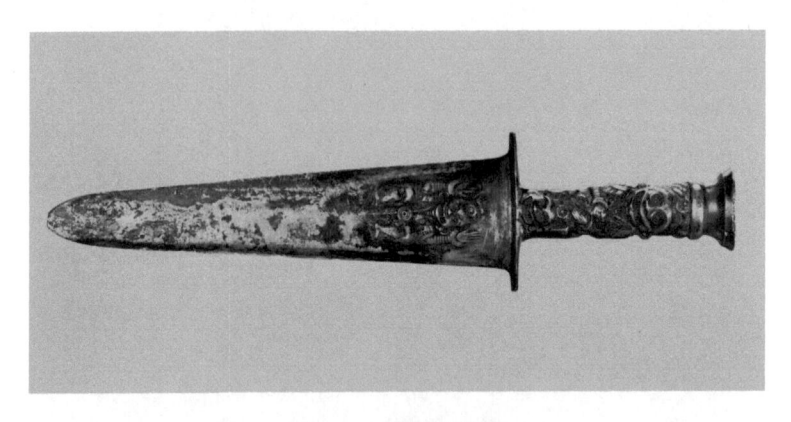

图 3-9　猎首纹铜剑

铜器表面残存痕迹观察，结构较为复杂器型的各组成部位，有分范、合铸的工艺特征。更为复杂、精巧的器物造型则采用失蜡法铸造，如贮贝器顶盖上成组的人物、动物或次复杂的浮雕、镂雕部位等。在上述主要铸造加工方法的基础上，一些特殊器物还辅以镶嵌、焊接、锻打、压模、鎏金、线刻等工艺技巧，以增加其装饰性与精美度，如青铜祭器、仪仗常采用鎏金，青铜扣饰等装饰品则采用鎏金及镶嵌绿松石、孔雀石、玛瑙、玉等工艺。[①]

江川李家山出土的青铜鼓、贮贝器、生产工具及装饰品，有祭祀、剽牛狩猎、舞蹈、放牧等人物活动场面，及虎、熊、牛、猪、豹等动物搏斗的场景，其造型各异，人物神态微妙、生动立体。尤其是其中的五牛线盒、虎牛铜枕、立鹿针筒、踞坐俑铜勺、蛇头鎏金铲、四舞俑铜鼓、虎豹噬牛扣饰、八人猎虎扣饰、二虎噬鹿扣饰、剽牛扣饰、二牛交合扣饰、房宇模型扣饰、圆形或长方形猴边扣饰及各种金饰等，构思精巧，惟妙惟肖，具有极高的观赏价值。如青铜扣饰，形制有圆形、矩形、不规则形三种，其正面均有以人或动物为主要形象的叙事性浮雕，诸如乐舞人像、贵族出行、野兽搏杀、狩猎与俘获等具象性场面，其中部分扣饰除有生动的浮雕图像外，还通过镶嵌工艺装饰玉石、玛瑙、孔雀石

---

[①] 陈旸：《云南江川李家山青铜器的工艺图式特征与价值研究》，《淮北师范大学学报》（哲学社会科学版）2016 年第 4 期。

等，鎏金亦有使用。其中，镶嵌孔雀石的技术要求高、技术环节多，首先须将孔雀石打磨成米粒一般大小的规格，其次在每一粒孔雀石镶片中央钻刻针眼般细小的圆孔，最后连缀成所需饰样镶嵌在扣饰上，可谓技艺精湛。

考察发现，江川李家山出土的青铜器含锡量及精度说明，在铸造上述青铜器时，青铜工匠首先能自如地根据器型及用途的不同而改变铜、锡合金的比例配方；青铜兵器若需要增强坚硬度便掺锡较多，青铜装饰品若需要塑形便掺锡较少。饰有人物或动物立像的器型，则采用先分铸后整体焊接的工艺，其中精度较高者采用利于制作的失蜡法铸造。江川李家山与晋宁石寨山出土青铜器一道，共同代表了秦汉时期云南青铜铸造工艺及其审美文化价值的最高水平。

## 第三节　云南青铜工艺的演变及其审美关系的确立

### 一　独特的器型偏好

云南青铜器共计80多个品种，出土总计超过万件。从社会生活层面看，青铜已被用于当时云南先民生活的各个方面，这与中原地区青铜多为礼器和兵器的情况大不相同。从审美文化层面看，云南青铜器器形独特并包含多元文化构成要素；云南青铜器大多有独特的形制，为其他地区所无。如出土于晋宁石寨山和江川李家山墓葬的青铜贮贝器，其器盖上多为表现祭祀、战争、纺织、放牧等场景的三维雕饰；又如青铜屋宇模型，专为礼仪器具，多呈现祭祀活动场面；再如今祥云大波那出土的铜棺，由7块独立铸造并可拼装拆卸的铜板组成，用青铜铸制棺材很稀少，且房形的棺材更是绝无仅有。

在中国范围内仅发现于云、桂、川、黔等省区的铜鼓，其中以今楚雄发现的万家坝型铜鼓最为古老，云南因此被认为是铜鼓的起源地。考古学界将铜鼓分为四种主要类型和三种过渡型，并详细描述和论证了形制和纹饰的演化，同时对其化学成分、铸造工艺也作出了分析和论证。

各类型铜鼓的地理分布不同。Ⅰ型铜鼓大都在中国南方各省，还有一些出现于越南北部和马来群岛；Ⅱ型铜鼓分布在中国东南各省；Ⅲ型铜鼓出现于缅甸的红、白克伦地区；Ⅳ型铜鼓只在中国发现，故称中国鼓。① 奥地利考古学家弗朗茨·黑格尔认为Ⅰ型铜鼓为基本型："基本型Ⅰ型是年代最早也是最原始的鼓，其他3个类型全部是从这里发展起来的。"② 他对各种类型的鼓分别作了具体考释，其中所谓"中国鼓"描述如次："Ⅳ型（H4）铜鼓可将它称为中国鼓，但也不能绝对地说它们全都属于中国自己的文化范畴。在这类鼓中，大型鼓不多见，很少有超过中等体型的。鼓面星体大多为12道芒，只有一面鼓可以看到凸起的蛙饰。鼓面和鼓身全都没有塑造的图像。鼓面大都直接与鼓身相连，鼓体只分两节，鼓胸与鼓腰融为一体。腰和足也没有明显的分界，因此鼓体轮廓为一条双弧线。鼓耳多为4只，成对排列呈带状，其上常有编织纹和绳纹。"③

在我国古代文献中有关铜鼓的记载亦不罕见。《后汉书》《广州记》《晋书》《水经注》《隋书》《唐书》《岭表录异》和《岭外代答》等均有关于铜鼓的记载，且均作了生动的描述。《岭表录异》曰："蛮夷之乐有铜鼓焉，形如腰鼓，而一头有面。鼓面圆二尺许，面与身连，全用铜铸。其身遍有虫鱼花草之状。通体均匀，厚二分以外。熔铸之妙，实为奇巧。击之响亮，不下鸣鼍。"又曰："骠国进乐有玉螺、铜鼓，即知南蛮酋首之家皆有此鼓也。"中原地区的王公、贵族和官吏往往以搜集、拥有和鉴赏铜鼓为乐。唐代诗人白居易的《骠国乐》中即有"铜鼓千击文身踊"的诗句。迄今在中国南方，还有一些地方有以铜鼓命名的县、乡和山脉。清代考古学家罗振玉曾注意到扬州李氏的一面铜鼓，其上刻有"大甲申亲卯岁十一月伍日造"的字样。清代乾隆年间著名的《西清古鉴》和《西清续鉴》二书著录有铜鼓22面，是在中国范围内铜鼓见于图录之始，也是18世纪著录铜鼓最多的著作。④

---

① 梁志明：《东南亚的青铜时代文化与古代铜鼓综述》，《南洋问题研究》2007年第4期。
② 转引自梁志明《东南亚的青铜时代文化与古代铜鼓综述》，《南洋问题研究》2007年第4期。
③ 转引自梁志明《东南亚的青铜时代文化与古代铜鼓综述》，《南洋问题研究》2007年第4期。
④ 梁志明：《东南亚的青铜时代文化与古代铜鼓综述》，《南洋问题研究》2007年第4期。

第三章　云南青铜工艺及其审美特征论 / 191

图3-10　青铜五牛线盒　　图3-11　铜勺

由此可以发现，以古滇国青铜器为代表的云南青铜文化具有自己独特的器型偏好，尤其是贮贝器、铜鼓、屋宇模型、扣饰等，无不表明其视觉文化发展的独特性。考古发掘表明，云南先民于约公元前1世纪步入青铜时代，开始零星铸造青铜制品，在时间上明显晚于中原。及至云南青铜时代中期的春秋战国之际，具有云南地域特色的塑形艺术面貌方才多得到多维显现。[①] 通过与中原青铜器型比较可以发现，云南青铜器中除铜鼓前身的釜之外，很少出现作为生活用具的大型盛器，而至青铜时代中晚期，云南青铜器中的祭祀用器与中原礼器大多有异，其中铜鼓、贮贝器、屋宇模型等中原不见的器物成为以滇国为中心的云南青铜时代的典型器物。除上述滇池地区代表性的祭祀用器外，云南其他区域礼乐祭祀之用的青铜器除铜鼓及部分乐器外，仅有一些同为实用器的农具或兵器。在云南青铜时代中后期，由于中原文化的不断浸染，云南域内开始出现诸如铜镜、铜币、博山炉、铜灯等明显带有中原文化特色的器物，直至汉武帝元封二年在云南设益州郡，郡治即滇池县（今晋宁），开始导致以滇国为主要核心的云南青铜铸造式微。虽在云南其他

---

① 钱诚：《云南青铜礼乐祭祀用器研究——兼论与越南红河流域青铜时代文化的关系》，云南大学，硕士学位论文，2014年。

区域尚有部分青铜器铸造延续，[①] 但中原文化的同化与青铜时代随后向铁器时代过渡，云南独具特色的青铜文化遂走向衰亡。[②]

## 二 图纹与视效

云南青铜器无论大小，大部分有装饰，多为自然生态之具象或抽象纹饰、动物活动与人类生活场景等。可以说，云南青铜器的观赏价值多归之于其上的装饰，装饰的内容都具有明确的社会功能和文化意义，是云南青铜时代社会现实的形象表达。早期铜鼓以太阳纹为核心，环饰以云霄纹晕圈，已充分显示此时原始宗教与一定规模的社会组织及其祭祀活动之间的内在联系。对于人类学家来说，其价值不可估量，对艺术史家及审美观赏者而言，同样不可低估。

云南青铜器装饰由线状阳纹演化为平面浮雕，从简单的动物形象发展至表现重大活动的人物群体，从线刻、浮雕、透雕到立体群雕，均为单件雕铸，绝无复制。种种迹象表明，这是具有相当水平的青铜艺匠群体的规模运作，或出自从属于王权阶层的专业作坊；祭祀场面青铜贮贝器等重器的设计制造为王权上层直接控制，在文字（指汉字）尚未普及之时，而权贵对若干大事又必须有"记录"和典藏的需要，图纹故具有某种类似"史官"的功能。当然，这种主题意指明确的装饰图纹，随着云南社会的变迁而失去了原有的功能，也是盛极一时的青铜重器在两汉之交的考古发掘中悄然消失的社会原因。

云南青铜器装饰图纹折射出云南先民的生存状态与雕饰者的心理活动，反映出特定时期社会、自然与民众之间的动态张力。晋宁石寨山、江川李家山墓地出土的多件透雕扣饰个性突出，在世界雕饰艺术史中并不多见。遭遇虎豹袭击的野猪奔突撕咬，獠牙穿透豹身其中所呈现的戏剧性冲突分明已融入了作者的主观体验；在虎牛搏斗的铜雕中，雄壮的公牛与虎殊死搏斗，竟以虎死为终结，牛角穿透虎腹，虎肠暴露，猛虎被顶推拖倒于地……这些逼真情态无疑是创作者在残酷的生存竞争中抱一线生命希望的艺术表达；在一件扣饰中，一只母虎

---

[①] 明代《贵州图经新志》有"仲家（即布依族）铸铜为鼓"的记载。
[②] 尹绍亭：《云南青铜文化地理初论》，《云南社会科学》1986年第6期。

**图3-12 青铜鼓上羽饰持盾人物线状阳纹**

竟然将捕获的一整头牛反背于背上,又举起一只前爪将牛扶稳,两只幼虎绕足欢跃,举头张口馋涎欲滴。各种青铜器具植入了创作者心灵的复杂体验,活现出人内心的挣扎。

**图3-13 猎猪青铜扣饰**

又如铜鼓造型精美,纹饰多样,是亚洲东南地区古代铸铜工艺发展到较高水平的产物。云南铜鼓的纹饰大体有三种:一是写实性具象图纹，如干栏式房屋、舞蹈、舂米、划船、翔鹭等，呈现了云南先民日常生活图景与其图腾信仰。如多人划船的图像，有人称为"龙舟竞渡图"；还有头插羽毛或头戴鸟饰的众人划船图，极似举行竞渡等仪式。云南铜鼓船纹具体为何种象征，考古学界尚无定论。二是抽象几何图纹。铜鼓鼓面中心突出的打击点为圆形，周边多有光芒，有8芒者或12芒者，多则达16芒，多称为"太阳纹"，亦有考古学者称"星座纹"，皆因云南属稻作区（尤其是滇池、洱海区域），故与先民对太阳的崇拜联系起来。三是立体具象装饰，如蛙与蟾蜍雕像、骑马武士像，还有牛头、大象和棕榈叶的浮雕等。考古学者普遍认为，铜鼓是建立在稻作农业经济社会基础上的特殊的文化创造。铜鼓纹饰中太阳纹、云雷纹和水波纹等反映了人们对日月星辰的自然崇拜；蛙像装饰则表示了对雷公的信仰和对雨水的祈求，都与稻作农业有密切的关联，故一些地方甚至称铜鼓为"蛙鼓"。①

## 第四节　功能空间中的审美形制

前面已多有述及，战国及秦汉时期的云南青铜器具，有两大要素凸显于观察者的视野之中：一曰形制多样的外观造型，二即繁复精美的平面纹图及雕铸立像。滇国人和其他族群先民承袭着史前先民的造型意识，运用云南丰富的铜、锡、铅等矿料资源，在日趋成熟的冶铸工艺的帮助下，铸造出一件件实用之器、礼法之器、伴奏乐器乃至玩赏之器。它们大多构思新颖、做工精巧，不少器型为中原及云南邻近地区不见或少见，如挂饰兵器、贮贝器、铜鼓、青铜房屋和持伞铜俑、铜扣饰等。其他一些如农具、兵器、桶、盆等共性化的青铜实用器具亦具有浓郁的云南本土特色。整体上看，云南青铜器的形制和纹饰独具风格，堪称实用功能与审美价值的高度融合，及至今日，已成为承载着丰富文化内涵的艺术品。

云南出土的万余件青铜器中，以实用器为多，主要包括农具和兵

---

① 梁志明：《东南亚的青铜时代文化与古代铜鼓综述》，《南洋问题研究》2007年第4期。

器、食具等，无论器类与形制均与新石器时代石制工具有明显的传承关系。但由于工具材料的革命性进化及制造工艺的完善配套，铸造者成熟的塑形意识也能自如地呈现于器型之上。

农业生产工具作为青铜时代生产力发展的重要标志，在云南域内广大地区均有大量发掘且可看出其清晰的进化线索。无论是滇国王公大墓、滇中贵族大墓，还是一些平民小墓，农具皆为常见的随葬物，其中又以铜斧和铜锄最多，其次有铜铲、铜镰（包括爪镰）等。从功能角度看，它们构成了锄耕农业的一整套工具系列：有垦荒时用的斧，掘土和除草时用的锄，取土时用的铲和收割时用的镰，等等。其中的多用器铜斧，在云南西部地区的形制为弧肩形，有明显的新石器时代痕迹，向东至云南中部地区如楚雄万家坝，其形制则已向略呈梯形演化，至云南青铜器铸造最为发达的滇池地区即定型为长条梯形，銎部已固定在器身正中弧刃之上，器身高达12厘米，扁圆或半圆肩宽3厘米至5厘米，两端严整对称，装上曲状木柄，[①] 成为一件极适手合用的砍掘工具，且给人简洁、明快的感受。楚雄万家坝出土的铜斧部分有"几"字形纹饰，有的则一面饰同心圆纹，一面饰网纹。滇国部分铜斧上则铸动物立像。可以说，工具上纹饰的出现，标志着云南先民已趋自觉的审美意识进一步在实用器具中拓展。

铜锄作为掘土工具，在云南战国、秦汉时期的农具中出土最多。楚雄万家坝出土的铜锄面多呈方形或长方形，銎居中，突起上有两孔（固定木柄），弧刃，部分背面有浮雕牛头。而晋宁石寨山滇国铜锄从形制上已有五种之多，[②] 其中M6号滇王墓中出土的尖叶形铜锄为云南特有（见本书图2-32），其中銎部长饰卷云纹，两端铸刻孔雀或牛头纹饰；孔雀尾翎高耸飘逸，牛头牛角栩栩如生。还出土有一柄平刃梯形锄，两端呈三台梯阶状，方形銎部饰回纹（见本书图0-8）；另有一柄刃部呈钝角、两侧线形为波浪状、銎部作蝉纹的曲刃锄，堪称精美。结合众多素面无纹，尤其是平民小墓中出土的有使用痕迹的铜锄推测，上

---

① 滇国部分出土的铜斧銎口中尚存曲状木柄，并与斧刃成垂直纵置状，此与王筠《说文句读》"斤之刃横，斧之刃纵"之装柄方法相同。
② 张增祺：《滇国与滇文化》，云南美术出版社1997年版，第54—55页。

述装饰华美的农具不大可能用于农耕实作,乃是为农事祭祀而铸造,晋宁石寨山 M12 号及 M20 号墓出土的一些青铜器铸刻纹饰中,即有肩荷尖叶形锄参加播种仪式的滇人图像可证(见本书图 2-31),其次则可能作为王宫贵族随葬用的明器。从使用功能看,铜锄微尖或角状之刃利于深挖,平刃则利于除草,器身两端作何形状均不影响其使用。但如铸出圆润的弧线、曲线或其他复杂的线型组合,尤其在器身各部雕铸纹饰,则有其明确的象征含义和审美价值。而同样的情形亦见于铜铲,作为取土工具,滇国墓葬及楚雄万家坝出土的铜铲整体形制多为长方形,平刃,两端作稍向外延伸的弧线形,一般长 15 厘米,宽 6 厘米至 10 厘米,銎部居中并向下收,细分两叉或三叉至刃部,有的饰半浮雕的蛇形纹,刃上端两侧多饰孔雀纹,有的则在銎部饰雷纹等。江川李家山一件祭祀贮贝器上雕铸有一肩荷此铲者立像。此类青铜农具都有简洁而对称严整的形制,大多为实用器,其中少数铸造精致、装饰繁复者则兼作象征财富、权力的礼器之用。

图 3-14　虎牛饰狼牙棒　　图 3-15　猴蛇饰铜钺

在云南实用青铜器中,出土的 20 余种兵器是形制最为多样、装饰亦为华美的器类,且部分兼有礼器功用。云南兵器中的戈、矛、剑、钺、斧、戚等虽早见于中原,但其形制尤其是纹饰差别较大,说

明其均产自云南本土。另有一部分则未见于中原及云南近邻地区，整体形制多模仿动物形态而制，考古学家张增祺先生故将该类独具云南特色的兵器命名为"仿生式"兵器。①其仿生形制不仅具有实用价值，还具有视觉的审美价值。如鸟头形铜喙，之所以命名为"喙"，即其器身整体似长嘴鸟喙，器身两侧还铸有两个对称的圆圈，酷似鸟眼，刃部既长且尖；再如鸭嘴形铜斧，器身似一伸嘴曲颈的鸭头，刃部呈铲状如鸭嘴，两侧亦有一对对称的圆圈似鸭目。此外还有蛇头形铜叉、蛙形铜矛、鱼尾形铜钺、铜戚等，形制多为云南先民常见的动物。

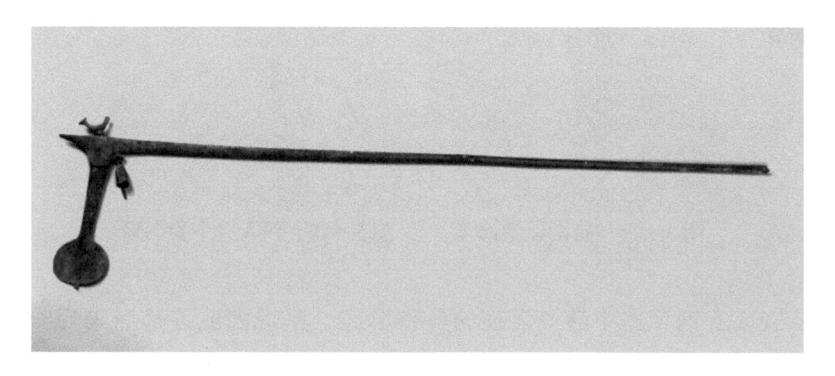

**图 3 - 16　祭祀用立鸟铜戚**

至春秋、战国以降，云南青铜工匠头脑中日趋成熟的塑形意识已建基在丰富完善的知觉表象迁移能力及其抽象的观念运思基础上，即能将各种动物视觉结构的某些要素与他们头脑中实用与精神的要求自如地融为一体，再通过日趋精湛的铸造工艺而达到实用性与观赏性统一的目的。然而，正如日本学者海野弘所说："装饰能为被装饰物增加光彩，但必须与被装饰物结合为一个整体，还应该以被装饰物作为自身存在的前提。"②青铜农具、兵器等作为实用器，自有其明确、具体的使用功能，装饰性要素只能在不影响使用功能的前提下才会被设计应用。可以看到，云南的各种青铜实用器的基本形制，是在长期生存实践的基础上

---

① 张增祺：《滇国与滇文化》，云南美术出版社1997年版，第17页。
② ［日］海野弘：《装饰与人类文化》，陈进海编译，山东美术出版社1990年版，第10页。

进化、演变而来的。随着云南先民已趋成熟的塑形意识，青铜工匠自觉不自觉地在铸造过程中呈现出他们审美创造能力。

图3-17　豹衔鼠銎铜戈　　图3-18　四人一牛銎铜啄

云南青铜兵器中活灵活现的各种形像，呈现的或许是尚未完全脱离生存劳动的族群领导及其族群整体性的观念和想象。商周时中原地区某些兵器已用于非战争目的，如铜钺可用作仪仗器。《尚书·牧誓》曰："王左杖黄钺……"云南早期用于战争的斧，主要是穿銎斧，銎背立铸羊、兔、豹、蛇、雉、犬及狐狸等三维动物，亦可用于仪仗。①《仪礼·觐礼》曰："天子设斧依于户牖之间……"郑玄注："依，如今绨素屏风也。有绣斧文，所以示威也。"② 可见，装饰兵器除仍可用于战争外，还可作为刑具用于刑罚和祭典。结合云南青铜器上有血祭场面及相关民俗学记载，斧、钺等很可能也有此类用途。

云南先民的审美意识亦同样见于青铜日用器具中。在云南，炊具、食具、酒具和其他日常用具一应俱全，皆有青铜制品。滇国炊具中的釜甑，在中原新石器时代即有陶制品出现，商周时改为铜铸。一般下为釜，上为甑，配套用于蒸煮食物。《孟子·滕文公上》曾有

---

① 张增祺：《滇国与滇文化》，云南美术出版社1997年版，第198页。
② 张德付编著：《中华日常礼仪基础教程》第5册，中华书局2019年版，第67页。

"许子以釜甑爨"的记载。其常见形制为敞口、短颈、圜底或小平底，肩上有对称环耳，腹部饰弦纹。甑则底小口大，呈盆状，敞口，唇外折，腹部亦饰弦纹，底部有外围及条形孔，便于与釜口套合以使蒸气不易泄漏。晋宁石寨山M16：22号青铜屋宇模型即铸有一具似用三块石头（云南称锅桩石）支撑的大铜釜，其旁站立一人用长柄勺在釜中搅拌，一人弯腰吹火，另一人跪坐观看炊煮状况。此种青铜釜与云南元谋大墩子、宾川白羊村新石器时代遗址出土的圆圜底陶制钵相似，其形制可能为延续相关石器而来。江川李家山M27号墓中还出土有铜罐（伴有形制相同的陶罐），其口外侈，鼓腹，小平底，亦与新石器时代仿葫芦形的陶罐相类，出土时底部有烟炱。此类炊具正圆的顶视、圆润的线形、外侈之口唇厚薄均匀，不少有环圆的纹饰，做工精致。

云南青铜食具则有碗、盆、盘、案、钵等，其形制亦大多与同类陶器相似，另有铜勺、匙、箸等，在陶器中则不多见。值得一提的是青铜案（即进食时置杯、盘等食用器皿之案，案面有长方或椭圆之分）。江川李家山M24号墓出土之著名的"牛虎铜案"，以一立牛为体，牛背呈椭圆形，平面为案面，四蹄作案足，四周略为翘起呈盘口状。由于立牛颈肌健硕，两角前伸，重力前移至牛头，于是青铜工匠在另一侧牛尾铸一四足抓住牛胯正欲吞噬牛尾的猛虎，使器身获得了巧妙的平衡感；因大牛腹下中空而纵置一小牛，进一步增强了案身的整体稳定性，亦有母牛护犊的象征意味。此案既有中原四足案的基本特征，其写实性极强的动物造型又具有浓郁的云南本土特色，堪为我国青铜时代的艺术精品之一。

云南少数民族善饮，其青铜酒具有壶、钟、尊、鐎、杯等多种。如滇池地区特有的一类铜壶，多为直口（或侈口）、长颈，球形鼓腹、圈足。壶身多铸刻孔雀、鹿、豹等动物或竹节、波状纹饰等，豆形或鼓型盖上多铸一立牛像，整体形制与新石器时代仿葫芦形陶壶相似；中原不见的青铜尊，多为喇叭形高圈足，其豆形盖上亦铸立牛像。中原商周时有不少犀、牛、羊尊等"肖形尊"[1]，云南域内则仅

---

[1] 张增祺：《滇国与滇文化》，云南美术出版社1997年版，第157页。

图 3-19　牛虎铜案

在昭通、禄丰东汉墓中见鸡形青铜尊出土。元谋大墩子新石器时代遗址曾出土一件鸡形陶壶，云南青铜鸡形尊则与之类似，但已更为精致小巧。昭通桂家院子出土的一件雄鸡形尊，尊口开于鸡背，有活动器盖，鸡腹为腔，嘴为流；禄丰碧城东出土的2件则一雄一雌，尊口则开于颈顶，鸡头作盖，口与盖之间有榫口套合，腹为腔，嘴为流，比前者更为巧妙精致。[①] 其余如青铜鐎，其形制亦为直口、鼓腹、圜底、蹄形三足，有流、柄、盖，器底留有烟炱，为温酒器。青铜杯则为饮酒器，敞口，腹斜直束腰，平底圈足，多有上铸立牛像的豆形盖。

云南青铜器上多见农事祭祀或节庆中的饮酒图像，晋宁石寨山 M12∶2 号铜鼓型贮贝器面外圈15位舞人，每2人中间置一半腰酒杯，内圈9人中有3人持高足带流器，似在为外圈舞人酌酒。另晋宁石寨山 M3号、M6号、M14号墓中出土的各一件屋宇模型中，均有壶、尊、杯、勺等酒具立像。各类酒具能作为祭祀或乐舞活动中的道具。

---

[①] 张增祺：《滇国与滇文化》，云南美术出版社1997年版，第157页。

# 第四章　云南青铜艺术审美价值论

## 第一节　云南青铜艺术的情感结构

从中国青铜审美文化的视野看，尤其是与中原青铜器相较，云南青铜器相对稚拙的外在形式与充满张力的内在精神，似乎还无法融合为一个完整的精神实体。这个充满张力的内在精神主要是在原始巫术意识支配下的生存动力及其内心感受。如贮贝器和铜鼓普遍以对称的圆形为基体，同时以人物、动物和其他相关生活场景之图像或符号为饰，这种基体构型与装饰图像间结构稳定的构形似乎仍然是基于某种自然的构成关系，亦如李泽厚先生在《美的历程》中描述夏商之交中原陶器的构型，尚缺乏一种把基体和图像之精神内容积淀为审美形式的塑形模式。[①] 与商周青铜器精神意义明确的构象与纹饰不同，在千余年的青铜器铸造过程中，云南青铜工匠懂得将精神内容的原型结构抽取出来，却始终在某些细节上保留了原型的特征，这种审美特征在云南青铜器上得到了或隐或显，或粗糙稚拙或细腻精致的表现，其中的动物、人物、牛、太阳、云彩、水波等都在与原型有确切的对应关系的构形方式中转化为造型。

在考定为商代晚期的剑川海门口青铜器上，可以看出铸造者虽掌握了整体塑形结构的能力，其中的个体图像能够作为整体造型中的结构元素，但始终未能完全抛弃脱胎于新石器的那些几近单调的模式化结构。略显呆滞而过于稳定的构形，呈现出一种静态中的稳定感。考

---

[①] 参见李泽厚《美的历程》第一章"龙飞凤舞"之第一节"远古图腾"，中国社会科学出版社1984年版，第8页。

据为春秋以后的楚雄万家坝型铜鼓，开始以多种塑形方式构成整体的变化并由此呈现出某种流动中的稳定感；其在整体构型的基体上或以起伏有序的线为基准，使每个装饰图像以此为核心起伏变换，或铸刻向上与向下的饰纹形成流动效果。但万家坝型铜鼓三维构象基体上纹饰变化的灵动感，亦因追求对称平衡的构成而仍具有云南青铜器特有的稳定特征。

从云南青铜器的饰纹图像看，绝大多数可以找到与原型之间的对应关系，因此，整体器型和饰纹图像均具有不同程度的具象性与再现性，特别是单独的纹饰形象在细节上大量保留着原型的特征，显得较为生动而自由。然而，其图像仍以如平衡对称和围圆扩散等形式为主，且图像与图像之间的相似进一步使稳定性特征浸透在每一种造型元素中。及至战国两汉，滇国铸造的青铜器如叠鼓型贮贝器、扣饰、几案（如驰名的"牛虎铜案"）等，以多样化的构型方式出现后，具有节奏、韵律感甚至跃动性视觉效果的青铜艺术便产生了。如果观赏者从构型与图像趋近自然的结构形式中获得的美感是有限的话，那么，青铜艺术精神实体的完整呈现无不显示出超越神秘内容的自由感和由此产生的审美张力。

实际上，自新石器时代以来，云南先民生存活动的全部内容和从实践中获得的视觉感知无不来自日常生活的经验世界和非现实的神灵世界，而且，二者在他们的感觉与意识中不可分割地融为一体；先民以这种交融一体的原始思维及巫术仪式的象征性力量，来试图控制自然规律的运行和发展，规约并引导民众的生存行为，同时塑造他们的心智结构。基于从其祖先那里继承而来的未脱动作痕迹的图像思维，最早使用的普遍形式似乎只能是视觉性的模仿形象。按照法国符号哲学家罗兰·巴尔特（Roland Barthes）的观点，日常经验符号系统的形象可以把人们从偶然性中拯救出来。事实上，云南青铜器上的经验符号系统既在广泛领域内记录了大量的日常经验，但又融汇着浓厚的原始宗教与巫术的意味，其符号所指意味是多重的，实用功能中的文化功能也是多维的。因此，我们对其审美价值的探讨不能离开其相关文化语境来进行。

## 一　日常经验和世俗情感表达

云南先民生活在他们的自然环境和世俗环境中，积累出两种经验形态，一种是包括劳动实践、前科学意识和社会规范在内的感悟与认识自然和人类世界的经验，另一种是建立在自然和人类世界经验基础上，内化在心理意识中的生理—心理经验。在模仿性造型上复制出日常生活成为先民最早的创造性行为，因而，塑形的作用即在于使生活事件和经验原型在图像的文化功能上达到某种对应状态。例如，贮贝器与铜鼓上的狩猎与舞蹈图像就与古滇国先民的生活情景相去不远；屋宇模型显然是百越系先民由巢居向干栏式建筑过渡的典型证据。青铜器铸造者通过创作进一步内化了其中包含的丰富的生活经验和相应观念。

当然，在原始思维的主导下，日常生活的经验世界和超现实的神灵世界，其形式与特质经常互渗，在先民心目中很难判然分开。到青铜时代，云南先民开始朦胧地意识到的两个世界的不同性质时，作为符号的器物中也开始融入了这种观念变化；他们通过青铜器的模仿造型对超现实的神灵世界进行的表现，始终灌铸在符合现实生活逻辑的场景描绘中。然而，必须说明的是，对青铜器而言，审美意义上的塑形并非其创造的唯一目的，呈现工具性经验、传递实用性巫术观念是其首要意义。关于此，法国人类学家列维-布留尔说得很明白："在原始人的思维的表象中，客体、存在物、现象能够以我们不可思议的方式同时是它自身，又是其他什么东西，它们也以差不多同样不可思议的方式发出和接受那些在它们之外被感觉的、继续留在它们里面的神秘力量、能力、性质、作用。"[①] 对先民来说，一个造型符号呈现出来的形式既是物象自身的结构，又是超越于物象本身的精神幻象。德国哲学家恩斯特·卡西尔也认为，神话中的符号和意义具有同一性，形象就是事物本身。因此，在原始思维中，幻象的真实就是物象的真实，幻想真实性的基础就是现实中的联系；在造型符号中呈现的幻象就是先民所理解和认可的真实，而恰恰是这种真实感使他们的心灵获得了慰藉，找到了归宿。我们在云南青铜器中看到，他们反复复制出其生活的方方面面，如节庆、纺织、狩猎、乐舞、出游、竞渡、战争，等等。把这些不断体验着的生活世界以图像的方式加以对象化，在传递生活经验的同时还祛除了心中对自然"神力"的隔膜与恐惧，尤为关键的是通过经验现实与模仿图像

---

[①] [法]列维-布留尔：《原始思维》，丁由译，商务印书馆1981年版，第69—70页。

之间的互渗与交感，在原型中生发出来的意象世界基础上转化出一个解释世界的观念体系，在体味着一种创造愉悦的同时，使先民感悟到这个世界的存在及其对自身的价值与意义。在云南域内，那些围绕青铜祭器展开的种种乐舞活动已清晰地显现了这一点。

可以设想，当云南先民面对着一个属于自己的丰富的对象化视觉世界时，是怎样的一种愉悦心境。经过漫长而艰难的创作，他们终于在自己创造的事物上看到了自身的形象、意志和情感，于是在青铜器上倾注着对日常世俗生活的赞颂之情；对日常生活、节庆礼俗、生产活动的精心描绘遍及云南青铜器的各类器型；早在新石器时代业已驯化的动物，如牛、犬、猪、羊等亦成为云南青铜器不竭的表现对象；而狩猎技能尤其是氐羌系先民所热衷表现的对象，种类繁多的生产生活工具与兵器就是他们技能的标志物。

在古代的精神生活图景中，文明开化的最初标志就是世俗生活中人与自然关系的协调。我们在云南青铜器的纹饰图像中看到，对世俗生活的赞颂之情尤其表现在人与自然关系的和谐方面，特别是在人和动物亲近感的建立上。青铜器是在云南古代艺术中动物形象最为丰富多样的一个类型，其对牛、鹿、鹭鸶、犬、虎、豹、羊、猴、猪、蛇等动物的具象描绘皆达到形神兼备的程度，显示出极为准确的生理与运动特征。与殷商青铜器上饕餮和夔龙等不同，它们皆为云南先民日常生活可观察范围内的动物，多数没有神秘的灵光加持，即便如意蕴丰富的蛇，其造型亦无怪异特征，先民对它们的感受不乏依恋和亲近，除虎豹等猛兽外，少有敬畏；其对普通民众而言，不仅作为生存需要的食肉来源而具有密切关系，还因与人共居而形成稳定的心理意象，成为先民心智结构中自然与人和谐的有机组成部分，从而对青铜器的塑形与装饰活动产生了明显的影响。确切来说，云南先民对这些动物产生了强烈的表象记忆并与之蓬勃的生命力在精神上"同构"，促使他们准确、生动地模拟出这些动物的形象。英国学者雷维尔·利维即认为：

> 这种对动物的依赖感以及由此产生的种种思想和行为方式在以后就决不会再有了。与此同时，在和谐关系中对美的生动性认识，对描绘对象非本质部分的扬弃……对运动中的动物外轮廓线

的确定而又生动的联结，都无可怀疑地表现了一种发展了的艺术力量。①

世俗情感的培育具有建构社会生活秩序的基础性意义。对云南先民而言，它不仅使建立在氏族血缘基础上的原始道德感成为调节人与人之间正常关系的社会规约，同时还调适着先民的心理与情感。因此，云南青铜器中日常生活场景及有关动物的塑形，内化为特定族群的文化心理结构，传达着他们世俗生活中的喜怒哀乐。

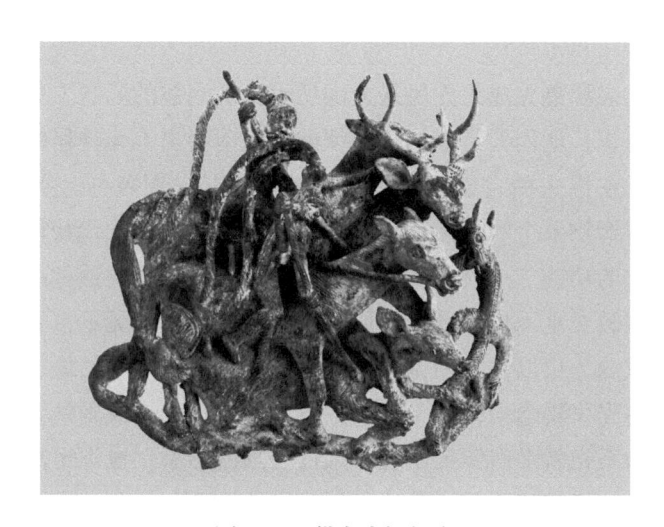

图4-1 猎鹿青铜扣饰

## 二 神灵图像及娱神与自娱

毫无疑问，尚有种种神灵图像呈现在云南铜器之中，其特征亦与中原及世界各地的青铜器无大差异。在青铜时代，云南先民仍续用新石器时代以来的原始宗教或巫术仪式与超现实的神灵世界进行沟通。考古人类学普遍揭示，把某种自然物作为神灵图像，基本原因是某一自然物的某种属性对史前人类的生存有用；具体来说，对自然物属性生存价值的反复体验与认识便在先民头脑中凝固为相应的价值特

---

① [英]雷维尔·利维：《石器时代的宗教观念以及它对欧洲思想之影响》，转引自张晓凌《中国原始艺术精神》，重庆出版社1992年版，第187页。

征，经过对这种价值特征的放大和强化，即会形成特定的精神形态。于是，某一自然物就具备了超自然的神性，尽管其形象仍未摆脱直观感性，但在先民心目中已然具有了超感性的意指，这就是云南青铜器中神灵符号的意蕴特征。人类学家无不注意到，在原始宗教活动中，先民普遍依据其巫术操作观念对自然感性形象做出变形处理，或放大自然物的某些属性部分，或对自然物的形象施以夸张和变形，或对自然物进行异体综合，等等。巫术作为人类早期文明的一种特定实践行为，其功能是以生存实用为目的的操作系统，其中自然或现实的造型和图像作为内在观念活动的外在象征形式大多与神灵图像互为一体。

人类的来源最先成为先民最为困惑也倍感兴趣的问题。居于原始思维的互渗意识，他们通常依形态特征的相似附会出不无神秘的理解。如太阳这一神秘巨大的自然物，不仅与植物生长，而且与人类繁衍相联系。各种青铜物象上的自然物形象图符均具有将先民代代相传的集体无意识对象化的功能。这就是我们在云南青铜器上看到的种种图像或纹饰不乏原始宗教或巫术操作意味的原因，这些图像纹饰无不带有浓浓的幻想或象征成分。仅以动物图像为例，就有象征意味浓厚的蛙、蛇、翔鹭等。在云南先民观念中，蛙象征水，铜鼓即多铸蛙饰或刻蛙纹，求雨等祈求丰产的祭祀就多有铜鼓出现。人饰鸟翅的形象，也许寄寓着神秘的祈愿，可见于祭祖祈灵等活动。[①] 沧源岩画有羽饰人像，表明云南先民尚好羽饰并将其延续至青铜时代的纹饰中。对此，汉文文献亦多有记载："蒲蛮……首插雉尾，驰突如飞。"[②] "面夷……插以翠花，被以毛缨，缀以毛羽。"[③] 在云南先民看来，这些飘逸而潇洒的羽饰，是吸引神灵的标记。这些青铜文化事象及其文献记载，还透露了先民的早期族属及其相关的生存意志。

牛在云南造型艺术中出现最为频繁亦最受关注，在沧源岩画直至青铜器立像图纹中，一些形体高大、地位显要者头饰牛角。如前所述，云

---

① 邓启耀：《宗教美术意象》，云南人民出版社1991年版，第29—30页
② （明）陶宗仪：《说郛》卷36，中国书店1986年版，第312页。
③ （明）钱古训撰，江应樑校注：《百夷传校注》，云南人民出版社1980年版，第164页。

第四章　云南青铜艺术审美价值论 / 207

**图 4-2　沧源岩画中的羽饰人物及牛图像**

南青铜贮贝器和兵器多雕绘有牛像，周围人物的装饰、姿态各异，或歌舞，或狩猎，或战斗，或并行而立。其中的牛像，参证人物活动可推断是祭祀用牛、猎获与畜养之牛，大多具有文化认同的图腾标识意义。在云南先民的神话意识中，牛作为化生天地万物的神，甚至是人类的祖先，在创世神话中不乏其踪迹。同时，剽牛或祭牛之俗则更为多见。它们或成为剽牛仪式上巫师的装饰，或本身就是祭祀供奉的神灵，这种情形可以从青铜器中牛像旁边未见任何耕作器具得到验证。多数牛像被人用绳索牵系着，参证民俗学描述，是用于牲祭的待剽之牛。同样的情形亦在青铜贮贝器上的缚人（杀人）祭祀场景中出现。如前所述，在云南先民心目中，这类血腥的祭祀并非残忍的虐杀，巫师会对祭牛作虔诚的祈祷，分食所剽之牛肉以和祭牛共在同一的心理，是源于一种互渗合一、天人感应的原始思维模式。[1]

云南青铜器再现的一个重要领域，是云南先民对神灵或神性物经由崇敬继而取悦的情形，其呈现形式就是音乐舞蹈。在云南，迄今仍有许多民族跳祭祀乐舞，如景颇族的祭祖舞即要跳一系列模拟狩猎、战争、耕作、建房等的舞蹈。因此，云南青铜器中描绘的纺织、农事、狩猎乃

---

[1] 参见邓启耀《宗教美术意象》，云南人民出版社 1991 年版，第 39—40 页。

至战争等生存实践活动,大多通过乐舞这一模仿性方式活灵活现地展现出来,同时具有娱神和自娱的双重功效。关于这一点,美国美学家苏珊·朗格(Susanne K. Langer)作了精当的论述:

> 原始人生活在一个由各种超凡的神灵主宰的世界里,这些超人或尚未发展成人的心灵,那些具有巨大魔力的神灵鬼怪,那些象电流一样隐藏在事物之中的好运气和坏运气,都是构成这个原始世界的主要现实。艺术创造的推动力,这对所有人都显得十分原始的推动力,首先在周围这一切神怪的形象中得到了自己的形式。那祭坛或图腾族竿周围的魔圈,那"基瓦"(即神庙)之内的圣区,都是理所当然的跳舞场地,在一个由各种神秘力量控制的国土内,创造出来的第一种形象必然是这样一种动态的舞蹈形象,对人类本质所作的首次对象化也必然是舞蹈形象。因此,舞蹈可以说是人类创造出来的第一种真正的艺术。①

敬畏隐藏在自然物背后的巨大力量,由此生发出神灵信仰,显现出先民企图把握世界与自身命运的精神特征;先民在巨大而神秘的自然力面前,所能做的似乎就只有试图与之沟通并虔服于它,以使其有助于生存需要。因此,为了生存而希望神的法力能够顺应人的意志和愿望故取悦于神,就是再正常不过的行为,这正是娱神舞蹈在云南各地的祭祀乐舞(典型如铜鼓乐舞)中反复出现的根本原因。

出于族群繁衍和现实生存的迫切需要,带着对神的无比敬畏之心,云南先民在舞蹈中身心投入时达到的致幻状态,在升华他们对虚幻的精神世界的心灵感悟能力的同时,很可能培育出相对纯粹的形式感悟的审美能力;致幻状态中充满对神的玄想及对神秘之境的精神体验,其中生发的想象力是超现实而自由无羁的,无疑催生出并建构着先民的精神自由感。与此同时,祭祀舞蹈中的那种无以言表的微妙的人际感应、复杂的动作组合方式亦是内化的理性秩序的现实操作;正是这种内化的理性

---

① [美]苏珊·朗格:《艺术问题》,滕守尧、朱疆源译,中国社会科学出版社1983年版,第236—237页。

秩序协调了生存中种种不协调的因素，诸如狩猎和战斗中的紧张情绪，交往中地位尊卑带来的压抑，性爱中迸发出的难以抑制的冲动等。因此，在身心自由的舞蹈中，娱神的真实效果最终还是体现在娱人上，虽然是一种不期然而然的结果；取悦于神的舞蹈只有通过适应于人的机体的运动方式以及愉悦的心理体验才能实现，人的精力也只有在这样的理性秩序的协调中宣泄和呈现，方能与神所揭示的理性秩序达到和谐及统一。如在铜鼓乐舞中，云南先民的身心协调的愉悦感受，增强了他们的审美表现能力。那种来自躯体的有秩序、有规律的运动，亦同时作为一种形象思维方式，在心理感悟和塑形审美意识的作用下，通过视觉造型同构性地凝固在青铜器之上。

## 第二节 云南青铜艺术的审美特征

与上古艺术一样，在美学视域中，把云南青铜器作为审美的艺术品，界定其风格呈现与形式特征，始终不能脱离其产生及演化的文化语境。据此认识，我们结合实证材料略作归纳。

### 一 具象再现及其叙事环绕

云南青铜器中的重器——铜鼓不仅数量多，且功能多样。迄今的民俗学田野考察为我们研究铜鼓审美文化提供了丰富佐证。直至20世纪50年代，在云南西南部的沧源县，作为白濮系族群后裔的佤族，一直有以"木鼓"为活动中心的盛大仪式，其与以铜鼓为祭仪核心的文化活动特征基本相同。在此活动中，佤族将木鼓称为"梅饶格"（即木鼓神），每当制作木鼓时，必须举行一系列隆重的祭祀仪式，村寨中青壮年无不争先恐后地参与制作劳动。头日砍伐制作木鼓的木材前，先由头人杀鸡或杀猪占卜，伐树时杀一头牛慰劳砍伐者，运回伐木时妇女边走边唱，以芭蕉和米饭慰劳运送者；次日，牵来2头至5头剽牛祭谷，整日歌舞。最后，将制作好的木鼓神放在村寨中最大的一棵被称为"考饶格"的树下，并告知村民如果随意砍折该树会遭遇不幸甚至死亡，有的村寨还专门搭建木鼓房存放木鼓，以免日晒雨淋。佤族制鼓时需工匠四五人，历时一个多月始能完成；木鼓声悠远厚重，在村寨及山谷中传之辽远。有时工匠们还在鼓面上挖出深浅不一的若干凹面，敲击时候便可发出几组不同的声律，村民随律而舞。① 可以发现，佤族环绕木鼓的活动在云南各族群的铜鼓系列活动中不仅具有同构的意义，也具有相同的文化与审美表征。

同样在20世纪50年代，早于佤族先民进入农耕时代的氐羌系后裔，文山麻栗坡县的新寨彝族，逢丧事必敲击铜鼓跳舞两天。同一时期在云桂交界的彝族山寨，亦在重大庆典时跳铜鼓乐舞。据彝族老人说，旧社会时每当遇到兵荒马乱他们首先想到的是把铜鼓藏起来，可见铜鼓之重。相关民俗资料显示，交界的彝族敲击铜鼓跳"跳弓（宫）节"时，"宫头"（领舞者）及七大"帕比"（将军）均头插细长的野鸡尾翅，手执盾牌或长矛道具，身体悠悠晃动，做出一系列模拟战斗场面的舞姿，与晋宁石寨山及江川李家山出土青铜鼓上的乐舞图饰毫无二致。考古学者根据民俗学图像发现，铜鼓乐舞中白族彝族妇女服饰上的雷纹、菱形纹及网纹与男子服饰上的云纹，与万家坝型铜鼓的纹饰几乎一致；文山富宁县花彝支系跳铜鼓舞时穿的燕尾饰服，与石寨山型铜鼓中穿尾羽衣饰者亦相似；该县木央彝族跳铜鼓舞过"荞年节"时，舞者左手左脚同步相出、臀部往后移送的类似划船的动作，与晋宁石寨山、江川李家山出土铜鼓上"龙舟竞渡"者的舞姿高度相似。② 这在青铜器以外的文物中亦不乏旁证。考定为云南青铜器兴盛之战国至西汉时期的花山岩画，即生动描画了铜鼓乐舞的盛大场面。画面中近千人均做出双手弯曲向上、屈膝双腿向下的姿势，模拟青蛙蹲立即将跳跃之状，有学者考据为是20世纪壮族尚存祭祀仪式中模仿青蛙而舞的场面。③ 对此，民俗学者于希谦说："生活在无书面文字时代的各族居民，常常有当地的一套特殊的非语言符号系统，其中包括以约定俗成的方法使用一些文化器物，形成丰富多彩的声色形情等生动意象，以借物寓意的方法表达

---

① 全国人民代表大会民族委员会办公室编：《云南省沧源县佤族社会调查》，1957年，第46页。

② 于希谦：《中国南方鼓文化与地域社区生活》，云南民族出版社1995年版，第238—240页。

③ 于希谦：《中国南方鼓文化与地域社区生活》，云南民族出版社1995年版，第259页。

抽象的思想观念，使当地传统的信仰、价值观及社区规范深深地印入人们的脑海中。及至今日，云南一些少数民族地区的居民亦把本村寨、村社、家族或宗族共有的木鼓或铜鼓视为本社区的标志，看到它的特殊形制，听到它发出的乐声，就会想到自己是这个集体的一员而产生归属感。制定民间规约时常有击鼓的习俗，这鼓声会使人想起规约的权威性和服从的必然性，因此有'一鸣相依，一鼓相随'的俗语，人们把它称为'法鼓'。"①

云南青铜鼓作为审美性的艺术品，其形式感始终未脱离种种观念意象与审美文化事象。铜鼓与云南先民现实生活的精神联系已毋庸赘述，其朴实、凝重的视觉造像及淳厚、辽远的敲击之声早已浸入云南先民的生命之中。与云南特有的青铜贮贝器之审美特征极似，云南的青铜鼓同样呈现了并不逊色的叙事性。如前所述，云南青铜器中的大型器物通体多生产、生活、祭仪等活动场面，即便有静物也少有呆立者，上面的人物形神兼具、栩栩如生。在其器身中，皆生动地再现了具体的活动场景，战争、纳贡、纺织、狩猎、耕种、祭祀、舞蹈，不一而足。

换个角度再看晋宁石寨山出土的战争场面叠鼓型贮贝器。其直径不足 30 厘米的盖面上，呈现了在一群装备精良、椎髻的滇国将士中间，施以鎏金工艺的骑马将军正率部与编（辫）发的昆明人战斗而至获胜的具象画面。其突出的故事与情景再现在同期其他地域的青铜器中少有比拟者。甘肃雷台汉墓出土的"车马出行"青铜器，其铜车马数量最多且被誉为叙事性高者，其多为单人单骑而非多人出行，虽经推断可依次组成一支三维车马队，但确切地说尚不能称作"车马出行"图，其叙事性明显不足。② 显然，从叙事结构的完整性而言，云南青铜器尤为突出。再看江川李家山出土之纺织场面贮贝器：器盖上铸有 10 人，正中 1 人双手抚膝踞坐于类鼓型座位上，通身鎏金；前方跪 1 人似被其斥责，左侧跪 1 人手捧食盒，其后跪 1 人为其撑伞，周围还 1 人低头缠线，其他 4 人则低头织布。同样为纺织场面贮贝器，晋宁石寨山出土青

---

① 于希谦：《中国南方鼓文化与地域社区生活》，云南民族出版社 1995 年版，第 40 页。
② 祝中熹、李永平：《青铜器》，敦煌文艺出版社 2004 年版，第 177 页。

铜器的人物则更为丰富：盖面上多达 18 人；1 妇人居中跪坐，身后 1 男子持伞侍立，其前 1 人捧盘跪侍，还有 1 人立侍。其外围共有 9 人围绕，其中 4 人面向跪坐者，其他 5 人正在纺织，其中 1 名捻线者身上挂一内有物品的布袋；4 名织布者皆坐于织布机前，低头专心工作，另有一犬、一鸡、一只几案。① 这一青铜器在有限的空间中，在具体生动地再现侍奉坊主、纺织劳作等生产生活场景的同时，还呈现出当时的社会境况、阶层分化、人伦风俗，展现了叙事艺术的构成要素，又具有视觉艺术之连环画的似动效果。

## 二 抽象观念走向具象凝定

抽象观念在云南青铜器上多通过具象的图像呈现，这虽然是世界范围内原始艺术的共同特征，但以如此多样和生动的方式呈现且延续千年，殊不多见。与中原新石器时代陶器由具象向抽象的清晰演变、商周青铜器抽象纹饰凝定的厚重的社会观念表现不同，云南青铜器上的饰纹与立像始终不脱再现与叙事支撑的具象形式，云南先民有关生存的所有情感、期盼与意志凝定在生动鲜活的人、动物及其活动场景中。

有关云南青铜鼓上的蛙饰前面述及不多，从实用功能上说，它在铜鼓上常常只是一个用于抓握的钮，而事实上则意蕴丰富。民俗学研究提供了丰富的旁证：如彝族的神话认为，人之所以保持了说话的能力，没有喝天神的哑水，靠的是青蛙的自我牺牲。② 壮族则认为人类只有借助青蛙向居住在天界的雷公表达心愿，才能风调雨顺、五谷丰登，其谚语说："蛙神叫，雨水到。"所以，在铜鼓上雕铸青蛙，敲击蛙鼓，便可以达成通往天界的目的；铜鼓上的云雷纹，则是沟通人类居住的中界与雷公居住的天界的标志。③ 青蛙虽小，却身负沟通人神、祈福丰产的重任。兼具财富象征的青铜鼓基本呈圆形，虽承食具之釜而来，其礼器之用亦在于，云南先民早就意识到财富只有流动才能不断增长，而圆形恰具有流动的视觉形态特征。同时，具有流动性的圆形也成为云南青铜器

---

① 张增祺：《滇国与滇文化》，云南美术出版社 1997 年版，第 111 页。
② 张文勋主编，施惟达副主编：《滇文化与民族审美》，云南大学出版社 1992 年版，第 54 页。
③ 于希谦：《中国南方鼓文化与地域社区生活》，云南民族出版社 1995 年版，第 247 页。

**图 4-3　青铜矛上的蛙及其纹饰**

的代表性纹饰，且得到多样化表现；如对称，除水平面上的展现，也有立面（对称轴稍倾斜）上的呈现，等等。还可发现，云南青铜器上的圆形图纹大多沿逆时针方向排列，与云南少数民族围圆跳舞沿逆时针方向移动一致；中原文化符号中的黄道运转也是如此，南传佛寺规定进出寺庙的顺序亦如此。这似乎说明，云南先民的视觉表现形式暗合了人类早就意识到的某种生活与天道规律。

前面多有述及的本身即为祭祀之用的青铜贮贝器，无论再现了云南先民何种生活场景，传达着怎样的情感态度，其丰富的形象无不是先民生存意指的具象表现。特别是晋宁石寨山铜鼓型贮贝器上祭祀场面的描绘，视觉的形式感与特定观念的高度融合与统一，令人叹为观止。把抽象观念呈现在具象形式中，是今人对艺术本性的普遍界定。不得不说，云南青铜器的这种特质在其他文化地域同期的青铜器上尚不多见。

### 三　空间扩张中的审美张力

视觉艺术之所以有生命力的一个基本特征是富有空间上的扩张

感，以益于观赏者想象力向多维扩散。在云南青铜器中，如果说上述以圆形为基本形制的器物，其空间中的扩张感主要来自对先民生活情态的历史再现，漫长的历时性距离推动着欣赏者想象力的生长；那么在共时性的形制空间中，亦不乏诉诸观赏者空间想象力扩张的特殊型器，且与其他青铜文化区域（如中原、三星堆等）殊有差异，如牛虎铜案、屋宇模型、动物扣饰、双人舞盘、持伞铜俑，等等。

如前所述，受限于复杂多样的地形地貌及各族群先民频繁的迁徙流动，云南形成各族群大杂居、小聚居的格局，混合着刀耕火种的粗放农耕生产形态与逐水草而居的原始游牧形态，先民扩张其生存空间的渴望甚为强烈。由此，很可能铸就了他们特殊的空间意识，异于平原地区的三维形式感；源于族群杂居交织的生存境况，部落之间的地盘与财富争斗以及狩猎中人与动物、动物与动物的打斗场面就经常成为青铜工匠的表现对象，在满足青铜器形制功能的前提下转化为附饰的主题。共时空间中的突破与扩张以考定为战国时期的牛虎铜案为代表，从巨大而夸张的牛头牛角到虎噬牛尾，不仅仅是物理与心理重力平衡的需要，还是栩栩动态中剧烈扩张的紧张感之呈现；同样的情形也出现在表现动物争斗的青铜扣饰中。充满危险的猛兽争斗之所以成为云南先民视觉艺术的表现主题，或许在于生存压力的空间释放；内在心理压力的外在释放凝固为青铜空间中的审美张力。同样的情形在青铜屋宇模型那不脱亲切感和亲和力的空间中，则是通过略显夸张的外倾的梁柱和偏大的屋顶来呈现的。

另外，尚可从云南青铜器习见的塑形要素中找到空间扩张感形成的视觉结构，如在圆形的基础上形成一种中心向周围扩散的所谓"中一周四形制"，即器物有一个明显高于四围的中心，或人物或动物，如考定为战国时期的一鼓五牛青铜贮贝器、虎鹿牛青铜贮贝器、人猎猪青铜扣饰（一猪二人加二猎犬）、五牛青铜针线盒（中一周四）；西汉时期的四牛鎏金骑士青铜贮贝器、非圆形一牛四人青铜啄、吊人铜矛（中一，边二，一男一女）等。除空间尺寸的扩张外，中心的强化还辅之以鎏金的色彩夸张。中心的存在意味着边缘四周的扩散，犹如在圈饰多层与多样的铜鼓和贮贝器上看到的，愈繁复的纹样愈能在强化中心的基础上形成视觉上的扩张感，愈更加有益于器型审美张力的形成。美籍华裔考古学者杨晓能即认为，青铜器塑形中突出中心的做法似乎在云南才能见到。①

图 4-4　四牛鎏金骑士青铜贮贝器

## 第三节　云南青铜器的艺术史描述及其美学意义

经过漫长的创造性劳动和精神文化积累，及至青铜时代，云南先民的种种审美构形活动已渐趋成熟。与旧石器时代沉重缓慢的文明进化相较，接续新石器时代的种种准视觉艺术符号的结构化和清晰化，各族群先民特有的审美观念和塑形意识在逐渐孕育、积累和结构，及至定型。其塑形不仅建构为层次分明的形象体系，还产生出特有的形式特征，最终凝定为后世云南少数民族视觉艺术符号结构的基础部分和核心。当然，这个基础和核心是石器时代宇宙观、自然观、时空观的一种历时性

---

①　[美] 杨晓能：《另一种古史：青铜器纹饰、图形文字与图像铭文的解读》，唐际根、孙亚冰译，生活·读书·新知三联书店 2010 年版，第 184 页。

演化的结果和进化。应该说，云南青铜时代的审美观念和塑形意识不过是其原始审美观念及其艺术形式的传承和发展，然而演化历程和进化形态是令人惊叹和划时代的。

当云南青铜器的形制与纹饰显示出成熟的构形能力和外化出完善的三维空间意识的时候，我们可以从中感悟到一种观念在结构过程中的有力律动。如前所述，云南新石器时代晚期各区域内原始族群社会文化的发展是不同步的，其各具特性的观念对塑形观念及其审美意识的形成提供了某些重要因素。随着族群的迁徙，定居农耕的形成和发展，加上早已形成的大杂居格局，乃至部族间掠夺战争的频繁，种种社会文化的融会，云南先民才有可能逐渐超越族群文化的局限，在所获得的各种文化上进行新的观念建构。在这一过程中，云南先民不断寻找、发现和模式化了适于他们的感觉、情性及自由意志，以及在征服自然过程中的审美传达方式。

云南青铜时代是一个文化纷繁发展的时代，虽仍遗存着狩猎与采集经济样态，但生产方式已然趋向于定居农耕的社会形态，狩猎与采集亦演化为成一定规模的畜牧业和捕捞活动（尤其在滇池和洱海周边）。对此，美国人类学家威廉·哈维兰说得很清楚："尽管狩猎和采集民族常常不愿放弃他们的旧的生活方式而成为食物生产社会，但事实上，世上的社会大多终将成为食物生产社会，它们以一些方式来适应这种新的生活方式。"[①] 定居农耕文化养成了先民稳定务实的心理，他们在对物候天象循环往复的巨大感悟中，在生存经验的不断积累与反复使用中产生了对自然物及其规律的恒定意识，安定的定居生活和恒定的意识引导着各族群的文化向共同性观念方面迈进。迄今的考古学研究早已清楚地表明，至战国、秦汉时代，滇西和滇中地区是云南域内发展最快、水平最高的文化区域，尤其是西汉初年处于鼎盛期的滇王国，已具备了世界范围内青铜文化所展现出的成熟要素：第二次社会分工的发生，使农业和手工业逐渐分离，尤其是冶铸业趋于成熟（铁器已开始出现）；生产力的发展、物质财富的增加、货币（贝币）的流通，社会分化及贵族阶

---

① [美]威廉·A.哈维兰：《当代人类学》，王铭铭等译，上海人民出版社1987年版，第14页。

层的确立等，都显示着早期文明社会的种种特征。这时期，趋于复杂的劳动形态及其更多创造性成分，使各族群文化在自足发展的过程中，加速实现与其他族群文化要素更大规模的融合，并孕育出超越性的空间。

生存的实践形态促使审美观念及艺术表现形式不断成熟，使人获得了持续广泛和多样化的客体图式。客体图式的日益复杂，促进着人类形象制作能力的不断增强和丰富，各类形象的审美形式越来越多样化和普遍化。特别明显的是，复杂的创造性劳动在使人类的心智结构日趋完善和丰富的同时，也使得人的感觉器官对外界的感知能力和方式日益增强和丰富；和感知能力进化同步的是原始思维的理性化过程，这种理性化过程同大脑生理机能的发展已没有直接关系，而主要来自复杂劳动过程中多样化的生存经验积累，并不断积淀为特定的文化心理结构，从而进一步促使制作活动循着预定的程序来进行，通过日趋成熟的技艺转化为具有审美价值的造型和附饰。如浇注铜鼓的注口疤痕转化为太阳纹、模拟捕猎的动作转化为具有律动感的身体姿态，等等。可以看到，云南域内滇池、洱海、楚雄等地区包括青铜器在内的各类富含审美要素的文化形态发展都达到了某种自足状态，在其他区域也能发现这种审美意识的踪迹。世界范围内的早期文明发展已清晰地表明，某些发展完善的区域性文化要素必然在新的文化条件下向观念层面凝聚，从而不断超越其地域文化的束缚，推动形成族群整体审美观念和艺术表现形式的成熟。

我们从云南青铜时代各个区域的文化创造物及活动中，完全可以提取出云南先民成熟的构形（包括器物性和身体性的）意识与明确的操作能力；即能够在各种基于生存需要的文化观念参与和推动下，自如地从自然属性及社会场景等客体图式中抽取出种种塑形元素，从而创造出各类诉诸视听知觉的形象体系。无论是对原型的模拟还是对客体的抽象，云南先民的两种塑形意识交互融合，建构了青铜器从整体形制到局部描绘的形式与内容统一的意象造型，其中的形式构成已经逐步脱离与特定族群文化的紧密关联而自律运动，某种意义上具有完整的艺术特性而成为独立的艺术品。云南青铜工匠一经掌握客体对象图式的原型结构，便能把自然与社会原型的种种视觉特征内化为自己的心理图式，并通过不同的铸造工艺转化为各种器物富含审美特征的形式结构。他们转化并结构视觉原型的心理图式越成熟，就越能在其塑形活动及其创造物上呈现出从原型结构中转化出来的视觉表达结构。云南青铜艺术符号的不同形态及其审美特征是先民主体的反映，既是一种与特定文化观念相缠结的传达活动，也是一种释放内心愿望的表达活动。同时，这些心理图式对客体对象的顺化与同化，一步步使自然与社会形象转化为"心理视像"，这是我们在今天看到的一组组青铜器物及其关联着的审美意象生成与曾经繁盛的内在动因。

云南青铜时代亦是人类文明观念的发展期，审美意识与某种文化观念的缠结一直是形象创造活动的根本动力。从尚未完全脱离原始思维意识的先民视角看，只有通过某种神性，自然才能按人类的意愿被操纵，这从根本上决定了崇拜对象的形象特征和结构方式，原始宗教和巫术观念在建构出形象特征后其意指亦自然寓于其中。这种文化观念及其意义在特定文化情境中，因注重形式要素而停留在近似审美的心理状态中；崇拜物和崇拜仪式中的大量形象正是观念中的心理图式和特定的愉悦情绪相融合创造出来的结果。此外，审美形式的逐渐成熟与模式化也会引发形式本身的自律性演变。在云南青铜鼓从万家坝型向石寨山型演化的历程中可以清晰地看出，某种实用需求及其文化观念诱导出的形象一旦脱离特定文化语境的制约，其自身可能会以审美规律来构形，并逐渐使观念因素在其中凝定下来，成为在某种程度上超越或脱离原始宗教意义的相对独立的审美形式。

人类早期艺术的一个基本特质是，生存的意义直接转化为审美特征。在云南青铜器的雕饰和伴生着的乐舞行为中，审美并不仅仅是对形式而言的，而是创造者和使用者以及参与者对形式和肯定性意义之间关系的某种自觉不自觉的认定，对先民来说，这种结合是恒定不变的；每一种塑形的符号要素都与某种意味相结合，符号的能指只有在肯定性所指意义中出现才具有灵性与活力，这种能指形式才能被作为情感投注的对象，而且是在特定的文化操作和仪式情境中才能实现，"审美距离"不是早期艺术的美感来源。如作为造型艺术的铜鼓只有置放于剽牛血祭这种被赋予巫术意味的场景中，才能令人敬畏，只能在巫术祭祀程序中的敲击、乐舞乃至夜间火光的变换中成为美的象征。在这种特定的语境中，符号形式的审美补偿效应只有在先民举行崇拜仪式时有特定的情绪充分参与才能形成，换言之，只有在激越的情绪和心境之下符号形式才能成为先民的精神幻象；艺术形式借助巫术的力量方能使自身在云南先民面前呈现为完整的美的形式，如果没有这样的语境环绕与支撑，符号形式中审美的魔力就可能大打折扣甚至消失。

今天，当人们观赏一个个绿锈斑驳的铜鼓和贮贝器时，不由得推想，云南先民是在怎样的一种心境和状态中面对它们，并寄寓了何种期盼与愿望。如上所述，只有进入一种激越的情绪状态并进入虚幻的境界，才能感受到这些青铜器中不脱原始宗教意味的幸福意指，从而对它们投入真诚的情感和充满敬畏时，这些青铜器才能被既作为精神偶像，又作为理想的审美对象。换言之，它们只有在和宗教意涵互渗、交感之中才能充分体现其审美价值。青铜器和岩画中的祭祀巫舞给云南先民的审美感受不仅表现为张弛有度的肢体变换，也表现为形体各个部分的勃勃生机，其力度感极强的形式在与宗教性的威慑力交感之中闪现出神圣之美；而在一些富有优美特质的青铜扣饰和某些生活器具上，各种符号要素似乎已经形成了自足的审美结构，但这种自足性中所呈现出的审美张力，却体现了先民在大自然压力下的生命感悟；铜鼓、贮贝器和铜扣饰上的各种蛇饰，它们所象征的巫术意味亦是其富于韵律感的和谐形式的基本内蕴，崇拜意义的神秘基调令其优美的结构形式传达出灵异的审美风格。当先民直觉到其造型的每个部分都包含着观念、想象和期望时，美感便从奇异的形象结构中生发出来。

现有的考古学材料及部分今人研究文献已较清楚地表明，云南青铜器在塑形意识、工艺实现和审美表现诸方面，均体现出不输其他青铜文化体系的创造力。早在春秋时期，云南先民对各种构形材料特性的把握已臻成熟，塑形意识中的三维立体感知、情感的存在形式、生存意念的内在驱动，在具象再现与叙事呈现得以完整展现的同时，对头脑中抽象观念的表现形式也能够较为自如地掌握；不管是具象写实还是抽象象征，其种种造型都已经成为先民情感的外化形式。战国时期，审美艺术创造活动虽呈现出成熟的结构特征以及完善的形态，但其中仍含有畸轻畸重的社会性或宗教性意义，在多数情况下，这些文化含义的表现仍是超形式的。至西汉时期，艺术符号成为人们表达情感的形式，已渐渐固定为一种自觉意识，它在云南青铜文化的成熟期形成了超地域、超族群文化的审美意识和艺术观念的心理建构，渐次显示出视觉艺术符号在某种文化上的一致性和形式表现的规制化特征。与审美意识和艺术观念协同发展起来的，是云南先民不断完善与丰富的心智结构。具体来说，从对客体结构的确认到对观念结构的呈现，各种塑形意识逐步确立起来了，进一步促使云南先民的审美观念建立，最终通过青铜器铸造的物像层面展现出来。

从审美意识和艺术形式建构的维度看，云南青铜时代的艺术是一个伟大的母体，它所培育的各类审美样式，都在往后云南各民族的艺术领域中一再地显现出来。云南在战国秦汉时代的各类准审美性艺术活动，无疑是石器时代生存于这片红土地上的原始先民审美性创造活动的传承和发展。它仿佛是一个永恒的图式，对云南各少数民族审美艺术的延续和发展是一种精神原则和文化旨归，对中华文明而言亦是一种多元独特的景观和补益。

图4-5 八人猎虎铜扣饰

# 结　　语

　　每当翻阅云南青铜器图片资料时，总有一种奇异而凝重的想象和情思在内心深处激起波澜，在获得某种难以言喻的审美感受时又萌动着种种好奇。那些具有3000年历史的青铜器依然闪耀着奇异的色彩，漫长岁月并未泯灭其淳厚的张力。与世界范围内的青铜器一样，它们何以具有超越时空的艺术魅力，始终都会是一个耐人寻味的问题。与血雨腥风、刀光斧影的殷商青铜时代不同，在甚少受到外来强力文化冲击的古代云南，与自然和谐相处、追求宁静平和，以及对神祇的虔诚成为其青铜艺术产生的最大动力。

　　春秋战国至西汉时期的云南，以祭祀为用的青铜器就是雕塑艺术的基本样式。先民对神有所祈求，即以祭祀为媒，以青铜器为介；他们载歌载舞"致其敬于鬼神"（《礼记·礼运》）。或许在云南先民心里，青铜器上的每一种样饰都是他们的生存渴念，充盈着生命和灵魂。云南青铜艺术与殷商青铜重器之"狞厉的美"迥然有别，并没有完全"指向了某种似乎是超世间的权威神力的观念。"其所以美，多在于它们的形式"具有装饰风格，无论是形象的雄健线条，深沉突出的铸造刻饰，恰到好处地体现了一种无限的、原始的，还不能用概念语言来表达的原始宗教的情感、观念和理想。"[1] 事实上，云南青铜器中因生存环境带来的压力并企图借助巫术来超越现实的幻想，经常交融在悦神（敬神）同时娱人的"无目的合目的性"（李泽厚语）形式中。原始艺术与原始宗教的同形同构，在云南青铜器上仍是一个基本的定性。

　　与殷商青铜器纹饰抽象繁复、绝少再现的叙事不同，云南青铜器则

---

[1] 李泽厚：《美的历程》，中国社会科学出版社1984年版，第26页。

呈现出更多生活场景及情节；其纹饰绝少强烈对比和夸示对象局部，风格踏实、质朴、宁静，呈现先民心目中最早"人化"自然图景，极富随机性和主体同化视效。模仿"自然"与表现"自然"，在云南青铜工匠那里似乎并不是一种判然有别的塑形观念和技艺。恰如其分地呈现对象的精神特征并非易事，自然形体虽有规律可循，但往往杂乱无序。在众多的自然形象及其多为无序的形式要素中，寻找到内在联系并建立新的视觉形象，使造型艺术的形式秩序化，已然成云南青铜工匠的自觉。而且，把单个相近的形式元素循环往复，以强化形式感亦成为更加积极的构形方式。比如铜鼓中的太阳纹和云雷纹，回环往复的节奏韵律强化了视觉动感与活力，又载于单纯而不乏庄重威严的整体构形，正切合先民对神的臆想和对自然的崇敬。

　　在造型艺术中，节奏是生命律动的空间形式。云南青铜器的又一特点，是在其整体塑形及功能空间中构成的节奏感，这或许是其最富审美价值者；空间的交错中潜藏的生命律动，如音乐般形成了特殊的情感表达：石寨山与万家坝型铜鼓侧身流动的视线与同样富有流动感的纹饰形成联动节奏；又如贮贝器诸种构型、构象与情感意趣的和谐交融。云南青铜器或严谨、或大气、或活泼，寓动于静的大块结构的连接，直曲、方圆的对比，无论整体形制和局部饰像、局部构形与在整体形制空间关系之间，均呈现出节奏中的韵律感。

　　云南青铜器富有视觉吸引力的表现形式还有质朴率真、沉着有力的纹饰线条，即便是具象纹饰，亦是风格化、规范化的——曲直S形线条的流动感洋溢着的生命节奏和韵律；曲直转折、纵横合度，已然成为"人化"了的线条，似乎暗示出云南先民崇尚的一种刚健遒劲，灵动率真的人格。如何在程式化、规格化的图案中展现生命活力，把被压抑着的生命力和热情的精神活力释放出来，应该说，云南先民作出了富有自身特色的视觉体系探索。

　　在与云南青铜时代同期的人类之人文精神及艺术领域，中原汉儒谨遵"子不语怪、力、乱、神"之训，古希腊哲学家柏拉图则认为理想国没有诗人的位置。然而，庄周以神话般的寓言开启了东方文明中情感恣肆又哲思深厚的浪漫文艺长河，在古希腊，逻辑学与修辞学几乎同时诞生，这并非偶然的巧合。这种文化模式的对峙及其包含的平衡文化生态的意义，迄今未得到充分完全的认识和实践。英国大诗人雪莱在《为诗辩护》中认为："在社会的幼稚时代，每个人必然是一个诗人，因为在当时，语言本身就是诗。"① 意大利哲学家维柯随后亦断定："在世界的儿童期，人们按照本性都是崇高的诗人。"② 在文明的早年时代，人类头脑中关于生存世界的意义始终未脱离具体的事物或现象的形态，所以他们用来思维的符号就是充满诗性的形象性、具象化的口头语言；人们始终生活在一个生动直观的具象世界中，完全脱离具体物象的抽象观念尚未产生，即便到了荷马和庄子的时代，情况仍然大抵如此。因此，在结构主义符号学的意义上，先民思维中的语言符号的能指与所指之间的关系仍处在象征或隐喻的阶段，这一形象思维中的一词（象）多义及多词（象）同义模式为人们的类比联想开通了四通八达的方向。

然而，尽管我们在庄子的笔下读到，神对人的宣谕仍然无处不在，可其告诉人们的却是宇宙规律与人生快乐的深邃关联；尽管我们在荷马的口中听到，行吟诗人依然向神吁求并被幸运地赐予创作的灵感，可他们吟唱的已经不是敬仰膜拜的颂神曲，而是对人的智慧、勇敢和坚韧的赞颂。而在云南先民"形象思维"熔铸下的青铜铸造及其祭祀乐舞亦渐渐从关乎着族群民众的生存愿望、理想渴求、情感意志的意指体系中，朝着更多适应他们艰苦跋涉、紧张搏斗与辛勤耕耘后的身心愉悦需要慢慢转化；先民头脑中的思维活动及其运演方向也从功能上求"真"的理性认知、求"善"的伦理规范，向求"美"的更多关注理想和情感表达的审美意识悄然转化。

云南域内亦不例外，在世界范围内的原始文化时期，同时产生了审美或艺术的起源，艺术审美与其他文化总是交融一体，难分彼此，相对独立或艺术审美的自律与自洽是近代以来才发生的。

如果说原始古典艺术是由宗教——形而上学整合一体的表意或象征体系，现代艺术则是这一体系分化和不断解体的结果。德国社会学家马克斯·韦伯认为现代性进程是一个理性化的过程，它的首要特征是"祛魅"，即祛除宗教——形而上学的神魅，把文化的基础还原到理性

---

① 刘若端编：《十九世纪英国诗人论诗》，人民文学出版社1984年版，第122页。
② 伍蠡甫编译：《西方文论选》（上卷），上海译文出版社1987年版，第536页。

上来，这种理性将混融一体的古代文化分化为科学、道德与艺术三大领域，并为它们规定了相对独立的原则和逻辑，进而使以艺术为核心的审美文化成为自律与自洽的领域。关于艺术审美的独立，德国思想家尤尔根·哈贝马斯作了如下阐述：

> 粗略地说，在现代艺术的发展史中可以总结出一条不断前进的独立化的道路。首先是在文艺复兴中形成了那种完全属于美的范畴的研究对象。在18世纪的进程中，文学、美术和音乐被体制化，成了脱离宗教与宫廷生活的行为范围。最终在19世纪中期也产生了一种唯美的艺术观，它已经指导着艺术家们按照"为艺术而艺术"的意识来生产艺术品。这样，审美特性才得以成为坚实的信念。①

现代审美文化还试图取代宗教而承担现代社会的精神解脱之道。在西方，启蒙运动以来，基督教信仰面临全面危机，宗教神本主义不再是社会精神基础，人本主义或人道主义成为普遍的意识形态。19世纪，理性和感性的极端分裂又导致人性的分裂，危及了现代社会的人性基础，对此，德国学者席勒提出了"审美救世"的方案，他认为审美活动能够修复感性与理性的分裂。因为人性修复是现代社会政治改良的基础，所以审美教育是政治改良的基本手段。② 席勒的理论对20世纪的法兰克福学派影响极大，后者提出了基于审美救世想象的"审美乌托邦"论。然而，随着消费社会的来临，过剩经济形态的有效运转离不开迅速而无度的消费，审美文化日益成为刺激这种消费的动力之一，经济与审美的合谋促使当代审美文化成了无所不在的时尚。

我们在当代云南也看到了此种情形，希望这样的研究与描述有助于生于斯，依于斯的云南人确切地融入历史，传承文化。

---

① ［德］尤尔根·哈贝马斯：《现代性：一项未完成的工程》，于君君译，载汪民安等编《现代性基本读本》，河南大学出版社2005年版，第153页。

② 在20世纪初的中国，由于传统上缺乏宗教精神的浸润，面对极权崩塌和西方文化冲击，蔡元培亦提出过"以美育代宗教"之说。

# 参考文献

**中文著作**

（明）陶宗仪：《说郛》，中国书店1986年版。

邓启耀：《宗教美术意象》，云南人民出版社1991年版。

郭一编著：《可触摸的历史——云南民族文物古迹》，云南教育出版社2000年版。

蒋志龙：《滇国探秘——石寨山文化的新发现》，云南人民出版社2012年版。

李朝真、段志刚：《彝州考古》，云南人民出版社2000年版。

李昆声、陈果：《中国云南与越南的青铜文明》，社会科学文献出版社2013年版。

李昆声：《云南艺术史》，云南教育出版社2001年版。

李泽厚：《美的历程》，中国社会科学出版社1984年版。

潘菽主编：《人类的智能》，上海科学技术出版社1985年版。

汪宁生：《云南考古》，云南人民出版社1980年版。

文山壮族苗族自治州文化局编著：《文山铜鼓》，云南人民出版社2004年版。

文物编辑委员会编：《文物考古工作十年1979—1989》，文物出版社1991年版。

姚钟华编著：《古滇青铜器画像拓片集》，云南美术出版社2008年版。

尤中：《云南民族史》，云南大学出版社1994年版。

俞建章、叶舒宪：《符号：语言与艺术》，上海人民出版社1988年版。

云南省博物馆编：《云南晋宁石寨山古墓群发掘报告》，文物出版社

1959年版。

詹七一、杨勇：《云南先民审美誌略》，云南出版集团公司云南人民出版社2013年版。

张光直：《中国青铜时代》，生活·读书·新知三联书店2013年版。

张文勋主编，施惟达副主编：《滇文化与民族审美》，云南大学出版社1992年版。

张晓凌：《中国原始艺术精神》，重庆出版社1992年版。

张增祺：《滇国与滇文化》，云南美术出版社1997年版。

张增祺：《中国西南民族考古》，云南出版集团公司云南人民出版社1990年版。

周凯模：《祭舞神乐——民族宗教乐舞论》，云南人民出版社1992年版。

朱狄：《艺术的起源》，中国社会科学出版社1982年版。

朱狄：《原始文化研究》，生活·读书·新知三联书店1988年版。

朱凤瀚：《中国青铜器综论（上中下）》，上海古籍出版社2009年版。

朱光潜：《西方美学史》，人民文学出版社1979年版。

## 中译著作

[美] 鲁道夫·阿恩海姆：《艺术与视知觉——视学艺术心理学》，滕守尧、朱疆源译，中国社会科学出版社1984年版。

[苏] P. K. 巴兰金：《时间·地球·大脑》，延军译，科学出版社1983年版。

[英] 克莱夫·贝尔：《艺术》，周金环、马钟元译，中国文联出版公司1984年版。

[英] 詹·乔·弗雷泽：《金枝：巫术与宗教之研究》，徐育新、汪培基、张泽石译，中国民间文艺出版社1987年版。

[德] 格罗塞：《艺术的起源》，蔡慕晖译，商务印书馆1984年版。

[美] 威廉·A. 哈维兰：《当代人类学》，王铭铭等译，上海人民出版社1987年版。

[日] 海野弘：《装饰与人类文化》，陈进海编译，山东美术出版社1990年版。

［德］黑格尔：《精神现象学》，贺麟、王玖兴译，商务印书馆 1979 年版。

［美］H. 加登纳：《艺术与人的发展》，兰金仁译，光明日报出版社 1988 年版。

［美］苏珊·朗格：《艺术问题》，滕守尧、朱疆源译，中国社会科学出版社 1983 年版。

［法］列维-布留尔：《原始思维》，丁由译，商务印书馆 1981 年版。

［瑞士］皮亚杰：《发生认识论原理》，王宪钿等译，胡世森等校，商务印书馆 1981 年版。

［美］卡尔·萨根：《伊甸园的飞龙——人类智力进化推测》，吕柱、王志勇译，河北人民出版社 1980 年版。

［美］R. F. 汤普森主编：《生理心理学》，孙晔等编译，科学出版社 1981 年版。

［美］杨晓能：《另一种古史：青铜器纹饰、图形文字与图像铭文的解读》，唐际根、孙亚冰译，生活·读书·新知三联书店 2010 年版。

［美］张光直：《美术、神话与祭祀》，郭净译，生活·读书·新知三联书店 2013 年版。

**中文期刊论文**

樊海涛：《再论云南晋宁石寨山刻纹铜片上的图画文字》，《考古》2009 年第 1 期。

范荣静、李三谋：《青铜农具考释》，《农业考古》2012 年第 4 期。

冯汉骥：《云南晋宁出土铜鼓研究》，《文物》1974 年第 1 期。

冯汉骥：《云南晋宁石寨山出土铜器研究——若干主要人物活动图像试释》，《考古》1963 年第 6 期。

高礼双：《对中国岩画时代上限的初步探索》，《美术史论》1988 年第 1 期。

葛季芳：《云南出土铜葫芦笙探讨》，《考古》1987 年第 9 期。

管丽华：《云南青铜贮贝器装饰艺术的文化读解》，《民族艺术研究》2003 年第 6 期。

何卉、朱龙、徐人平等：《中国云南古代早期青铜器冶铸技术初探》，

《机械技术史》1998年第0期。

何明：《云南铜鼓图饰的文化内涵与审美意义》，《民族艺术研究》1992年第4期。

胡绍锦：《呈贡天子庙滇墓》，《考古学报》1985年第4期。

蒋志龙、康利宏、程明：《云南晋宁石寨山第五次抢救性清理发掘简报》，《文物》1998年第6期。

蒋志龙：《云南晋宁石寨山M71出土的叠鼓形贮贝器》，《文物》1999年第9期。

阚勇：《元谋大墩子新石器时代遗址》，《考古学报》1977年第1期。

李昆声、胡习珍：《云南考古60年》，《思想战线》2009年第4期。

李伟卿：《中国南方铜鼓的分类和断代》，《考古》1979年第1期。

李晓岑、韩汝玢：《云南祥云县大波那木椁铜棺墓出土铜器研究》，《考古》2010年第7期。

李晓岑、李志超、张秉伦等：《云南早期铜鼓矿料来源的铅同位素考证》，《考古》1992年第5期。

梁志明：《东南亚的青铜时代文化与古代铜鼓综述》，《南洋问题研究》2007年第4期。

林向：《三星堆青铜艺术的人物造型研究》，《中华文化论坛》2000年第3期。

彭善秀：《原始巫术与云南石寨山青铜艺术》，《美术观察》2004年第2期。

邱宣充、王大道、黄德荣等：《云南楚雄万家坝古墓群发掘报告》，《考古学报》1983年第3期。

孙欣：《试析滇青铜扣饰的装饰风格与工艺语言》，《东南文化》2003年第12期。

王大道：《曲靖珠街石范铸造的调查及云南青铜器铸造的几个问题》，《考古》1983年第11期。

王大道：《云南滇池区域青铜时代的金属农业生产工具》，《考古》1977年第2期。

闻宥：《铜鼓上几种花纹的试释》，《思想战线》1978年第6期。

吴开婉：《从云南青铜乐舞看"滇人"的审美意识》，《民族艺术研究》

1989 年第 6 期。

吴炜：《滇国青铜器的镀锡工艺》，《云南民族大学学报》（哲学社会科学版）2008 年第 4 期。

肖明华：《论滇文化的青铜贮贝器》，《考古》2004 年第 1 期。

肖明华：《论滇文化中的横銎兵器》，《四川文物》2004 年第 1 期。

肖明华：《青铜时代滇人的青铜扣饰》，《考古学报》1999 年第 4 期。

肖明华：《云南剑川海门口青铜时代早期遗址》，《考古》1995 年第 9 期。

熊瑛、孙太初：《云南祥云大波那木椁铜棺墓清理报告》，《考古》1964 年第 12 期。

杨德鋆：《铜鼓乐舞初探》，《文艺研究》1980 年第 4 期。

杨勇：《云贵高原出土青铜扣饰研究》，《考古学报》2011 年第 3 期。

詹七一：《云南民族审美意识起源的推测与实证》，《云南社会科学》2002 年第 6 期。

詹七一：《云南青铜纹饰中的美学意蕴》，《民族艺术研究》2002 年第 5 期。

张世铨、旭泉：《试论铜鼓上的舞蹈图象及其与壮族舞蹈的关系》，《民族艺术研究》1988 年第 2 期。

张增祺、王大道：《云南江川李家山古墓群发掘报告》，《考古学报》1975 年第 2 期。

张增祺：《云南滇池区域青铜文化内涵分析》，《南方民族考古》1987 年第 1 辑。

张增祺：《云南青铜时代的"动物纹"牌饰及北方草原文化遗物》，《考古》1987 年第 9 期。

张昭：《云南弥渡合家山出土古代石、陶范和青铜器》，《文物》2000 年第 11 期。

邹芙都、江娟丽：《滇楚青铜兵器比较研究》，《南方文物》2002 年第 3 期。

# 跋

本书稿缘起于逾八年前与周兴涛、杨勇、田玉玲几位同仁的课余聊天。是时，我牵头并与杨勇合著的《云南先民审美誌略》在云南人民出版社出版不久，文献学周博士对手中的云南青铜图册爱不释手，杨勇亦大谈我们正踞坐于1999年国内十大考古发掘地之羊甫头上（昆明学院洋浦校区）……多年之后，以《云南青铜艺术审美专题研究》名之的国家社科基金项目于坎坷中结项。所呈之书稿虽在视野方法、阐释学理和框架进路方面受到评审专家一致好评，然亦尽数提出许多包括云南少数民族在内的相关中华民族边域文化及其审美的待考、待证及待定之事实和原理。鉴于任何研究成果乃阶段性完成的历时性限定，此借题跋之机，稍作申述。

1. 依据历史语言学学理体系及历代文献史料、考古资料及民族学、人类学的田野调查资料可知，古代云南域内分布着汉藏语系和南亚语系两大民族群体，他们各自的生产生计方式、社会形态结构、历史文化制度均有明显差异。尽管在不同的历史时期，两大族群之间必然存在着不同程度的交流交往交融，但从目前的出土文物、文献资料来看，云南青铜文化，尤其是处于巅峰时期的滇国时期青铜文化，主要集中在汉藏语系之氐羌、百越先民当中。与百濮族系的佤、德昂等族群先民相关的文献、文物史料甚为缺乏，尚不宜加入推测性结论。

从云南青铜文化的代表器物铜鼓来看，在百濮族系主要分布的滇西及滇西南地区，目前出土的早期铜鼓仅见临沧云县幸福乡曼遮村出土的曼遮铜鼓，铸造时间大致推测为战国中期，属万家坝早期型，族属为百越或百濮族群，尚未确定。万家坝早期铜鼓从铅同位素测定结果看，其矿料来源和冶铸地点大致位于弥渡县等地。此期，当地已属氐羌族群与百越族群的杂错分布区，当地目前存量最多的铜鼓属西盟型铜鼓。云南全省现存西盟型铜鼓计39面，主要分布于滇西南的西双版纳勐腊至德宏潞西一带沿边地区，以普洱市西盟佤族自治县保留最多，且最具典型性，因此得名。其主要流行年代是8世纪到20世纪初，约为唐代中期至清朝末年（参见王大道《云南铜鼓：千年不绝的回响》，《中国文化遗产》2008年第6期）。此期，云南大部已基本并完全进入铁器时代，青铜时代的文化特质日趋衰微，其审美精神与本书重点观照的云南青铜时代之巅峰时期差异甚大，文化元素更加复杂多元，需另立项目深入研究讨论，故本书未过多着墨。

2. 按照民族史家尤中先生在《云南民族史》中的描述，氐羌、百越系诸多族群历史上发生过迁徙，对其族群起源、文化生成与特征有明显而大的影响。在云南青铜文化方面，确有一些中原文化（甚至北方草原文化造型元素）构形或装饰要素的渗透。项目组原打算设专题论述云南青铜文化的源流与演变，但由于题目所限，云南迁徙族群之文化传承与变迁是云南民族史和社会发展史研究另一基础性的理论课题，超出了本研究的论域。同时，我们也没有发现云南与中原和周边区域在文化审美及塑形意识交流方面充分而系统的考古学证据。就蚩尤部落后裔之族群问题而言，目前尚无确论。学界部分学者认为，其主要群体是后世的苗瑶族群。当然，也有学者对此存疑。尤中先生在《云南民族史》中的观点是苗瑶先民少部于南北朝时期自湖南一带迁入贵州、广西等地。公元9世纪中期的咸通年间以来，陆续有少部分苗族人口迁徙定居在南诏东南与唐朝安南都护连接地带即今云南省文山壮族苗族自治州境内。此后，宋元以后方大规模迁入。唐前的云南青铜文化遗迹中，未见到明显的苗瑶文化特征。唐以后，云南的青铜文化已趋衰微，亦未见发现与苗瑶系相关的青铜文化史料，故本文未就此加以展开。

3. 云南青铜文化的生成、演化、发展到衰落的千余年（先秦至汉代），其经济形态混合着原始农耕与狩猎生产形态到较为粗放的定居农耕，社会体制则是原始社会、奴隶社会交叉混融，其上层建筑之观念形态呈现出与经济基础相适应的浓厚的原始信仰氛围，总体上处于前科学的社会意识形态未充分分化的时代。云南先民的生存生产活动带着明显的巫术操作意识与成分，这正是其观念形态的审美文化的内在机理。换言之，本书视域中的云南民族审美文化，是包含着审美要素或形式的巫术信仰及其生存意志。我们正是基于这样的认识（也是全世界主流人文学界的普遍认识）取证材料，展开论述的。应该说，仅云南人文学界，在人类学、宗教学等领域已取得丰富成果，如邓启耀《宗教美术意象》等系列丛书，为项目的研究提供了坚实的基础。本书稿主要从美学视域出发，以审美文化相关要素为论述出发点，并未脱离审美意识与表现形式之文化基础。当然，本书尚有缺失或不全面，论证亦未尽充分或不能完全取信于人，有待我们继续努力。

4. 基于现有的考古与文献资料，本书认为：云南青铜艺术建基于云南先民对本土的自然、社会与人文风貌把握的基础上，生存需求与意志是其直接内容。与全世界的青铜时代基本同步，云南青铜文化并不是他域文明的赐予，而是自主创造的。某些器型或其造形元素受他域影响，尚需充分而确切的证据支撑，暂不敢妄断。如前所述，云南青铜艺术交流史应该是云南青铜艺术发展史的有机组成部分，本成果相关表述不够明确首先是由于其基础性，它不仅是一个理论问题，关键是要系统梳理古代到中古时代的少数民族族群的青铜艺术变迁是一项较为浩大的历时性研究，鉴于项目及相关条件所限，只能暂时存论。

5. 从目前掌握的相关资料看，国内外至今尚缺乏对云南青铜艺术审美问题的系统研究，尚未建构基本的研究理论阐释体系，亦缺乏对具体理论问题的深入探索，缺乏有分量的奠基性研究成果。既有的国内有关民族审美文化的研究主要有两个倾向：一是形而上的理论研究，如各种美学史论；二是形而下的器物形态史论。前者注重理论阐述，偏于哲学美学，长于思辨；后者限于形态描述，注重实证，主要是考古学领域。理想的研究形态或模式应该是二者的融通，即在实证基础上进行理论创新、拓展研究路径。审美文化作为一个研究领域，其学科基础并未得到清晰论证与表述，这也是这一课题研究内在的困境。华夏审美文化因材料充分，相关研究文献丰富而成果较多（或易出成果）。而作为中华审美文化有机组成部分之各少数民族审美文化情况恰恰相反。没有明确、充分而系统的实证材料，以及适宜的阐释学理与分析模式，其研究的开展只能是初步而尝试性的，材料遗漏、缺失或主观武断是所难免。

6. 本书内容列属哲学类美学学科，研究成员以文艺学、美学教师为主，亦邀请了云南省博物馆邢毅研究员进入项目组，旨在聚焦云南青铜时代的核心审美事象。面对于史料有所不足、研究成员学养积淀不丰厚之考古学、人类学和民族史等相关学科难题，难免力有不逮，仅能就目前所见史料，结合考古学、民族学田野资料加以综合阐释。未尽的历史疑问，只能寄望历史学、民族学等相关学科今后不断推进深入，为云南青铜文化的审美研究提供更加丰厚的研究资料，多学科共时、共同填补云南青铜文化与两大语系族群乃至与中华民族共同体的融合研究之不足。我们期待着学界同仁以云南乃至西南"青铜艺术发展史"为题继续、深入相关研究。我们如能进入此领域亦是所望焉。

尽管有诸多疑存，项目结项、书稿既出，我即拨通了中国社会科学出版社的电话，有着磁性北京语音的责任编辑杨康女士收下书稿，并即申请了出版选题，没有传说中的滞沓。书稿能出，亦托两位湘籍同仁的大力襄助：研究中国古代文论的朱供罗君作为我任职学院的副院长在项目结项中曾有勤力之功，致力于明清学术史并分管学校文科科研的阳正伟君则在出版经费上鸿笔一挥，尽除后顾之忧。作为边地普通高校的教师，惟有耕耘不辍，尚可担此厚爱并传承生于斯长于斯的云南地域文化。

詹七一

2022年6月于洋浦惟真楼